山西歷史與文化

杨秋梅 \ 著

山西出版传媒集团
三晋出版社

图书在版编目（ＣＩＰ）数据

山西历史与文化/杨秋梅著．— 太原：三晋出版社，
2008.08（2023.1 重印）
ISBN 978-7-80598-995-2

Ⅰ.①山… Ⅱ.①杨… Ⅲ.①山西省—地方史—研究
②文化史—山西省—研究 Ⅳ.① K292.5

中国版本图书馆 CIP 数据核字（2008）第 130774 号

山西历史与文化

著　　者：杨秋梅
责任编辑：任俊芳

出 版 者：山西出版传媒集团·三晋出版社（原山西古籍出版社）
地　　址：太原市建设南路 21 号
邮　　编：030012
电　　话：0351-4922268（发行中心）
　　　　　0351-4956036（总编室）
　　　　　0351-4922203（印制部）
网　　址：http://www.sjcbs.cn

经 销 者：新华书店
承 印 者：山西万佳印业有限公司

开　　本：850mm×1168mm　　1/32
印　　张：9.5
字　　数：250 千字
版　　次：2014 年 11 月　第 2 版
印　　次：2023 年 1 月　第 5 次印刷
书　　号：ISBN 978-7-80598-995-2
定　　价：35.00 元

前　言

　　今天的山西省,是我国的一级行政区划之一。地处中国北部、黄土高原东部、华北平原西侧、黄河中游以东,因在太行山以西而得名,省境的西、南、东三面与邻省有天然的分界,西隔黄河与陕西省相望,南抵黄河与河南省为邻,东及东南依太行山与河北、河南两省毗连,北界长城与内蒙古自治区接壤,是一个有天然屏障可据的行政区。省境轮廓大体上呈南北向的平行四边形,南北长 682 千米,东西宽 385 千米,总面积 15.67万平方千米,约占全国土地总面积的 1.63%①。在我国整个版图和发展战略中,山西省属中部地区。

　　作为一个历史地名,"山西"一名可追溯到战国、秦汉时期,那时人们是以崤山(今河南三门峡市东南)或华山(今陕西渭南市华阴市南)为界来区分山西和山东。当时的"山西",是指函谷关以西地区,即今陕西西安为中心的地区;当时的"山东",主要指函谷关以东的黄河流域(现今的山西在当时属山东地区),有时也泛指战国时期秦国以外的六国领土。到了东汉,开始以太行山为界划分山西和山东,东汉光武帝在其大将邓禹占领河东后称赞他"斩将破军,平定山西"②,很明显,这里的山西即指今天的山西省地区。这种变化,是与国都位置的变化相关联的,西周、秦、西汉的国都皆在今西安市附近,当以国都就近的华山或崤山来区分与国都以外的地区;东汉的国都在洛阳,故以其北面的太行山脉作为地理坐标,以划分山西和山东。后来行政区划的界线日益准确,便以"山西河东"来指今天的山西,如隋末李渊为山西河东抚慰大使,但这时的山西

---

　　① 　山西省测绘局:《山西省地图集》山西概况,1995 年。
　　② 　《后汉书》卷46《邓禹传》。

仍是地区名而不是政区名,直到元代才设置了行政区"河东山西道",明初称"山西行中书省",简称山西省,后改称"山西承宣布政使司",清代称山西省,至今沿用不改。山西地区在历史上还曾被称为"山右",谓其在太行山右侧,因中国以北为上,讲坐北朝南,"坐于"太行山上,太行山为北—南方向,山西侧为右侧;又被称作"河东"(主要指晋南地区),是因为它位于晋陕交界之黄河以东的缘故;又被称作"晋"或"三晋",这是由春秋时期位于这里的晋国和战国时期韩、赵、魏三国而得名。

山西有着悠久的发展历史,是中国人类的祖先最早开发的地区之一,在远古时代就积淀了深厚的原始文化层,并形成了前后衔接的文化发展序列。传说时代的圣王尧、舜、禹活动的中心区域都在晋南,尧都平阳,舜都蒲坂,禹都安邑。这些灿烂的史前文化为以后山西历史的发展提供了得天独厚的优越条件。

山西山川形势险固,素有"表里山河"之称,而夏王朝以后,历代统一的王朝又大都在山西附近建立都城,从而使山西在中国古代社会中长期居于举足轻重的地位。春秋时期的晋国,从一个"方百里"的弹丸小国发展成为"挟天子以令诸侯"一个半世纪的霸主之国。战国时代,晋国一分为三,三家都跻身于战国七雄之列。山东六国,晋人占一半,"三晋合而秦弱,三晋离而秦强"①。

秦汉以降继起的晋地政权,曾有不少是强大的,致使山西在许多时期保持着全国政治中心的地位。十六国北朝时期,中国政局尤其是北方局势的治与乱都与晋地所建的政权息息相关。匈奴刘渊离石起兵建立的汉国,不仅消灭了西晋政权,而且导致北方百余年的割据混战。富有意味的是,结束战乱、统一北方还是由建立在山西的北魏政权所完成,其国都平城作为北方政治中心长达百年之久。迁都洛阳之后才 30 多年,山西契胡尔朱荣实掌朝政,把北魏的实际统治中心由洛阳又转移回晋阳。东魏北齐,虽都邺(今河北临漳),实际政治中心仍一直在晋阳。由此可见,从 304 年刘渊起兵建汉到 577 年北周灭北齐,山西一直是北中国

---

① 《战国策·赵策一》。

的政治中心,其间虽有间断,但时间不长。

隋唐时期,太原作为李唐王朝的龙兴之地,女皇武则天的桑梓之地,被定为北都,成为唐王朝的第三个政治中心。五代政权中的后唐、后晋、后汉,十国中的北汉都是由割据山西的封建军阀建立的,虽然都城大多不在山西,但都是以山西为根据地而完成改朝换代的。

北宋以后,随着国家的统一与稳定,山西的战事也逐渐减少,这为经济的发展与文化的繁荣提供了一个相对稳定的宽松环境。辽金元时期经济的发展,致使明初大规模的移民活动主要是以山西为迁出地。明清时期,山西的商业成就在全国是首屈一指的,山西票号,曾一度执金融界之牛耳。

山西在其悠久的历史发展中,不仅政治地位重要、经济繁荣发达,而且也创造了灿烂辉煌、内涵丰富、个性鲜明的晋文化。晋文化是我国最富有特色的地域文化之一,其特征的塑造可从地理环境、人文特点、文化特质等方面来说明。

第一,表里山河,易守难攻的地理形势。地理单元的独特性,造就了一方天地的文化品格。在古代,由于受生产力水平的限制,人们对地理环境的依赖性很大。山西"其东则太行为之屏障;其西则大河为之襟带;于北则大漠、阴山为之外蔽,而句注、雁门为之内险;于南则首阳、底柱、析城、王屋诸山滨河而错峙,又南则孟津、潼关,皆吾门户也"①。山西以其特有的山川形势构成一道道天然的屏障,"表里山河,称为完固",自古就是兵家必争之地。在军事战术和武器并不发达的古代,地理形势在政治和军事上的战略地位就显得更为重要,与国家的稳定、战争的胜负有着直接的关系。"治世之重镇,乱世之强藩"②,就是对山西地理形势的战略意义最好的概括。当国家统一、稳定、强盛之时,可凭借山西,外拒北方少数民族的入侵,内平割据势力的叛乱;而当中央政权衰弱之时,占有山西之地的军阀就会成为主导国家政局的强藩,如春秋战国时期、十六

---

① 光绪版《山西通志》第 7038 页,中华书局,1990 年。
② 李孟存等:《治世之重镇,乱世之强藩》,《文史知识》1989 年 12 期。

国北朝时期、唐末五代时期。因而顾祖禹说："京师之安危,常视山西之治乱","天下之形势,必有取于山西"①。

第二,"人性劲悍,习于戎马"的人文特点②。山西因其重要的军事战略地位,成为自古兵家的必争之地。中国自夏至宋,其居政治中心的京师一直在大河南岸,与山西相隔不远,因而山西也成为各种矛盾的聚焦点,一旦发生战争,山西首先被祸。北方游牧民族南下,山西又是他们定居和角逐的主要战场,这里又成为两种文化的碰撞、交汇、融合的中心。游牧民族逐水草而居,广袤的草原生活使他们形成了强悍粗犷与豪放浪漫的文化特色,游牧文化以及由其所形成的人文特点对山西民众的影响同样是十分强烈的,他们的南下,促使南北民族之间交往的频繁,也促成了农耕文化和游牧文化的交流与融合。苏秉琦先生说："五胡不是野蛮人,是牧人,他们带来的有战乱,但不止是战乱,还有北方民族的充满活力的气质与气魄。"③他们带来的这种文化品格,给华夏民族注入了活力与生机。正是受长期战争环境的磨炼和游牧民族气质的影响,山西方才形成了其"俗刚强,多豪桀侵夺,薄恩礼,好生分"④、"风土刚劲""人性劲悍"的人文特点。

第三,兼容并蓄、博采众长的开放意识。从晋文化的区系类型来看,苏秉琦先生做过精辟的分析,"河东属于中原古文化区系,是华夏族先民主要的栖息地,中国农耕文化的摇篮;雁门属于北方古文化区系,是古代游牧民族主要的活动场所,我国游牧文化的基地"。因此,从整体来看,"以河东古文化为代表的中原农耕文化和以雁门古文化为代表的北方游牧文化水乳交融、二位一体,是三晋古文化区别于其他各地域文化的一个显著标志,所以它被称为'独一无二'的地域文化形态"⑤。晋文化这一历史源头的重要性,说明了它一开始就是以农耕文化与游牧文化复合

---

① 光绪版《山西通志》第 7038 页,中华书局,1990 年。
② 《隋书》卷 30《地理志中》。
③ 苏秉琦:《华人·龙的传人·中国人》第 71 页,辽宁大学出版社,1994 年。
④ 《汉书》卷 28 下《地理志下》。
⑤ 李元庆:《晋学初集》第 11 页,山西人民出版社,2003 年。

的面目登上历史舞台。

　　山西自古就是多民族杂居交往的聚集地。叔虞封唐，所处的周边环境是"戎狄之民实环之"①，因而他通过"启以夏政，疆以戎索"的入境从俗、因俗而治的治国方针②，与当地文化融为一体。以后北方的游牧民族南下，山西又是主要的居住地和争战场所，山西成为民族融合的一个大基地。曹魏时分匈奴为五部，十六国时的"五胡乱华"，北魏时的汉化改革，都促进了农牧文化的交流融合。这种复合形文化，具有较强的兼容性，思想观念比较开放，较少受传统意识束缚和制约，对外来文化和外来人才有较大的亲和力，易于形成兼容并蓄、吸取他人之长的开放意识。这种精神是极其可贵的，从而构成三晋文化的基本特质和特殊魅力。

　　第四，审时度势，顺时应变的革新精神。社会在发展，历史在前进，因而人们的思想观念也要与时共进，在自我继承的同时，又要不断地变革创新。山西历史上的晋献公、晋文公、魏文侯、赵武灵王，都是改革的光辉典范，正是由于他们的顺时应变，开拓进取，才使山西的历史发生了一次次的巨变。就连后来入住山西的少数民族鲜卑拓跋氏的首领，都懂得改革对图存的重要性。北魏孝文帝冲破重重阻力，坚定不移地进行改革，不能不说是得益于三晋传统文化的滋养。

　　历史悠久、底蕴丰厚的晋文化，是中华民族文化发展史上的一颗璀璨夺目的明珠，也是我们建设现代化的宝贵资源。在社会改革、转型的浪潮中，在一切可持续利用的资源中，文化资源是最高层次、也是最具有开发价值的资源。丰富的自然资源、人文素养、开放意识、进取精神，是三晋大地给我们的特殊赐赋。今日的文化都是在往日文化的沃土上滋养出来的，在发掘、继承和光大这一优秀文化传统之时，我们应该以开阔的视野和广博的胸怀、开放的意识和进取的精神，勇于吸收一切先进文化的养分，敢于变通，敢于突破常规，在实践中探索传统文化与时代精神的结合点，使晋文化永葆生机和活力。

---

　　①　《国语·晋语二》。
　　②　《左传·定公四年》。

山西师大地处中华文明的发祥之地晋南临汾,这里具有丰厚的文化积淀,依托这得天独厚的文化资源,我们学校的老师们在20世纪80年代就已开始对三晋文化进行研究,并将这种研究渗透于教学活动之中,取得了可喜的成果。从21世纪初又开始着力构建和打造以晋学为核心的专门史强势学科,现已成为山西师大"依托地方文化资源、建设品牌学科和专业"发展战略中富有特色的研究方向之一,同时,2004年被评为山西高等学校重点扶持学科。为了配合我们的教学与科研,撰写了这部《山西历史与文化》。本书在吸取、借鉴、参考其他山西历史专著的基础上,根据教学和科研的特点以及读者的认知水平,主要突出以下几个特点:

第一,突出山西历史发展个性特征比较鲜明的阶段。山西历史的发展有其独特的两极性,即古代的辉煌和近现代的落伍。本书以山西辉煌的古代历史为核心(按照传统的历史分期,中国古代历史下限断为19世纪40年代,晚清即属近代),力求全面地梳理和反映山西历史文化的面貌,从总体上揭示其演进的历史轨迹和特征,而且也对其不同层面诸如文明演进、社会变迁、民族融合、思想文化、经济发展、文物遗存、人物贡献等方面进行研究,从不同领域或侧面反映山西历史文化阶段性、不同层面的特征。

第二,凸现晋文化的特色。先进性、开放性、革命性是晋文化最本质的特征,这些特征不仅使得山西在中国古代史中占有极其重要的地位,而且也影响、推动了其他区域文化的变革和发展。凸现、研究和继承晋文化的优良传统,使我们从中受到多种泽惠和启示。

第三,史论相结合的研究特色。山西史是中国史的一部分,有些内容在中国通史中已经有所反映,面对有一定历史基础知识和初步研究能力的研究生和本科生,要加大学术含量,对一些重大的理论问题要进行深入的探讨和研究,比如:晋国的无公族制度、山西在中国古代政治生活中的地位、古槐移民、晋商等,理论性地探讨与分析,以开阔学生的学术视野,引导和培养他们的研究能力。

第四,融文献、考古等资料于一体。有关记录山西历史的文献丰富多彩,文献是辨析、考证、研究的重要依据之一,但文献中误记、讹传、错抄的成分亦不少,加上几百年来朝代更替,兵革水火,一些重要史乘遭到毁坏散佚,造成资料缺乏和失实,因此还需要其他材料予以参订考证。考古学上的新发现,如丁村遗址、陶寺遗址、天马—曲村遗址、晋国遗址等的发掘,给我们提供了许多新的实物佐证,使我们对一些历史问题重新进行审视和分析。此外,还有许多存留在社会上的文化遗物,包括建筑、绘画雕塑、碑铭题记、传抄或传说的资料,这些丰富多彩、鲜弥珍贵的文化遗存,蕴含着丰富的历史文化信息,也是我们考察、搜集、整理、研究的主要内容。

撰写《山西历史与文化》的目的,不仅仅在于加强和深入地域文化学的研究,更重要的是要凸显山西高校教育利用丰厚的历史文化资源,建设具有区域性、地方性的特色学科;不仅要激励山西籍的学生热爱家乡、建设家乡、献身家乡的激情,而且也使外省籍的学生了解山西、认识山西,使他们也为山西的现代化建设事业贡献力量。

在撰写过程中,得到山西省社科院李元庆先生、山西省考古所侯马工作站田建文先生、山西师大历史学院李孟存先生、山西师大戏研所王福才先生、山西师大历史学院张有智先生等师友的指导和帮助,山西师大历史学院李淑芳参加了第六章、仝建平参加了第七章的撰写工作,在此一并致谢。

由于自己学识水平有限,其中不足与纰漏难免,恳请学界同仁和读者批评指正。

杨秋梅

2008 年 7 月

目　录

第一章　远古时代的文化遗存

早在180万年前,山西这块土地上就繁衍、生息着中华民族的先祖,他们创造了绚丽多彩的远古文化,也为我们留下了大量的内涵丰富、特征鲜明的文化遗存。从人类的出现到国家的产生,在这里形成了一个绵延不断且自成体系的文化发展序列。山西,不仅是中国远古人类文化的发祥地,更是中华文明的重要发源地,又因创立华夏文明的帝王黄帝、炎帝、尧、舜、禹活动的中心区域都在晋南,因而晋南又是"帝王所都"。

第一节　旧石器时代

旧石器时代是人类历史的最初阶段,与地质学上的第四纪更新世大致相当。这一时期,人类以打制石器为主要生产工具,过着采集和狩猎的原始经济生活,人类自身的体质演进也经历了猿人、古人、新人三个阶段。山西地区的旧石器文化遗址分布相当广泛,其数量多,文化内涵丰富,而且文化年代衔接,历史脉络清晰,形成了绵延不断的旧石器文化发展序列。这说明,在旷古而久远的旧石器时代,山西地区曾是中国原始人类繁衍生息的集中地带,也是我们民族的先民们最早开发的地区之一,"越来越多的材料证明山西是中国乃至东亚地区研究人类发展的一块相当举足轻重的地区"①。

山西地区旧石器时代的文化遗存十分丰富,我们主要介绍在旧石器时代早、中、晚三个时期最具代表性的文化遗址及其文化面貌。

一、西侯度文化与匼河文化

1.西侯度文化　西侯度遗址位于运城市芮城县风陵渡镇以北约 10 公里处的西侯度村一带,距今约 180 万年,地质时代为早更新世。这不但是迄今所知中国境内最古老的一处文化遗址,而且也是世界范围最古老的文化遗址之一。

西侯度遗址发现有大量的古脊椎动物化石,鲤鱼、鳖、鸵鸟、巨河狸、剑齿象、古板齿犀、晋南四不像鹿、李氏野猪、古中国野牛等,多数属温暖带以北的动物,今已灭绝。从动物群生态分析,当时的晋南应是四季分明的疏林草原环境。

西侯度遗址发掘出 32 件石制品,包括石核、石片和石器,石器的类型有砍斫器、刮削器和三棱大尖状器等,属于粗大石器工具,是旧石器时代古人类使用的传统工具,后来逐步发展演变进而形成华北旧石器时代的两大传统工具之一,考古学家称之为"大石器传统","西侯度人便是大石器传统的开山之祖"②。

从西侯度人石器的打制技术来看,他们已经采用了锤击、碰砧、砸击三种方法,用这些方法从石材上获取石片,再将这些石片加工成石器,考古学家称这为"石片文化传统"。"从目前已发现的材料来看,中国境内旧石器时代的石器基本上都是属于石片文化传统"。"根据西侯度石片文化的出现,石片技术以中国为最早是可以肯定的,至少说根据我们目前所查阅到的资料是如此"③。这就是说,西侯度的石片文化,为探索人类石片文化的起源提供了重要的依据,从而也证明了中国是世界上最早

---

①　陈哲英:《山西旧石器时代考古综述》,《山西旧石器时代考古文集》,山西经济出版社,1993 年。

②　李元庆:《三晋古文化源流》第 51 页,山西古籍出版社,1997 年。

③　贾兰坡等:《西侯度文化遗存》,《山西旧石器时代考古文集》,山西经济出版社,1993年。

应用石片技术的国家。

还有两件带有切割和刮削痕迹的鹿角化石，"一件的角表面有条断面呈'v'形的沟槽，可以肯定是人工用锐利的器物切割或刮削出来的；另一件角则有很清楚的刮痕，推测当时人类可能会制作骨器了"①。

被火烧过的兽骨、鹿角和马牙化石，是在西侯度发现的最为引人注目的一类文化遗物，它证明西侯度人当时已经开始用火。五六十万年前曾经生活在北京周口店的"北京人"也使用火，但在北京人用火的遗迹中发现有成堆的灰烬，不使火到处蔓延。这说明北京人不仅已经使用了火，而且还懂得用篝火的方法保持火种，以控制火的使用，也就是已经初步认识和掌握了火的一般规律，可见绝不是处于用火的起步阶段，在此以前，肯定还走过了十分漫长的用火道路。西侯度人用火遗迹的发现，又把中国古人类用火的时间推前了100多万年，这不但是迄今所知中国人类用火的最早记录，也是世界上人类用火的最早记录之一②。

西侯度文化是迄今所知在黄河流域所发现的最原始的文化，它奠定了以后在华北地区居主导地位的旧石器文化的发展基础。虽然，这里至今尚未发现古人类骨骼化石，还不可能对西侯度人予以具体描述，但可以展望，随着考古发掘的不断深入，一旦有了人类化石发现，将会"在人类起源问题上可以做出十分可贵的贡献"，也将"会使我们对这一文化的面貌认识得更清楚"③。

2.匼河文化　匼河遗址位于芮城县风陵渡西北约7公里的匼河村一带，距西侯度村约3公里，是山西地区又一有代表性的旧石器时代早期文化遗址，距今约六七十万年，地质时代为中更新世。

匼河遗址发现有象、野猪、鹿、马、对丽蚌、水牛等大量的动物化石，动物群的生态表明当时晋南的气候比现在更加温暖湿润。

匼河遗址发掘的石制品，1962年出版的《匼河》一书报道有138

---

①　山西省考古研究所：《山西考古四十年》第3页，山西人民出版社，1994年。

②　李元庆：《三晋古文化源流》第52页，山西古籍出版社，1997年。

③　贾兰坡等：《西侯度文化遗存》，《山西旧石器时代考古文集》，山西经济出版社，1993年。

件①,以后经过多次发掘,又发现了一百余件。从石器的类型和打制来看,匼河人继承了西侯度人的石片文化和粗大石器传统。当年西侯度人所使用的刮削器、砍砸器和三棱大尖状器等粗大石器工具在匼河也同样发现,但打制技术明显有所提高。这些石器也主要是由石片加工而成,大多还经过两次加工,就是对用钝了的刃口再进行修整,大大提高了石片的利用率。其中的三棱大尖状器是匼河人的代表性工具,它是由西侯度人开创,经过匼河人发展,到了丁村人就形成了"大石器传统",被考古学家命名为"匼河—丁村系",其典型器物便是三棱大尖状器,这充分说明匼河石器在华北旧石器发展中举足轻重的地位。

匼河遗址中还出土了小尖状器和石球两种石器工具。小尖状器是匼河文化中比较精致的石器工具,属于匼河人的一项发明。石球加工比较粗糙,重量在 100 克以上,主要作为狩猎用的投掷武器,在当时是很进步的一种石器工具。

匼河文化还是一个分布密集、范围广阔、内涵丰富的遗址群。以匼河为中心的黄河沿岸,北自永济市独头村北沟,南至芮城县涧口南沟,长达 13.5 公里的范围内,分布着 17 处时代相同、性质一致的石器和化石地点,这说明在晋西南地区的黄河拐角处,一直是我国早期人类生产生活的核心地带,已经形成了相当规模的原始人群落。

二、丁村文化与许家窑文化

1.丁村文化　丁村遗址位于临汾市襄汾县丁村附近的汾河沿岸,距今约 10 万年,地质时代为晚更新世,是山西地区旧石器时代中期最为典型的文化遗址。

丁村遗址是迄今在山西地区最早发现人类骨骼化石的文化遗址。1954 年发现了 3 枚人牙化石,两枚门齿,一枚臼齿,属于同一个体,大约为十二三岁小孩。1976 年又发现 1 块两岁幼儿的头顶骨化石。丁村人门齿呈铲形,舌面不如北京猿人复杂,顶骨壁较薄,其体质特征较北京猿人有明显进步。因此,丁村人与北京人以及蒙古人种有着亲缘关系,但

---

① 　贾兰坡等:《匼河——山西南部旧石器时代初期遗址》第 68 页,科学出版社,1962 年。

比北京人更为进化,已经脱离了猿人阶段,是介于北京猿人和现代人之间的人类,属于人类学上的"早期智人"。

丁村遗址出土的石器分为石核石器和石片石器两类,石核石器有砍砸器、手斧和球状器,石片石器有砍砸器、刮削器、尖状器、三棱大尖状器、鹤嘴形尖状器等。在尖状器中,"以三棱尖器为最特殊,称之为'丁村尖器',它是丁村文化中之代表石器"①。"丁村尖器"代表了粗大石器的主要特征,它是丁村文化继承和发展了西侯度文化、匼河文化的粗大石器传统而进一步成熟的,由此形成华北旧石器文化发展序列中一脉相承的"大石器传统"。

丁村文化也是一个以丁村为中心,北起史村(今山西襄汾县城)南至柴庄,长达 11 公里的遗址群,先后共发现 23 处文物遗存点,其中,属于旧石器时代中期有 16 处,可见这是丁村文化的主体部分。属于旧石器时代早期有 6 处,考古学家称其为"前丁村文化",并把它作为连接匼河文化和丁村文化的中间环节。属于旧石器时代晚期有 1 处,在丁家沟,这里不但发现了粗大石器,而且还发现了各种制作精致的细小石器,如雕刻器、圆底石镞、锥钻等。考古学家把这些细小石器所代表的文化称作"丁家沟文化","又可称为'前下川文化',即下川文化是由'丁家沟文化'演进而来的"。这说明,这类细小石器,在我国华北旧石器文化形成"小石器传统"的历程中起了重要的先导作用②。丁村文化这种分布密集、范围广阔、年代跨度大的显著特点,在中国和世界范围都属罕见,正如裴文中、贾兰坡教授所说:"无论在中国和在欧洲,从前都没有发现过类似的文化,它是在中国黄河中下游、汾河沿岸生活的一种人类所特有的文化。"③

2.许家窑文化　许家窑遗址位于大同盆地北部阳高县许家窑村,距今约 10 万年,地质时代为晚更新世,是山西地区旧石器时代中期又一典型的文化遗址。

---

① 裴文中等:《丁村旧石器》,《山西旧石器时代考古文集》,山西经济出版社,1993 年。
② 山西省考古研究所:《山西考古四十年》14—20 页,山西人民出版社,1994 年。
③ 裴文中等:《丁村旧石器》,《山西旧石器时代考古文集》,山西经济出版社,1993 年。

许家窑遗址是迄今山西地区发现人类骨骼化石最多的一处文化遗址,人体化石多达 20 件,有颌骨、枕骨、顶骨、臼齿等,分别属于 10 多个不同的个体。许家窑人的体质特征,有些与北京猿人非常相似,有些比北京猿人先进,而又落后于现代人,因而许家窑人和丁村人一样,是介于北京猿人与现代人之间,也已经进入了古人或早期智人阶段①。

许家窑遗址的石制品极为丰富,数量相当大,先后共获得 2 万余件,包括石核、石片和石器。石核最小的仅重 9 克,最大的也不过 500 余克。石片最大的 1 件也仅重 120 克,绝大多数在 30 克以下。石器包括砍斫器、刮削器、尖状器、雕刻器、石钻、石球等各种类型,几乎都是加工精致的细小石器,最小的仅 1 克,粗大石器非常少见。特别值得一提的是石球,石球在匼河遗址和丁村遗址中都有发现,但为数不多,在许家窑遗址共发现石球 1100 多个,这样多的数量在国内外都属罕见。石球最大的重量超过 1500 克,直径超过 100 毫米,最小的重量不足 100 克,直径在 50 毫米以下。小的石球可能是狩猎工具"飞石索"上的弹丸,大的石球可能是一种投掷武器②。

很明显,许家窑文化的细小石器特色很显著,这与西侯度、匼河、丁村文化的粗大石器传统形成鲜明的对照,它属于华北地区旧石器文化两大传统之一的"小石器传统"。这一传统是由旧石器时代早期的北京人文化所开创,至旧石器时代晚期的山西峙峪文化而定型,考古学家把它命名为北京"周口店第 1 地点—峙峪系",又称"北京人文化—峙峪文化"。由此可见,"许家窑文化在细石器技术传统上是北京人文化和峙峪文化之间的重要环节,也可以说是过渡的桥梁"③。这就是说,许家窑文化的细小石器,在我国华北旧石器文化的小石器传统系列中处于承前启后的地位。

---

① 贾兰坡等:《阳高许家窑旧石器时代文化遗址》,《考古学报》1976 年第 2 期。
② 贾兰坡等:《许家窑旧石器时代文化遗址 1976 年发掘报告》,《古脊椎动物与古人类》1979 年第 4 期。
③ 贾兰坡等:《阳高许家窑旧石器时代文化遗址》,《考古学报》1976 年第 2 期。

三、峙峪文化与下川文化

1.峙峪文化　　峙峪遗址位于朔州市峙峪村附近,距今约2.8万年,地质时代为晚更新世,它不仅是山西地区,而且也是中国旧石器时代晚期最具代表性的文化遗址之一。

峙峪遗址的石制品,数量庞大,种类繁多,加工精致。在发现的2万余件石制品中,大型石器极为罕见,几乎都是小型石器,有刮削器、尖状器、雕刻器等。峙峪人制作石器的技术和水平明显进步,已经发明和使用了间接打击法这一新的打制技术。所谓的间接打击法,就是利用一根带硬尖的棒状物对准石材的台面边缘,用石锤敲击棒的后端,以剥取石片,以便加工成各类小型石器工具,这在当时是一种比较先进的技术。

在峙峪文化的小石器中,最引人注目的是石镞、斧形小石刀和扁圆形钻孔装饰品等,这些具有较高工艺水平的精美器物,最能表现峙峪文化的特色。石镞的出现,说明峙峪人已经掌握了弓箭的制作和使用技术,狩猎水平已达到了一定的高度。斧形小石刀是一件加工精致、小巧美观的工具,可以安装镶嵌在木柄或骨柄上使用,这是峙峪人发明的一种复合工具,代表了峙峪文化的进步性。"以前,在我国旧石器时代遗址未曾发现过这一类型的石器"①。钻孔装饰品表明峙峪人已经掌握了石器的磨制和钻孔技术,由打制技术跃进到磨制技术,意味着古人类将要由漫长的旧石器时代跃进到新石器时代。

峙峪文化细小石器的文化风貌,说明由北京人文化所开创的华北旧石器文化的小石器传统,经过许家窑文化的发展,到峙峪文化已经成熟。因此,峙峪文化是华北旧石器文化小石器传统链条上的重要环节。

峙峪遗址还出土有1块晚期智人的头骨化石、大量的动物化石和被人工击碎的兽骨片。在哺乳动物化石中最多的种类是野马和野驴,野马至少有120个个体,野驴有88个个体,很明显,这两种动物是当时人类猎取的主要对象。狩猎专门化的倾向,射程远、杀伤力强的弓箭的出现,都

---

① 贾兰坡等:《山西朔县峙峪旧石器时代遗址发掘报告》,《山西旧石器时代考古文集》,山西经济出版社,1993年。

说明峙峪人的狩猎技术已发展到新的高度。

2.下川文化　下川遗址位于晋城市沁水县下川附近,距今 2 万年左右,地质时代为晚更新世末期,它不仅是山西地区,而且也是中国旧石器时代晚期最具代表性的细石器文化遗址之一。

下川文化是一个分布广阔的遗址群,散布于中条山主峰历山东麓的山间盆地边缘,地跨垣曲、沁水、阳城三县,近 20 个地点,出土石制品上万件,因下川发现的石器遗存最为丰富而被命名为"下川文化"。

下川文化总的特点是细小石器与粗大石器并存,细小石器是它的主体。细小石器种类繁多,器型复杂,除了通常所见者之外,还有些异常精致、工艺水平相当高的附加木柄的复合工具,如扁底三棱尖状器,琢背小刀、锯、锥、钻等,石镞也比峙峪遗址多。琢背小刀是下川文化的典型器物,刀背钝厚,刀刃锋利。小型的三棱尖状器是制作最精细的微型尖状器,长不过 2 至 3 厘米,宽 1 厘米左右,有尖有刃,异常锋利。下川文化的细石器代表了旧石器时代石器制作工艺的最高水平,在小石器传统中具有典型意义,生产力由此得到进一步的提高,社会经济开始了新的飞跃,并为新石器时代的到来准备了条件。

下川文化细小石器与粗大石器并存,这与丁村遗址群的"丁家沟文化"极为相似,说明"下川文化是由'丁家沟文化'演进而来的"①,两者之间有着文化传承关系。下川文化的粗大石器,最为引人注目的是石磨盘、石锤、锛形器、带锯齿的石镰刀等,这些生产工具可能与原始农业的出现有关。有些考古学者认为,石磨盘的发现是"旧石器时代晚期采集天然谷物加工成粮食的信息,使我们看到由原始采集经济向原始农业经济过渡的先兆"②。"研磨盘在下川文化中的出现,代表了我国黄河流域粟作文化的先声"③。

下川文化的出现,已经预示了新石器时代的即将到来。

从旧石器时代早期的西侯度文化,到晚期的下川文化,反映了山西

---

　　①　山西省考古研究所:《山西考古四十年》第 26 页,山西人民出版社,1994 年。
　　②　黄崇岳:《从出土文物看我国原始农业》,《中国农业科学》1979 年第 2 期。
　　③　卫斯:《试论下川遗址出土的研磨盘在我国北方粟作文化起源中的历史地位》,《山西文物》1986 年第 1 期。

地区旧石器时代文化自成序列的发展演变历程，昭示了远古时代的山西有着极其丰厚的文化积淀，也呈现了山西南部和北部两种不同的文化风貌。"南部地区的粗大石器传统和以采集业为主的经济生活方式，一步步发展演变为萌芽状态的原始农业生产工具和原始种植业经济，这是这一带地区后来成为我国古代重要的农耕文化区的历史先声；北部地区的细小石器工具和以狩猎业为主的经济生活方式，则预示着这一带地区必将进一步发展成为我国古代游牧文化区的重要基地"[1]。这样的古文化特点，对于塑造三晋文化所具有的中原农耕文化与北方游牧文化兼容并蓄、交相辉映的特质起到了重大的影响。

第二节　新石器时代

至少在距今 1 万年以前，中国人的历史进入新石器时代，与地质学上的第四纪全新世大致相当。新石器时代是人类氏族社会发展繁荣的阶段，这一时代的基本特征：第一，结束了以采集和捕获猎物为主要生活来源的时代，发明了原始的农业和畜牧业，这表明古人类已经由被动依赖自然的攫取经济跃进到主动改造自然的生产经济。第二，石器工具的制作由打制跃进到磨制。第三，手工业开始产生和发展，尤其是陶器、纺织的制作和使用。第四，村落及建筑大量出现。第五，宗教在人们的生活中占有十分重要的地位。第六，文化、艺术有了一定的发展。

这一时期，山西的文化遗存十分丰富，分布也较为广泛，先后总共发现新石器时代文化遗址 1600 余处[2]，这些遗址的文化年代前后衔接，一脉相承，形成了一个新石器时代文化发展序列。

同时，山西新石器文化发展不平衡的特点也十分显著。从纵向角度看，新石器时代早、中、晚三个阶段文化发展很不平衡。早期文化遗址仅发现武乡县牛鼻子湾、翼城县枣园和闻喜县坡头等 30 余处。中期相当于考古学上的仰韶文化时期，文化遗存比较多，"每个盆地及其周围包括

---

① 李元庆：《三晋古文化源流》第 79 页，山西古籍出版社，1997 年。

② 山西省史志研究院：《山西通史·先秦卷》第 44 页，山西人民出版社，2001 年。

有的山地均有该时代遗址的分布"①。晚期相当于考古学上的庙底沟二期及龙山文化时期,文化遗存更加广泛密集,星罗棋布,各大小河川的河谷地带和山前丘陵地区均有分布。这种不平衡的趋势,表明了随着时代的不断向前推进,其内容越来越丰富,分布越来越广泛而密集。从横向角度看,各个地区之间的新石器文化发展也很不平衡。大体上说,南部地区的新石器文化遗存数量多,内容丰富,分布广泛;其次是中部;比较薄弱的是北部和晋东南地区。这两方面的不平衡状况,除了由考古工作本身进展的不平衡所致之外,自然地理环境的不同也是造成这种不平衡的主要因素之一。

一、枣园文化

枣园遗址位于翼城县枣园村,总面积约为 2 万平方米,距今大约7000—6400 年,出土有大量的陶器和少数生产工具。陶器中泥质陶约占60%,夹砂陶占 40%,泥质陶器主要有小平底的各类钵、折沿盆、敞口盆、鼓肩小口壶、溜肩小口壶、蒜头壶等,夹砂陶器主要有折沿鼓腹罐、侈口鼓腹罐、折沿直腹罐等。生产工具主要有用于农业和纺织的陶锉、石刀、石磨棒、陶纺轮等。枣园文化的发现和研究,不仅将山西地区的新石器文化推到了 7000 年以前,更为重要的是,对仰韶时期半坡文化和庙底沟文化的关系提出了新的看法,半坡文化和庙底沟文化不存在谁发展为谁的问题,而是地域相邻、互为影响的两支考古学文化,枣园文化是庙底沟文化的前身②。"庙底沟文化正是以枣园遗址为主体,在与周边文化的交流、碰撞中,产生出的一支独具生命力的考古学文化"③。

二、东庄村文化和西王村文化

仰韶文化因 1921 年首先发现于河南渑池的仰韶村而得名,它是黄河

①　山西省考古研究所:《山西考古四十年》第 58 页,山西人民出版社,1994 年。

②　田建文等:《晋南地区新石器时期考古学文化的新认识》,《文物季刊》1992 年第 2期。

③　杨国勇:《华夏文明研究:山西上古史新探》第 46 页,中国社会科学出版社,2002 年。

流域分布十分广泛的一种新石器中期的文化,反映了母系氏族社会繁荣至衰落时期的文化成就,距今约 7000—5000 年。按照文化内涵和分布区域,仰韶文化又分为西安半坡、临潼姜寨、河南三门峡陕州庙底沟、安阳后岗等类型。山西处于仰韶文化的中心区域,分布也十分密集,其中最具代表性的是仰韶文化东庄村类型和西王村类型。

芮城东庄村文化遗址是属于仰韶时代早期的文化遗址,相当于"枣园文化"晚期。发现有圆形半地穴式的房址、储藏食物的窖穴、烧制陶器的窖穴;石斧、石锛、弹丸、纺线轮、骨箭头、骨笄、外表绘有黑色三角形图案和鱼形花纹的陶器等;还发掘墓葬 5 座,其中两座多人二次合葬墓、两座单人墓葬、一座小孩瓮棺墓。这些文化遗存,表明各种器物的制作技术已经有了相当的提高,外表精美,质地多样;也反映了当时的社会处在母系氏族社会,氏族内分为若干母系家庭。东庄村遗址的文化因素大部属于仰韶文化的半坡类型,也有一少部分庙底沟文化的因素,传统上认为是处于仰韶文化半坡类型向庙底沟类型过渡的中间环节。

芮城西王村文化属于仰韶文化庙底沟类型,"学术界一般都将庙底沟文化视为山西地区仰韶时代中期的文化"[1],因此,西王村遗址属于仰韶时代中期的文化遗址。庙底沟文化在山西的分布范围很广,全省基本上都在其覆盖范围之内,其中心在南部,最典型的就是西王村遗址。西王村遗址出土有石刀、石铲、陶纺轮、骨针、陶盆、陶碗、陶釜、陶罐等生产和生活用具,陶器中最引人注目的是彩绘陶器,色彩有黑、白、红三色,图案多为弧线和圆点等几何形线条组成的花卉或禽鸟,可见当时人类审美已经有了几何形体观念,生产和生活水平有了相当的提高。

山西仰韶文化晚期的遗址也多有发现,晋南的重要遗址有:芮城西王村、夏县东下冯、垣曲古城东关、侯马东呈王等,其文化面貌比较一致,仍可纳入庙底沟文化系统。遗存主体仍为尖底瓶、盆、夹砂罐,但彩陶锐减。晋中以太原义井、太谷白燕为代表,文化面貌与庙底沟文化差异很大,喇叭口双耳平底壶取代了尖底瓶,彩陶为红彩或黑彩,且数量较多。晋西北遗存类似于"义井文化"。晋东南有可能被河南安阳"大司空村文

---

①　山西省史志研究院:《山西通史·先秦卷》第 53 页,山西人民出版社,2001 年。

化"所覆盖。同整个中原腹地一样,山西地区在仰韶文化中期形成的大统一局面,开始走向破裂①。

三、陶寺文化与中华文明的探源

龙山文化因 1928 年首先发现于山东章丘的龙山镇而得名,它遍布于黄河流域以及更广阔的地区,反映了父系氏族社会的文化成就,距今约 5000—4000 年,在考古学上相当于新石器时代的晚期。山西龙山文化分布广阔,已发现遗址 100 余处,考古学家按其地域和文化内涵的差异,将山西地区的龙山文化大致分为晋中、晋南、晋西南和晋东南四个类型。山西龙山文化以 1978 年发现于襄汾县的陶寺遗址最为丰富和典型,因其个性特征鲜明被称为"龙山文化陶寺类型"。

陶寺遗址位于襄汾县城东北约 7.5 公里的陶寺村南,面积约 300 万平方米,距今约 4500—3900 年②。陶寺遗址丰富的文化遗存,对于探讨中华文明的起源具有重要的意义。

陶寺遗址发现了城址遗迹,有陶寺早期小城、中期大城和中期小城、城邑街区屋舍、宫殿群落、祭祀建筑、墓葬区、观象台、水井、道路和仓储设施等不仅有,而且规模大、代表性强,这在龙山文化中是非同寻常的。"从这些城址遗迹中我们可以看出当时城邑的建筑规模和宏伟气象,特别是各种标志性建筑,如宫殿、祭坛、天象台,以及仓储区、墓葬区、街市区和道路等遗迹的出土,更说明陶寺城址在当时不仅是典型的城邑,而且是一座气势宏大的'王都'。由此可以证实,尧确实是建都平阳"。20世纪 80 年代就有学者也做过这样的认定,"陶寺类型龙山文化,是夏代以前帝尧陶唐氏时代的文化,陶寺遗存可能就是陶唐氏的文化遗存之一",或者说曾是"帝尧陶唐氏的所都和所居之地"③。

陶寺遗址还发现了中国最古老的文字遗迹,在一件陶扁壶上有朱书的"文字"符号,一个被隶定为"文"字,另一个或被认为是甲骨文、金文中

---

① 田建文:《山西考古学文化区系类型问题》,《汾河湾——丁村文化与晋文化考古学术研讨会文集》,山西高校联合出版社,1996 年。

② 《中国大百科全书·考古卷》第 520 页,中国大百科全书出版社,1986 年。

③ 田昌五:《华夏文明》第一集第 106—107 页,北京大学出版社,1987 年。

的"易"字,或被隶定为"尧"字,"陶寺字符是迄今为止在考古中发现的中华民族的最古老和最典型的文字符号。它的价值,绝非此前所发现的所有字符可以与之同日而语"。"它的存在和出现的本身,就已经把中华文明推演到了4700年以前"。

观象台是陶寺遗址的一个惊人发现,它具有观象和授时的功能。传说尧派羲和、羲仲去管理历法与授时,并测定了一年的天数和四季。观象台遗迹的发现,证实了"观象授时"活动的存在,印证了《尚书·尧典》上记载的"历象日月星辰、敬授人时"的真实历史背景与社会现实。

陶寺遗址公共墓地的发现更令人瞩目,墓地位于遗址东南部,先后发掘出墓葬1300余座,占地面积3万多平方米,这些墓葬按照墓圹面积、葬具和随葬品的多寡可分为大、中、小三种类型。第一类是大型墓,约占墓葬总数的1%,墓主均为男性,有木棺椁,随葬品较多,有的多达一二百件,有彩绘的陶器、木器,成组的玉器和礼器,甚至还有象征权力的鼍鼓、特磬、土鼓、玉钺、玉琮、玉璧和龙盘等,彩绘龙盘极具代表性,龙纹可能是氏族或部落的标志,反映了龙崇拜意识。第二类是中型墓,约占墓葬总数的10%,墓坑较小,也使用木棺,但随葬品没有大型墓的丰富,一般有陶器、木器和玉石器,以及若干猪的下颌骨。第三类是小型墓,约占墓葬总数的90%,大多数"一贫如洗",既无木棺也无随葬品。陶寺墓地的这三类墓葬,显示了死者生前的社会地位和财富多寡的悬殊,说明了氏族成员之间原始的平等关系已被破坏,阶级对立已经产生。"陶寺文化墓地是了解陶唐集团社会组织结构的重要遗存"①,这是一个多氏族部落联盟的初期国家形态。

陶寺遗址的生产工具,有石器、骨器、木器等。石器工具中石铲数量最多,还有石刀、石斧、石锛;骨制的有刀、镞、铲;木制的有耒耜之类。生产工具的猛增可以看出当时农耕之兴旺。生活用具中,典型陶器有釜灶、缸、斝、肥足鬲、扁壶、罐等。彩绘木器是陶寺遗址的重大发现,有木案、几、匣、盘、斗、鼓等。另外还发现一件红铜铸造的小铜铃,含铜量达97.8%,这是中原地区龙山文化中唯一的一件具有成熟造型的铜器,反映

① 杨国勇:《华夏文明研究:山西上古史新探》第68页,中国社会科学出版社,2002年。

当时生产技术和物质文明的发达程度,也为探讨中国早期铜器的冶铸技术提供了重要的实物资料。

陶寺遗址的考古发掘及其丰富的出土文物,尤其是文字、铜器,城邑和礼仪祭祀等遗迹的发现,不仅证明了中华文明源远流长,而且也证实了山西的晋南地区是中华文明的重要策源地,是中华文明的源头之一。"小小的晋南一块地方曾保留远自七千年前到距今两千余年前的文化传统。可见这个'直根'在中华民族总根系中的重要地位"①。

第三节　古史传说时代

关于古史传说时代,我国已故的著名古史学家、考古学家徐旭生先生指出:"世界上任何一个民族最初的历史,总是用口耳相传的方法流传下来。在古文献中保存有古代传说,而在当时未能用文字把它直接记录下来的史料,用这种史料所记述的时代,就叫作传说时代。"②古史传说时代不完全等同于信史,自然会带有某种宗教神话色彩乃至讹误成分,传说中的某些人物也许并非一定真实存在。但是,传说人物所反映的历史时代却无疑是真实存在的,他们的活动事迹所具有的史料价值无疑是应当肯定的。历史文献记载和保存了丰富的古史传说时代的山西文化。

一、炎黄集团在山西的活动

传说中的英雄时代,黄帝是杰出的代表,他被尊奉为中华民族的人文初祖。《国语·晋语四》载:"黄帝以姬水成,炎帝以姜水成。"故黄帝为姬姓,炎帝为姜姓。姬水大约在陕西北部,姜水在陕西渭河上游。黄帝号有熊氏,又号轩辕氏,炎帝号神农氏。黄帝与炎帝及蚩尤之间的战争是当时重大的政治事件,对于形成华夏民族有着极其重要的意义。为了争夺势力范围,《史记·五帝本纪》载,黄帝与炎帝"战于阪泉(一说在今山西运城盐池附近,一说在今河北涿鹿东南,近年来又有新说在北京延

① 苏秉琦:《华人·龙的传人·中国人》第 90 页,辽宁大学出版社,1994 年。
② 徐旭生:《中国古史的传说时代》序,文物出版社,1985 年。

庆阪泉村)之野,三战,然后得其志"。黄帝大败炎帝后,二者联合,在中原一带建立起以炎黄联盟为核心的部落集团,号称华夏,黄帝成了华夏族的最高首领。炎黄联盟是超越亲属部落联盟的新型联合体,打破了氏族之间的界限,导致了不同文化共同体之间的交流与融合,为中华民族的形成奠定了重要的基础。

炎黄联盟之后,又同蚩尤大战于涿鹿之野。中国远古部落大体上存在着三大集团,即中原的华夏集团、东方的东夷集团、南方的苗蛮集团。华夏集团包括炎帝族和黄帝族,东夷集团是中原以东地区氏族部落的总称,包括太昊、少昊、九黎诸部落。东夷集团以蚩尤为首领,势力相当强大,是炎黄部落联盟的主要竞争对手。为了阻止蚩尤势力向中原地区的发展,炎黄联盟同蚩尤大战于涿鹿(一说在今山西运城解州,一说在今河北涿州市)之野,遂擒杀蚩尤。取得胜利的黄帝,也因此而成了包括诸夷在内的更大规模的部落联盟的最高首领。从此,黄帝族成为不断融合众多部族的核心力量,黄帝也被尊崇为中华民族的共同祖先。

有关炎、黄二帝的传说在山西流传很广。涿鹿指今天的运城解州一带,蚩尤战败,被黄帝杀死,分解其身首的地方就是解州,解州也因此而得名。蚩尤的血化为卤水,形成了运城的盐池。运城东郭有个"从善村",原名"蚩尤村"。黄帝的贤相叫风后,在涿鹿之战中死去,黄帝把他安葬,即今天芮城赵村东南的风后陵,风陵渡也可能由此而得名。黄帝的史官仓颉,传说他发明了文字,临汾西赵村有仓颉故宅遗址。《周书》《世本》都有黄帝"始穿井"的记载,陶寺遗址出现水井,有学者就认为黄帝在今陶寺一带"始穿井","其井即系今陶寺一带的陶寺早期水井也",并根据陶寺遗址的文化现象,断定"陶寺遗址为黄帝及帝喾之都"①。

晋东南高平市之北的羊头山,传说炎帝曾活动于此。羊头山上有神农城、神农井、神农泉、五谷畦等遗址、遗迹尚存。神农遴选良种,制造农具,传授耕种技术,遍尝百谷,后因误尝断肠草而亡,遗体停卧龙湾,葬羊头山的阳坡下庄里村,此即炎帝陵。炎帝陵附近几个村名如北营、换马、庄里源于炎帝死亡时的传说,"精卫填海"的故事也发生在这里。长治市

---

① 潘继安:《陶寺遗址为黄帝及帝喾之都考》,《考古与文物》2007年第1期。

东 10 公里处的老顶山,为炎帝的纪念地,长治市委、市政府在此兴建规模宏大的炎帝纪念馆,一尊高 39 米,堪称亚洲第一的炎帝巨型铜像已屹立于耸翠叠嶂的老顶山巅。

二、唐尧之都在平阳

唐尧、虞舜、夏禹是我国传说时代的圣王,他们所处的时代也是我国由部落联盟走向国家的转型时期。

尧,姓伊祁名放勋,属陶唐氏部落。皇甫谧《帝王世纪》说:"尧都平阳,于《诗》为唐国。""尧都平阳",平阳即今临汾市。对此学界虽有不同看法,但陶寺遗址的发掘,无论从其文化面貌还是年代的测定,都从考古学上印证了古文献的记载。

据《尚书·尧典》记载,尧在位期间,关心民众的疾苦,为民造福。他开凿水井,治理河害,制定历法,发展生产,"日出而作,日入而息,凿井而饮,耕田而食",这首古老的《击壤歌》正是尧时期百姓安居乐业生活的真实写照,尧也因此而受到百姓的爱戴。因此,尧去世后,"百姓悲哀,如丧父母。三年,四方莫举乐,以思尧"①。

禅位让贤是尧最值得让后人称道的事。尧在位据说是 70 多年,当他年事已高,精力不济的时候,要选择一位贤能之人来继承他的位子。按照军事民主制,部落联盟最高首领的产生,必须通过一定的民主程序,在部落联盟会议上有人推荐了有虞氏的舜。尧为了确保帝位能传给贤能之人,"尧乃以二女妻舜以观其内,使九男与处以观其外",对舜进行了三年的考察。"一年而所居成聚,二年成邑,三年成都",事实证明,舜的政绩卓著,于是"代尧践帝位"②。这就是历来被人们所称颂的禅让制,反映出尧在选择接班人时,既遵从民主的意见,又慎重考察,以确保继承人的质量。

对尧的功绩,有史以来就给予极高的评价。《尚书·尧典》称他"允恭克让,光披四表"。《史记·五帝本纪》赞他"其仁如天,其知如神。就

---

① 《史记·五帝本纪》。
② 《史记·五帝本纪》。

之如日,望之如云"。《论语·泰伯》颂他:"大哉,尧之为君也! 巍巍乎! 唯天为大,唯尧则之。荡荡乎! 民无能名焉。"尧为民师帝范,如果说黄帝是华夏民族的人文初祖,那么,帝尧则是华夏民族的文明始祖。

临汾有尧庙和尧陵。尧庙建于何时已不可考,今存于尧庙的明代碑文说,尧庙原在汾河以西,西晋惠帝元康年间迁至汾河以东,唐高宗李治显庆三年(658)再迁庙至城南今址,所以一般说,尧庙建于唐显庆三年。主殿广运殿祀尧,殿前两旁悬有"民无能名"四个大字。明代扩建为三圣庙,广运之右重华殿,祀舜,之左文命殿,祀禹。清康熙帝亲临平阳诏令重修尧庙,建万寿行宫。御笔题匾,尧殿匾曰"光披四表",舜殿匾曰"浚哲文明",禹殿匾曰"万世永赖"。另外,还有丹朱祠和娥皇女英祠。

尧陵在临汾市尧都区大阳镇,陵高 50 米,周匝 300 米。

三、舜治蒲坂

舜,姓姚名重华,是有虞氏的一位平民,司马迁说他"微为庶人"。相传舜青年时代耕于历山,渔于雷泽,陶于河滨,其活动中心就在今永济一带。舜以孝闻名,家人对他都很刻薄,"父顽,母嚚,弟象傲",但舜都能善待,司马迁在《史记·五帝本纪》中称赞他"天下明德皆自虞帝始"。由于他良好的德行和卓越的管理才能,"代尧践帝位",是为舜帝。

舜帝以民为本的思想非常突出。相传舜在河东盐池视察,欣喜之余,便在盐池之畔的卧云冈上,亲抚五弦琴咏唱《南风歌》:"南风之薰兮,可以解吾民之愠兮。南风之时兮,可以阜吾民之财兮。"这首歌最早记载在《孔子家语·辩乐》篇。舜把为民解愠、为民阜财作为他执政的重中之重,因此,在舜的治理下,天下太平,百姓丰衣足食,"四海之内,咸戴帝舜之功"[1]。后世也以"尧天舜日"来形容唐虞时代的"太平盛世"。

舜在政治上还进行了一系列的改革,使部落联盟议事会逐步向国家机关演化。他举"八恺"管理土地,举"八元"掌管教化,让契管人民,伯益管山林,伯夷管祭祀,皋陶作刑,垂管理工匠等,使国家统治机构已初具规模。在部落内部,舜又用武力打击了"四凶族"等反对势力,巩固了统

---

[1]　《史记·五帝本纪》。

治地位。

"舜治蒲坂",蒲坂即今永济市。《括地志》:"河东县二里故蒲坂城,舜所都也。城中有舜庙,城外有舜宅及二妃坛。"今运城市境内的鸣条岗有舜帝陵(一说舜帝陵在今湖南宁远的九嶷山),自北魏以来,历朝都"祭舜于河东",将运城作为舜帝的国祭之地。古文献的这些记载,还有待于考古学上的印证。

四、禹治安邑

禹,姓姒名文命,属有崇氏部落,是中华民族的治水英雄。尧时期派禹的父亲鲧去平治水患,鲧用了九年的时间,也没有将水患平服,被舜治罪诛杀,舜又命禹去治水。禹鉴于其父用堵塞方法治水失败的教训,改用疏导的方法,八年之间三过家门而不入,历尽艰辛,终于治平水患。《韩非子·五蠹》说他勤奋治水:"身执耒锸,以为民先,股无胈,胫不生毛,虽臣虏之劳不苦于此矣。"后人为了追思他的功德,常常把国土称为"禹迹",并把山川的秀美也归功于禹,《诗经》中称之为"维禹甸之"或"维禹之迹"。《左传·昭公八年》赞叹:"美哉禹功,明德远矣。微禹,吾其鱼乎!"

大禹治水的足迹,据说是几乎遍及黄河中下游及其支流,河津市西北12公里的黄河岸边,传说是禹凿龙门的遗迹,今称"禹门口"。禹凿龙门,《水经注》卷四记载:"龙门山,大禹所凿,通孟津,河口广八十步,岩际镌迹遗功尚存,岸上并有庙祠。"传说禹凿龙门后,过中条山经芮城,曾在县东南的柏树下休息,然后渡河,宿于对岸的禹店村,后来禹休息的那个地方叫神柏峪,渡口就叫大禹渡。

由于大禹治水功绩卓著,被推举为舜的继承人,成为华夏族的最高君长。禹是中国古史传说时代的一位过渡性人物,由于他也曾是部落联盟的首领,故人们往往将他与五帝中的尧、舜并称为"尧、舜、禹",又因他是夏王朝的缔造者,又把他与商汤和周文王、武王并称为"禹、汤、文武",号为三王。禹的伟大功绩在于通过大规模的征伐,结束了万国林立的分散状态,创建了我国历史上的第一个世袭王朝——夏王朝。"禹合诸侯于涂山(今安徽蚌埠市西郊,属怀远县境),执玉帛者万国"①。涂山之会,是夏王朝正式建立的标志,但真正的确立是在禹传位于他的儿子启之后才最终完成。

"禹都安邑",古安邑位于今运城市夏县西北十五里之禹王乡,夏县也因此而得名。另有《世本》等史籍记载"禹都阳城"。《史记·夏本纪》载:"禹辞辟舜之子商均于阳城。天下诸侯皆去商均而朝禹。禹于是遂即天子位,南面朝天下,国号曰夏后,姓姒氏。"据此,有学者认为:禹居阳城,"那不过是禹避舜之子商均时,而一度居于今属河南登封市的阳城,并非禹曾建都阳城。事实是,夏王朝自禹至第三代国君太康,其都城依然在黄河以北的晋南而不是黄河以南的豫西"②。

孔颖达在《左传·哀公六年》疏曰:"尧治平阳,舜治蒲坂,禹治安邑,三都相去各二百余里,俱在冀州。"尧、舜、禹作为继炎、黄之后把华夏文明推向前进的领袖人物,他们的文化政治中心都在晋南地区,因而张守节在《史记正义》中说,"古帝王之都多在河东"。

第四节　夏商时代

一、大夏之墟

《左传·定公四年》载:"分唐叔以大路、密须之鼓,阙巩、沽洗,怀姓九宗,职官五正。命以《唐诰》,而封于夏墟。"这就是说,叔虞所封的唐是夏王朝本土的一部分,唐就在晋南的翼城、曲沃一带,夏县东下冯文化遗址的发现,也从考古学上印证了山西的晋南地区曾是夏人的活动区域。至于夏墟的范围不好确定,考古学家为寻找夏墟于1959年发现了河南偃师二里头遗址,二里头文化的性质经过几十年的争论,学界基本认同二里头文化为夏文化的见解。二里头文化和东下冯文化都在夏代纪年的范围之内,都属夏文化,因此,晋南和豫西都是夏族及夏王朝活动的中心

---

① 《左传·哀公七年》。
② 李元庆:《三晋古文化源流》第141页,山西古籍出版社,1997年。

区域。

东下冯文化遗址位于夏县东下冯村北、涑水河支流青龙河上游南、北两岸的台地上,遗址总面积达 25 万平方米,所处年代距今 3900—3500 年之间。东下冯遗址发现有水井、陶器、瓷器,瓷器的发现,说明东下冯人已经由烧制陶器跃进到烧制原始瓷器。考古学家认为:"据目前的考古发掘资料,瓷器首先在具有夏墟之称的山西晋西南的夏县东下冯龙山文化遗址中发现的,这是迄今我国最早的瓷器。"①还发掘有铜镞、铜刀、铜凿、铜爵以及铸铜石范等,除 1 件铜凿为红铜,其余全为青铜。东下冯墓葬的埋葬方式以及随葬品,已具有明显的不平等的阶级属性,可以使我们进一步看到早期等级社会中阶级压迫的残酷景象。

关于夏朝在山西的势力范围,邹衡先生从考古学的角度认为:"夏王朝在山西境内直接控制的地域似乎仅限于晋西南的汾水下游和涑水流域。""而其影响所及,或可到晋北,甚至内蒙。"②从东下冯文化和二里头文化的状况来看,"二里头遗址则可以看作是夏晚期贵族生活的缩影,而东下冯遗址则反映了平民阶层的生活状况"③,从而也证实了"晋南这块地方,原是夏人之故墟",故自古被称作"夏墟"④。

二、商王朝对山西的经略

商朝是中国历史上的第二个王朝,古代文献中有关商朝历史的记述也比较简略,《论语·八佾》载孔子语:"殷礼,吾能言之,宋不足征也,文献不足故也。"20 世纪初以来,殷墟甲骨文和一系列重要考古遗址的发现,使人们对商朝历史文化的认识日渐深入。山西商代考古遗址的发现和研究,也反映了商王朝时期山西历史文化发展的概貌。

成汤灭夏至盘庚迁殷为商代早期,这一时期的商城遗址在山西就发现有两座。一座是 1984 年发现的垣曲古城,城垣平面为平行四边形,城内面积约为 13 万平方米,北墙仍在地面上耸立,长 350 米,城内中部偏西

---

① 田昌五:《华夏文明》第一集第 140 页,北京大学出版社,1987 年。
② 邹衡:《夏商周考古学论文集》第 278 页,138 页,文物出版社,1980 年。
③ 山西省史志研究院:《山西通史·先秦卷》第 116 页,山西人民出版社,2001 年。
④ 田昌五:《华夏文明》第一集第 31 页,北京大学出版社,1987 年。

为宫殿区所在。城址的西墙南端及南墙西端都筑有双道城垣的夹墙,这个特点在商代前期城址中是独一无二的,其目的就是为了提高防御功能①。

另一座是 1976 年发现的夏县东下冯古城,它位于夏县东下冯夏文化的遗址范围内,城址平面大体为方形,总面积约为 14 万平方米。北半部不大清楚,南半部基本探明。东城墙南段残长 52 米,西城墙南段 140 米,南城墙呈拐角状,总长 440 米。在城内西南角有一组四五十座排列有序的圆形建筑,直径在 8.5~9.5 米之间,可能为储存粮食之用②。

垣曲商城的建立,可能与商王朝控制中条山的铜矿资源有关,而夏县东下冯商城可能与商王朝经营解州的盐池有关,也有可能是为镇压夏的遗民而设立。

盘庚迁殷以后为商代晚期。晋东南地区的长治小神遗址发掘表明,长治地区当时处在商王朝的统治之下。

在灵石口以北晋中地区,以灵石旌介商墓为代表,发掘了 3 座较大型墓葬,在铜鼎、爵、卣等铜器上发现"冈"族徽,这三座墓葬主人是"冈"族的首领。这个族徽有人释为"丙",也有人释为"丙",那么这就是丙或丙方国的 3 座首领墓葬,"从总体来看,它应该属于商文化系统"③。

晋南地区在 2002 年临汾庞杜和 2003 年浮山桥北分别发掘了商代墓葬,其中桥北有 5 座带墓道的王侯级大型墓及 9 座中型墓,年代在商代晚期至商周之际,其中铜瓠和铜罍上还铸有"先"字铭文,是探讨商代唐国的主要地区之一,对晋国和晋文化的形成具有重大意义④。陈梦家先生在《殷墟卜辞综述》中专辟"武丁时期的晋南诸国",认为晋南在殷墟时期有周、缶、犬、串、郭、旬、旨、雀等国⑤。

---

① 中国历史博物馆考古部等:《垣曲商城》第 274 页,文物出版社,1996 年。
② 中国社会科学院考古研究所等:《夏县东下冯》第 8 页,文物出版社,1988 年。
③ 李伯谦:《从灵石旌介商墓的发现看晋、陕高原青铜文化的归属》,《北京大学学报》1988 年第 2 期。
④ 田建文:《初识唐文化》,北京大学震旦古代文明研究中心编《古代文明研究通讯》总第二十一期,2004 年。
⑤ 陈梦家:《殷墟卜辞综述》,中华书局,1988 年。

　　吕梁山一线青铜器出土地点近 30 处，分布地域有石楼、柳林、吉县、隰县、乡宁、大宁、洪洞、永和、忻州、保德、右玉等县，这一文化系统或称为"山西石楼—陕西绥德类型青铜器文化"，或称为"鄂尔多斯式青铜器文化"。这一线为屡见于甲骨卜辞且被征讨的方国，如"舌方""土方"所在地，他们与商王朝或敌或友。

　　商王朝对山西的经略，"大致南北以霍太山为界，晋西南、晋南、晋东南地区是商文化直接、间接控制地带，晋中地区是商文化与北方文化抗衡的间接控制区，吕梁山一线以及晋北地区则是北方草原文化势力范围。"[1]也有学者这样推测："在商代，早期，商人对山西全境有着绝对的权威。但到中晚期即殷墟文化前后，晋西南和晋南的商人势力衰落或者基本退出，可能与周人势力的东进有关。"[2]

　　① 　胡建等：《山西商代考古学文化的若干问题》，《山西省考古学会论文集》(三)第 255 页，山西古籍出版社，2000 年。
　　② 　杨国勇：《华夏文明研究：山西上古史新探》第 35 页，中国社会科学出版社，2002 年。

第二章　称霸百年的晋国

天子衰微,诸侯争霸,是中国春秋时代最为显著的政治特点,由此形成了五霸迭兴、主宰春秋历史的局面。在春秋五霸中,称霸时间最长、对诸侯列国乃至对中国古代社会发展影响最深的要数晋国。晋国是春秋时期最具活力的国家之一,她不仅是山西历史上的一个亮点,也是中国古代史上一颗灿烂夺目的明珠。

西周初年,周王室为了巩固其统治,大力推行宗法分封,周成王封他的同母弟叔虞于古唐国。叔虞死后,他的儿子燮父继位,改国号为晋,从此始称晋国。晋国自西周初年立国至战国初年三家分晋,历时600余年,由一个"河、汾之东方百里"的小国,发展成为"挟天子以令诸侯"一个半世纪的霸主之国,创造了光辉灿烂、丰富多彩的晋文化。

第一节　晋国的建立与发展

一、叔虞封唐

1.叔虞封唐　唐国是殷周之际存在于今天山西南部的翼城、曲沃、襄汾和绛县之间的一个小国,其历史可以追溯到传说中的唐尧时代。在武王克商的过程中,古唐国也被征服,成为以周人为领袖国的方国联合体中的一个成员国,但是武庚的叛乱从根本上改变了周人的这种政治统治模式。周公东征胜利后,出于巩固周王朝统治的考虑,改变了周初那种方国联合体的政治格局,实行"天下宗周"的分封制度,以武装殖民的方式在广阔的地域内建立起众多周系诸侯国,把周王朝改造成一个大规模的、宗法化的,以周王为宗主、同姓诸侯为主、异姓诸侯为辅的新型王朝①。姬虞就是在这次分封的浪潮中被封到了古唐国,古唐国的王室贵族被周公迁到杜(今陕西长安),故又称唐杜氏。

关于叔虞封唐,《史记·晋世家》记载了这样两则神奇而有趣的故事。

一则是:"初,武王与叔虞母会时,梦天谓武王曰:'余命女生子,名虞,余与之唐。'及生子,文在其手曰虞,故遂因命之曰虞。"

另一则是:"成王与叔虞戏,削桐叶为珪以与叔虞,曰:'以此封若。'史佚因请择日立叔虞。成王曰:'吾与之戏耳。'史佚曰:'天子无戏言。言则史书之,礼成之,乐歌之。'于是遂封叔虞于唐。"《吕氏春秋·重言》和《说苑·君道》也有类似的记载。

这两则故事把周初政治生活中封藩建卫的大事,或描写为神话故事,或描绘成儿童游戏,后人借此宣扬"君权神授""天子无戏言"和史官"秉笔直书"的精神,这显然不可能是历史事实。历代都有学者作桐叶封弟辨,批驳这种传说的虚妄和不可信②。

事实上,根据西周初年的政治形势,周王室封叔虞为唐侯也是整个分封计划中的一部分,目的在于"封建亲戚,以藩屏周",把这一地区建成拱卫西周王室的军事重镇。因此周王室是极度地重视,为此曾举行过盛大的册封典礼和隆重的授土授民仪式。《左传·定公四年》这样记载:

"分唐叔以大路、密须之鼓,阙巩(之甲)、沽洗(之钟),怀姓九宗,职官五正。命以《唐诰》,而封于夏墟。启以夏政,疆以戎索。"

周王室不仅赏赐叔虞稀世的战利品和授土授民,而且还规定了治国

---

① 王和:《从突破部族社会桎梏的意义去认识周初变革》,《史学月刊》2000 年第 3 期。

② 柳宗元:《桐叶封弟辨》,《柳宗元散文全集》,今日中国出版社,1996 年。王晖:《周初唐叔受封事迹三考》,《山西师大学报》1993 年第 2 期。李裕民:《周公篡位考——从桐叶封弟的疑案说起》,《晋阳学刊》1984 年第 4 期。张颔:《"剪桐"字辨——析"桐叶封弟"传说的成因》,《晋阳学刊》1990 年第 4 期。

的方针,即"启以夏政,疆以戎索"。唐国既在夏人的故墟,又在多山的戎狄地区,故治理唐国要因地制宜,"夏政"与"戎索"兼施并举,既发扬夏民族的文化传统,又尊重戎狄民族的习惯法规。周公为晋国制定的这一治国方针,与为卫国制定的"启以商政,疆以周索"和鲁国的"以法则周公,用即命于周"的治国方针相比较,体现了较大的灵活性。换句话说,该政策本身允许晋国在一定程度上因地制宜,不要过分拘泥于周室礼制法规的约束。这一治国方针,对晋国社会的发展产生了巨大的影响,规定了晋文化的发展格局,使其具有求同存异、宽厚包容、顺时应变的文化特色。

2.燮父改国号 叔虞死后,他的儿子燮父即位,改称晋侯,同时也把唐国改称晋国,此后,晋这一国号一直沿用了六百余年。燮父为什么要改国号唐为晋呢?历史上众说纷纭,莫衷一是,至今仍是一桩疑案。目前史学界主要有三种说法:

一是晋水说。《汉书·地理志》:"唐有晋水,及叔虞子燮为晋侯",是燮父以晋水改为晋侯。班固说晋水在今山西太原西南晋源一带,因此他亦认为叔虞所封的古唐国就在晋阳。但当时晋国的势力并没有发展到这一带,到了晋平公十七年(前541),中行穆子(荀吴)败北戎无终及群狄于太原,晋国的势力才达到这一带。

二是善射箭说。《积微居小学金石论丛·释晋篇》认为,"晋"的古字形像一件器物中放置了两支箭,它应是箭字的古文。因古唐国与戎狄民族为邻,其先民善于制箭、射箭,《国语·晋语八》载叔虞能"射兕于徒林"。鉴于此,燮父可能是为了显示其先民勇武善射之故而改国名①。

三是献嘉禾说。"晋"从字形上看,它是一个会意字,是器物中盛放某物的象形。从训诂上讲,《说文解字》《广雅·释诂》都认为晋与搢、荐二字通假,"搢,插也","荐,进也",含有由下而上的意思。因此,"晋"字在造字之初是取器中盛物献于神明之义。联系到《史记·鲁周公世家》的记载:"天降祉福,唐叔得禾,异亩同颖,献之成王。成王命

---

① 王克林:《晋文化研究》,《文物季刊》1989年第1期。马剑东:《晋文化考略》,《文物季刊》1990年第1期。

唐叔以馈周公于东土,作《馈禾》。周公既受命禾,嘉天子命,作《嘉禾》。"燮父可能是处于纪念和炫耀其父叔虞向天子进献"嘉禾"的荣宠而改国号为晋①。

唐改国号是晋国当时政治生活中的一件大事,其中必然包含着一种特殊的意义。对于这种史传失载的问题,不宜一论而定,然悬而不决终是憾事,还望学界的进一步考证。

3.晋国早期的都城 叔虞封唐,唐在何处?晋国早期的都城在哪里,《史记·晋世家》只记载说:"唐在河、汾之东,方百里",由于史籍记载的简略和模糊,致使自汉以来,历代学者对此争论不休。

关于晋国早期都城的所在地,自古至今学界出现了晋阳、翼、鄂(乡宁)、平阳、永安(霍)、永济、安邑、襄汾、曲沃九种说法,其中晋阳说和翼城说影响最大。晋阳(今山西太原市南五十里之晋源镇)说最早出现于班固的《汉书·地理志》,翼城说出现得比较晚,始见于顾炎武的《日知录》卷三十一,这是一个仅仅依靠文献资料无法解决的问题,可喜的是近年来考古工作的巨大成就使学者对这一问题的认识有了突破性的进展。

自20世纪70年代以来,考古工作者经过大量的考古调查和研究,于1992年4月至1994年10月在翼城、曲沃两县交界处的天马—曲村遗址的北赵村晋侯墓地进行了五次发掘,2000年10月至2001年1月又进行了第六次发掘,取得了可喜的成果,共发掘出九组十九座墓葬,其中有晋侯墓九座,晋侯夫人墓十座。考古队和夏商周断代工程推断这九组墓主的年代衔接紧密,应该是世系相次的九代晋侯及其夫人墓,即(叔虞)—晋侯燮父—武侯宁族—成侯服人—厉侯福—靖侯宜臼—釐侯司徒—献侯籍—穆侯费壬—(殇叔)—文侯仇,这说明从晋国的第二代国君开始至两周之际的晋国第十代国君都葬在天马—曲村遗址,也就是说,西周时

① 李孟存等:《晋国史》第15页,山西古籍出版社,1999年。

期晋国的都城应该在这一带①。

公元前 585 年,晋景公迁都于新田(今山西侯马市),又称新绛,以后未再迁,新田乃晋国晚期都城无疑。那么叔虞之都及春秋初年至景公时期的都城又在何处,翼和故绛是否一地,因为考古资料的缺乏,学者对此各执一词。邹衡先生认为:"晋自叔虞封唐,至孝侯徙翼十二侯,又武公代晋至景公迁新田九公,历时共三百七十余年,皆立都于绛,即史学家所称之故绛,亦即今翼城县与曲沃县交界处之天马—曲村遗址。"②李伯谦先生认为,天马—曲村遗址"是西周初年叔虞所封之唐,也就是春秋时期屡见于传的晋都翼,从叔虞始封直到晋献公八年(前 669)'始都绛'以前晋国并未迁都。"③田建文先生明确提出,叔虞初封地唐还没找到,亦对天马—曲村遗址"故绛"说提出了质疑④。谢尧亭先生也指出天马—曲村遗址不是"故绛"⑤。马保春先生认为,天马—曲村遗址从目前看,"似乎不能与晋都画等号,所以始封的唐地,仍然没有找到"⑥。李孟存先生修改了他在《晋国史》中所说的天马—曲村遗址即故绛的看法,认为叔虞始封之都,很可能在翼城苇沟—北寿城遗址或南梁故城遗址。燮父至武公以前的翼就在天马—曲村遗址一带。曲沃代翼后至献公八年的都城在曲沃。献公八年"始都绛",到景公十五年都城都在绛,绛很可能就在今绛

---

① 《夏商周断代工程 1996—2000 年阶段成果报告》(简本),世界图书出版社,2000 年。北京大学考古系、山西省考古研究所:《1992 年春天马—曲村遗址墓葬发掘报告》,《文物》1993 年第 3 期。《天马—曲村遗址北赵晋侯墓地第二次发掘》,《文物》1994 年第 1 期。《天马—曲村遗址北赵晋侯墓地第三次发掘》,《文物》1994 年第 8 期。《天马—曲村遗址北赵晋侯墓地第四次发掘》,《文物》1994 年第 8 期。《天马—曲村遗址北赵晋侯墓地第五次发掘》,《文物》1995 年第 7 期。《天马—曲村遗址北赵晋侯墓地第六次发掘》,《文物》2001 年第 8 期。

② 邹衡:《论早期晋都》,《文物》1994 年第 1 期。

③ 李伯谦:《晋国始封地考略》,《中国文物报》1993 年 12 月 12 日。

④ 田建文:《晋国早期都邑探索》,《三晋考古》(第一辑)第 27—29 页,山西人民出版社,1994 年。

⑤ 谢尧亭:《北赵晋侯墓地初识》,《文物季刊》1998 年第 3 期。

⑥ 马保春:《晋国历史地理研究》第 161 页,文物出版社,2007 年。

县一带①。

考古学上的新发现,会给研究带来许多新的突破,从而改变人们以往的一些看法,同样,由于考古材料的不足,使人们对某些问题的研究还不能找到确凿的依据,关于晋国春秋初期都城的研究还有待于考古工作的进一步拓展。

国都的迁徙,既有政治、经济和军事的原因,也有纯粹的地理因素。在不同的时期,由于形势的不同,可能某一方面或几方面的因素就显得比较突出,而其他方面的原因则隐而不显。根据晋国的情况,早期迁都可能地理因素占据主导地位,后期迁都,则政治和经济的因素就占据了主导地位。

二、晋国的发展

1.文侯勤王　从叔虞经九世至穆侯,大约相当于西周时期。这一时期除了始祖叔虞以"武王之穆"和晋献嘉禾在诸侯中曾居于特殊地位之外,其他晋侯治绩平平,使得晋国"国际"地位不高,疆域没有多大发展,因而关于这一时期的晋国史事文献记载甚少。

公元前 785 年,晋穆侯死后,太子仇未能继位,而是由穆侯之弟殇叔自立为君,太子被迫出亡,这次政权变异早在晋人的预料之中。太子取名为仇,是因公元前 805 年穆侯率兵从周王之师共伐条戎失败之后不久而出生的缘故,三年后,穆侯又率师与戎狄战于千亩(今山西安泽县北),获胜后不久次子出生,为纪念这次战争的胜利,次子取名成师。两子之名意义相反,晋大夫师服认为这是祸乱即将发生的预兆,结果不幸被言中②。四年后,太子率众袭杀殇叔,夺回君位,为晋文侯。殇叔以弟及兄,尽管对当时社会影响不深,但却第一次打破了晋国国君嫡长子继承制;文侯复得国,说明尽管建立在血缘关系基础之上的宗法制度出现了危机,但在整个社会中还占据着主导地位。这次动乱是晋国统治集团内部

---

① 　杨秋梅等:《推动晋学研究建设文化强省——晋学研讨会综述》,《山西师大学报》2004 年第 3 期。

② 　《左传·桓公二年》。《史记·晋世家》。

以后长期混战的先声。

晋文侯在晋国历史上可以称为一代雄主,他不仅平息了其叔父殇叔的叛乱,使大宗复操政权,稳定了晋国的政局,而且还助平王东迁,开创东周政权。

周幽王荒淫无道,宠爱褒姒,废申后和太子宜臼,立褒姒为后,立褒姒子伯服为太子,宜臼奔申国。申后是申侯的女儿,申侯联合缯与犬戎等部攻克镐京,杀死幽王和伯服,立宜臼为平王。虢公翰又立幽王的另一庶子余臣于携,史称携王。战火后的镐京残破不堪,又有戎狄的威胁,平王决定东迁洛邑(今河南洛阳),晋文侯与郑武公、秦襄公合力勤王,顺利地实现了王室东迁,西周遂亡,东周开始。

周平王为嘉文侯之功,作《文侯之命》,这篇文诰保存在《尚书》中。平王赞扬文侯辅佐王室之功,勉励他勤于政事,治理好自己的国家。平王还赏赐文侯秬鬯一卣,彤弓一,彤矢百,卢弓一,卢矢百,马四匹。在晋国历史上得到周天子赏赐的仅有三人,叔虞、文侯、文公。这些弓矢是征伐不廷之臣的象征,晋文侯依仗它执杀了非正统的携王,结束了周王室二王并立的局面。晋文侯再造周命的功绩,使得晋国在诸侯国中的地位和影响大增。

2.曲沃代翼　晋文侯死后,其子伯即位为昭侯。面对动荡不安的政治局势,昭侯未曾吸取殇叔以弟及兄的教训,为了弭乱,将其叔父成师封于曲沃①,号"曲沃桓叔"。曲沃是晋国的一个大城邑,典章文物荟萃,经济文化繁荣,此举不仅未能弭乱,反而提供了分封于曲沃的旁支小宗向晋侯争夺君位的有利条件。

桓叔是一位具有丰富经验的政治家,《史记·晋世家》称:"桓叔时年五十八矣,好德,晋国之众皆附焉。"《诗·唐风·扬之水》也生动地描写了民众"从子于沃""从子于鹄(曲沃之城邑名)""既见君子,云何不乐"的动人情景。桓叔苦心经营曲沃,大力收买人心,很快增强了实力,以至

---

①　应劭在为《汉书·地理志》作注时认为:"闻喜,故曲沃也。"后世专家多沿用此观点。孙永和、张庆奎《古曲沃地域考析》认为:"曲沃早期地域,应在晋国始封地以内,是早期晋国的重要都邑,是一方政治、经济、文化中心,其地域在'河、汾之东方百里'中的汾、浍之间,亦即今曲沃境内的浍河以北地区。"《晋阳学刊》2007 年第 1 期。

"曲沃邑大于翼",改变了晋国的重心。他本人也以"好德"而深受国人拥戴,形同国君,这就为曲沃代翼奠定了基础。国人评论说:"晋之乱其在曲沃矣。末大于本而得民心,不乱何待!"①

果然,昭侯七年(前739),桓叔暗结晋大夫潘父在都城发动政变,杀死了昭侯而迎立桓叔为君,但没有成功,昭侯之子平即位为孝侯。从此,曲沃与翼的对立公开化,晋国实际上是两个政权并存。

桓叔死了以后,他的儿子"曲沃庄伯"继承父志,继续同晋公室进行夺权斗争。孝侯十五年(前725),庄伯率师攻入翼都杀死孝侯,晋公室联合荀国拼死抵抗,击退庄伯之后,又立孝侯子郤为鄂侯。为了取得夺权斗争的胜利,庄伯联合了郑、邢两国,并取得周桓王的支持,于鄂侯六年(前718)又一次向晋公室发动进攻,鄂侯抵挡不住,弃翼奔随(今山西介休附近)。庄伯胜利在望,在此关键时刻,周桓王为了维护传统的统治秩序,反过来又支持晋公室共讨庄伯,立鄂侯的儿子光为哀侯,鄂侯不便复辟,被晋人迎到鄂邑(今山西乡宁县南),称之为鄂侯。

公元前716年,庄伯壮志未酬身先去,其子"曲沃武公"继续其父祖未完成的事业。夺权斗争愈演愈烈,经过38年的浴血奋战,武公连续杀掉了哀侯、小子侯和缗侯,打败了前来讨伐的诸侯联军,终于在公元前678年获得了夺权斗争的最后胜利。周桓王死后,武公尽取晋国重器宝玉赂于周釐王,获得了周天子的认可,于是,"釐王命曲沃武公为晋君,列为诸侯","更号曰晋武公"②。从此,晋国公族的小宗代替大宗执掌晋政,其封爵也由"侯"而升为"公",这就是史书上所称的"曲沃代翼"。

曲沃代翼,历桓叔、庄伯、武公三世,连续杀掉昭侯、孝侯、哀侯、小子侯、缗侯五个国君,赶跑了一个国君鄂侯,经过67年的大动荡、大内乱之后,小宗终于代替了大宗,使建立在血缘关系基础之上、以嫡长子继承制为核心的宗法制度遭到了前所未有的打击。这场斗争如此旷日持久、残酷激烈,不仅在晋国历史上,即使在频频发生弑君篡位的春秋时代也是空前的,绝无仅有的。这一历史事件对晋国社会的发展产生了极其重大

① 《史记》卷39《晋世家》。
② 《史记》卷39《晋世家》。

的影响,可以看作是晋国历史发展的一次大转折,使晋国社会进入了一个新的发展阶段。

3.献公始盛　曲沃武公在代翼后的第二年(前677)就去世了,他的儿子诡诸继位,为晋献公。献公即位之初,正值齐国称霸华夏,楚国已经勃兴,郑国也曾形成过所谓的"郑庄小霸",秦国亦有了较大的发展,而"晋国之方,偏侯也,其土又小,大国在侧"①。国内则刚刚结束了67年的内乱,百废待兴。献公在此基础上要继文绍武与诸侯争雄天下,必须整顿内政,医治内乱的创伤,他首先从强化君权开始。

晋献公从"曲沃代翼"事件中清醒地意识到,直接威胁君权的力量是来自公室宗族内部,必须从根本上扭转公族逼君的局面。在曲沃代翼的长期内乱中,随着晋君的频繁更换,他们的老宗亲大多数已随故君做了牺牲品,剩下极少数的大宗旧公族,地位也日益下降,几乎沦为庶人,他们已无力作用于晋国的政治,只有桓叔、庄伯支庶繁多,是一股新的强大的政治势力,直接威胁着君权,"晋桓、庄之族逼,献公患之"②。献公忌疏公族,必然要依靠异姓异氏,这就为异姓异氏势力的发展提供了大好时机。因此,在诛杀桓、庄之族的整个过程中,异姓大夫士𫇭都是积极的策划者和执行者。从献公六年(前671)开始,士𫇭先赶走了足智多谋的富子,接着诛杀了游氏二子及游氏之族,到献公八年(前669)"尽杀群公子"于聚邑③,把桓、庄以来的公族势力剪除殆尽,这是晋国历史上第一次大规模诛灭公族事件,使公族逼君的局面有所改善,君权大大加强。

献公九年(前668),即诛灭桓、庄之族的第二年,因"曲沃邑大于翼",献公命士𫇭为大司空,主持修建绛都,使之在规模和气势上压倒曲沃。同时在曲沃建造宗庙,以示曲沃不再封赐。

献公在稳定和巩固其统治之后,就开始对外兼并,开疆拓地。晋国自叔虞封唐到献公继位之时,就其疆域而言,并无多大发展,献公在此基础上要想充实和扩大自己的领地范围,就必须对外用兵,吞并周边小国。

---

① 《国语·晋语一》。
② 《左传·庄公二十三年》。
③ 《左传·庄公二十五年》。

　　献公十六年（前661），晋作上、下二军。《周礼·夏官·叙官》："凡制军，万有两千五百人为军。王六军，大国三军，次国二军，小国一军。"晋国由武公时一军的小国升为二军的次国，说明晋国军事实力的增强。献公将上军，太子申生将下军，一年之内向南、北用兵，先后灭掉了耿（今山西河津市南）、魏（今山西芮城县北）、霍（今山西霍州市西南），使晋国疆域随即向北扩展到了晋南地区的北部边沿。

　　献公十九年（前658），献公用大夫荀息之计，以"屈产之乘"和"垂棘之璧"赂于虞君，先后两次假道于虞以伐虢。三年后，晋国不仅消灭了虢国，而且在还师的途中顺便也灭掉了虞国。灭虢后，晋国疆域又向南跨越黄河而达河南境内。

　　献公在大举吞并周边小国的同时，也开始了对戎狄用兵。当时，对晋国威胁最大的是黄河两岸的白狄和太行之野的赤狄东山皋落氏，献公命太子申生伐东山皋落氏，"败狄于稷桑而返"[1]，又命大夫里克讨伐白狄，"败狄于采桑"[2]。对戎狄的用兵有效地戍守了晋国的边防阵地，使戎狄不敢轻率地觊觎晋国，同时又能使晋国集中精力兼并其他小国。

　　献公坚持不断地对外用兵而开拓的疆土，二三倍于晋侯时或更多一点，再加上武公时所扩张的领土，使晋国的地理界域已大大突破"河、汾之东，方百里"的范围，不仅覆盖了几乎整个晋南地区，而且跨越黄河到达今河南豫西部分地区[3]。《左传·襄公二十九年》载："虞、虢、焦、滑、霍、杨、韩、魏，皆姬姓也，晋是以大。若非侵小，将何所取？武、献以下，兼国多矣。"献公的兼并扩张使晋国的疆域大大扩展，确实为晋的称霸奠定了坚实的基础。时人指责献公为"灭同姓之国，绝先祖之裔"[4]，但"从历史发展的角度来看，晋献公的扩张和兼并活动，是符合春秋时代历史进步方向和大一统的必然趋势的。可以说，晋献公是一位对山西的发展、对中原的统一起过积极促进作用的历史人物"[5]。

---

①　《国语·晋语一》。
②　《左传·僖公八年》。
③　李元庆：《三晋古文化源流》第9页，山西古籍出版社，1997年。
④　高士奇：《左传纪事本末》第二册第297页，中华书局，1979年。
⑤　晋安邦：《晋国历史人物评传》，《山西大学师范学院学报》1991年第1期。

晋献公在位的 26 年,是晋国由小到大、由弱到强的大发展时期。在此期间晋国成为四强之一,"唯齐、楚、秦、晋为强"①。晋献公对晋国社会逐步走向强盛做出了一定的贡献,其历史功绩不容抹杀,因此我们称他为晋国的"始盛之君"。但是,作为奴隶制时代的一个诸侯国君,由于受阶级和历史的局限,晋献公对晋国社会发展的负面影响也是显而易见的,如他贪图享乐,专宠骊姬,以致骊姬乱晋,使晋国社会又一次蒙受动荡的灾难,暂时中断了武、献以来蓬勃发展的进程,这些献公都有着不可推卸的责任,但是我们不能以此抹杀他的历史功绩。以往学者们每每论及晋国的霸业,只提及晋文公的功绩,而对晋献公所做的贡献很少论及或只字不提,这是不公允的,应该历史地、辩证地去分析和评价。

4.骊姬之乱　正当晋国蓬勃发展的时候,在晋献公晚年却发生了骊姬之乱,使方兴的晋国遭受了挫折。

晋献公前后有六位夫人,先娶于贾,称贾君,无子,不得立为夫人。晋献公又纳父姜齐姜,生秦穆夫人和太子申生。后娶大戎狐姬和小戎子,分别生重耳和夷吾。骊姬姐妹是献公伐骊戎时所获,骊姬生奚齐,其姊生卓子。骊姬天生丽质,年轻貌美,深得献公的宠爱,被立为夫人。随着奚齐年龄的增长,骊姬要废掉申生而立己子奚齐为太子的欲望愈加强烈。骊姬虽是一戎女,但有着非凡的政治头脑,又精明强干,善于交际。她深知要废掉太子的难度,只有徐图缓行。在她的策划下,一场废嫡立庶的阴谋活动紧锣密鼓地展开。

骊姬要达到目的,不仅要废掉太子申生,同时还要打击公子重耳和夷吾。在选择首要打击对象时,她征询于献公之优,其名叫施。优施曰:"必于申生。其为人也,小心精洁,而大志重,又不忍人。精洁易辱,重偾可疾,不忍人,必自忍也。"②申生柔弱仁爱,忠孝正直,又不肯施恶于人,这些优良的品质反倒成为被对手利用的弱点。

为实施其计划,骊姬收买了献公的宠臣梁五和东关五,假手"二五"先设法将群公子调出绛都。"二五"借口"曲沃,君之宗也;蒲与二屈,君

① 《史记》卷32《齐太公世家》。
② 《国语·晋语一》。

之疆也。不可以无主"说服献公①,使申生居曲沃,重耳居蒲(今山西永济),夷吾居屈(今山西吉县)。群公子远离绛都,不仅可以疏远、淡漠父子之情,还可以削弱其参政议政的机会,更为骊姬阴谋的实施提供了方便。

献公为太子分土而官之,其用意很明显。大夫士蒍断言:"太子不得立矣,分之都城,而位以卿,先为之极,又焉得立?"②献公十七年(前660),骊姬策划怂恿献公派申生率兵伐赤狄东山皋落氏(今山西垣曲),太子是储君,关系国家的未来,所以"君行则守,有守则从。从曰抚军,守曰监国"③。使太子率师亲征有违礼制,更加证实太子将要被废。

随着骊姬阴谋的一步步实现,她加快了行动的步伐,采取了更加毒辣的手段,要一举置申生于死地。献公二十一年(前656),骊姬趁献公出猎之际,谎称献公夜梦齐姜,命申生速祭齐姜于曲沃而归祭物于献公。献公回来后,骊姬将祭物毒而献之。"公祭之地,地坟;与犬,犬毙;与小臣,小臣亦毙"④。献公大怒,杀死了申生之傅杜原款,申生逃回新城自缢而死。重耳、夷吾走保蒲、屈。这就是晋国历史上著名的骊姬之乱。

骊姬之乱使晋国在"尽逐群公子"之后,"诅无蓄群公子",由此确立了以后历代晋君恪守不渝的一项制度:"晋无公族。"

"公族"是指君王的宗法血统组织,即历代国君的直系后裔。"在宗法分封制下,公族是诸侯国内社会地位最高、实力最强的宗法集团,是国君和宗室赖以雄踞全社会之上的最重要的血缘靠山和社会基础,在政治上世袭最显要的官爵,经济上世袭占有最为众多的封地和人口,军事上则构成诸侯军队的主力和中坚"⑤。公族的社会地位如此重要,可见国无公族制度对晋国的政治、经济、军事等方面的影响是多么的巨大。

首先,沉重地打击和削弱了宗法分封制。宗法制的核心是嫡长子继

① 《左传·庄公二十八年》。
② 《左传·闵公元年》。
③ 《左传·闵公二年》。
④ 《左传·僖公四年》。
⑤ 彭邦本:《从曲沃代翼后的宗法组织看晋国社会的宗法分封性质》,《中国史研究》1989年第4期。

承制,殇叔以弟及兄,打破了晋国国君系统的嫡长子继承制;曲沃代翼、献公废嫡立庶,是小宗彻底战胜大宗的重要标志。献公以后,历代晋君不仅有庶子继位者,甚至有叔继侄位者,如晋惠公、晋文公、晋襄公都不是嫡子,成公继灵公位,是叔父继侄子位。国君子弟除了世子之外统统都得出居他国,不得在国内蓄留,史籍中不再有过晋公子被分封以官爵采邑的任何记载。清人顾栋高说:"盖世卿为春秋列国之通弊,而晋以骊之乱,诅无蓄群公子,故文公诸子孙,雍仕秦,乐仕陈,黑臀仕周,无在本国者。惟悼公之弟杨干,与其子公子憗二人见传,终不闻其当国秉政为卿。故通经无书晋公子来聘之事。"①晋公子被送往列国寄寓,再也无法形成对君权构成威胁的公族势力,它表明以血缘亲亲为纽带的宗法分封制已从根本上被摧毁了。

其次,提供了晋国政治生活中具有尚贤、尚功等特点产生的社会机制。晋公子寄寓列国,使君权以下的卿大夫各职不能得到来自与国君有血缘关系的宗族子弟的补充,只能从异姓异氏中去选拔,而异姓异氏不能像国君宗室子弟那样,只需凭借血缘关系就可封地赐爵,他们只有依靠自己的努力,以真才实干来获取高官厚禄。国君选拔人才也不能再用血缘关系的近疏为标准,而要选贤任能。这就促使晋国形成了国君贤明、知人善任,臣下忠贞、荐贤让能的良好的社会风气,使得晋国在以后的政治生活中便具有了"尊贤尚功"的特点。晋文公选官的原则是"举善援能""明贤良""赏功劳",悼公知人善任,放逐佞臣。而臣下荐贤让能的例子比比皆是,赵衰三让卿位,祁奚荐贤"外举不弃仇,内举不失亲",等等,被传为千古佳话②。

再次,为法制文化的产生奠定了社会基础。随着宗法制度的崩溃和异姓势力的崛起,晋国社会内部公室与宗族以及各宗族之间的关系进一步复杂化,在政治、经济、军事等领域内的矛盾和斗争亦空前激烈。握有军政大权的异姓异氏卿族或与晋君根本就没有血缘关系,或与晋君庙属之亲已远,使之对公室的吞噬和彼此间的兼并较之其他列国更为激烈无

---

① 顾栋高:《春秋大事表》卷 23,中华书局,1993 年。
② 《左传·襄公二十一年》。

情。本来礼治观念就很淡薄的晋人，单纯用"礼"根本不能维系社会的秩序，只能依法来约束社会成员，协调各种矛盾。因此，晋国的成文法产生得比较早。从文公所作的"执秩之法"、赵盾所作的"赵宣子之法"、士会所作的"范武子之法"、赵鞅铸"范宣子刑书"于刑鼎等都可以看出，晋国的立法活动是比较频繁的，在一定程度上反映了公室与卿大夫之间的斗争情况。晋国旗帜鲜明地提倡法治、摒弃礼治，主张变法图强，成为我国古代法治文化的摇篮和成文法的故乡。

晋国之所以能够长期称雄于中原，与它这些政治特点及其所发挥的重大作用是分不开的。

5.韩原之战　曲沃代翼、骊姬之乱打乱了晋国国君系统的继承秩序，使得晋献公刚死晋国就为扶立新君而产生了激烈的争斗。

晋献公二十六年（前651），献公病逝，荀息受先君之托立奚齐为君，大夫里克、丕郑将奚齐杀死在献公灵前。荀息又立卓子为君，又被里克杀死。荀息没有完成先君遗命，无奈自杀。

在逃亡公子重耳和夷吾之间选择哪一位做国君在国内又形成了两个派别，以里克、丕郑为首的大夫主张立重耳，以吕甥、郤芮为首的大夫要立夷吾，两党分别派使者召重耳、夷吾回国。重耳老成持重，认为回国机会还未成熟，而夷吾却急不可耐想做国君，为求得秦国的支持，不惜以割"河外列城五"为条件贿赂秦穆公，同时为了求得国内反对派的默许，又以"汾阳之田百万""负蔡之田七十万"贿通里克和丕郑①。于是，在秦军护卫下，夷吾回国继位，是为晋惠公。

晋惠公采取欺骗的手段取得国内外的支持后，开始背弃诺言。在国内，不仅不兑现所赂之田，反而以杀君的罪名捕杀了里克和丕郑，对秦国以国人反对割地为由要求缓赂，实际上也等于毁诺。

晋惠公四年（前647），晋国发生灾荒，国困民饥，求救于秦。秦穆公为结晋人之心，扩大在诸侯国中的影响，慷慨允诺。运粮的船只由渭河入黄河，再经汾水抵绛都，首尾相继，络绎千里，史称"泛舟之役"。第二年，秦国也发生灾荒，求援于晋，晋惠公却幸灾乐祸，拒绝援救。晋惠公

---

① 《国语·晋语二》。

屡负秦人,致使秦国上下一心,誓与晋国决一死战。

晋惠公六年(前645),秦穆公亲率大军讨伐晋国,顺利渡过黄河到达韩原(今山西河津与万荣之间)。晋惠公闻信,急忙应战。秦承饥荒之后而越国远击,应该说是处于劣势,然而全军上下同仇敌忾,士气昂扬,把晋军打得大败,晋惠公被俘。晋以公子圉代父为质于秦,又割所许秦赂"河外列城五"给秦国,使秦的势力扩展到今河南西北部和山西西南部。

韩原之战的失败,使国内矛盾骤然激化。为了缓和矛盾,吕甥举行了朝国人大典,矫君命,"作爰田""作州兵"。古文献上有关"作爰田""作州兵"仅载寥寥数笔,致使古今异解纷纭,但总的精神就是在土地分配和收入上给国人以利益,并以州为单位征兵和缴纳军赋,以调动国人的积极性,增强国家的实力,挽救战败后的颓废之局。

韩原战败,晋国割地委质,使方兴的晋国发展受阻,单是割让如此大片国土也是600余年的晋国史上绝无仅有的,此战给晋国造成了很大的灾难,彻底改变这种局面的是9年后回国继位的晋文公重耳。

第二节 晋国的强盛与称霸

一、晋文公称霸

1.晋文公霸政形成的历史条件 王室衰微,是诸侯称霸的前提条件。周人所创造的宗法分封体制是建立在血缘关系的基础之上,上下等级之间既是大宗与小宗的关系,同时又是君长和臣属的关系,他们之间关系的和谐与稳定,是靠血缘情感和道德加以固定和维系的。

周人创立宗法制的本意是利用宗法关系为现实的政治统治服务。但这种体制一开始就建立在权利与义务的矛盾统一之中,也就是说潜在的危机存在于这种制度的本身。分封不是荣誉性的精神概念,而是有实际物质内容的政治实体,即"授民授疆土"。周王室以"殷民七族"封康叔于殷墟为卫国,以"殷民六族"封伯禽于少皞之墟为鲁国,以"怀姓九宗"封叔虞于夏墟为晋国。诸侯封卿大夫亦如此,"有采以处其子孙"。他们有臣民,有领地,有军队,具备发展的条件和潜力。随着其势力的膨胀,必然不甘心于宗法制中被限制的权限。加之,随着历史的发展,上下等级之间的血缘关系也越来越疏远,血缘情感和道德观念也随之越来越淡薄,下一等级对上一等级的离心力亦随之逐代加强,接踵而至的便是下对上的僭越,于是出现了天子衰微、诸侯称霸,公室衰微、卿大夫专权的局面。

平王东迁以后,势力日益衰落,政治、经济都得依附于强大的诸侯。诸侯随着其势力的日益增大,他们不再听从天子的命令,不再定期向天子纳贡、朝觐、述职,反而还不断地侵夺周王的土地和人口。王室衰微,一些强大起来的诸侯,就想"挟天子以令诸侯"。郑庄公因其父亲郑武公护平王东迁有功,继续担任王室的卿士。他以王命讨不庭、会诸侯,独霸王室,导致周、郑交恶。

齐桓公霸业衰落,宋襄公图霸未成,是晋文公称霸的前提条件。所谓霸主就是中原诸侯国的盟主,在周天子失去天下共主的地位之后,代周天子号令诸侯,抵抗戎人入侵,协调各诸侯国之间的关系,以保持中原的正常秩序与和平的生产环境。第一个充当霸主角色的是齐桓公。

齐桓公的霸业从公元前656年的召陵之盟开始,到公元前643年齐桓公去世,只有13年的时间。他死后,五子争立,齐国大乱,这位霸主竟然可悲地"尸在床上六十七日,尸虫出于户"①。中原失去霸主之后,宋襄公不自量力,企图接替齐桓公的霸业,于公元前639年在盂(今河南睢县)会盟诸侯。宋襄公自矜仁义,不带兵赴会,被楚国活捉,后又放回。公元前638年,宋、楚争郑,两国之师战于泓水(河南柘城县北)。宋襄公因奉行"不鼓不成列"的仁义之道而坐失战机②,宋师惨败,宋襄公伤股,第二年死去,宋襄图霸四五年的努力以失败而告终。当是时,楚国虽然强盛,但被华夏诸国视为蛮夷之邦,虽强,没有资格主盟华夏。在中原霸主空缺的情况下,晋国逃亡公子重耳回国即位了。

2.重耳的流亡与归国 骊姬之乱祸及重耳和夷吾,晋献公派寺人披到蒲邑刺杀重耳,情急之中,重耳越墙而逃,被寺人披砍掉一截袖子。重

---

① 《史记·齐太公世家》。
② 《左传·僖公二十二年》。

耳率私属狐偃、赵衰、颠颉、魏犨、胥臣等一行南逃,渡过黄河,避难于其舅家白狄(今陕西的绥德、延川一带)。晋惠公即位后,为了巩固君位,以绝后患,又命寺人披前往狄部再次刺杀重耳,这次又未得逞。狄人势单力薄,又与晋隔河而望,不仅使重耳的安全毫无保障,而且更无能力支持重耳回国。因此,重耳决定离开居住了 12 年的狄部,投奔东方大国齐国。

经过卫国,卫文公对之无礼,连城门都不开。过卫大邑五鹿(今河南濮阳)时,因饥饿难耐,乞食于野夫,不得食反而受辱。到达齐国,一行人受到齐桓公的优厚礼遇,赐马 20 乘,还以宗室之女嫁重耳为妻。但这时齐桓公的霸业已到尾声,两年后齐桓公去世,群公子争立,齐国也陷入了晋献公死后晋国那样的混乱状态,齐国自顾不暇,重耳失去靠山,决定离齐奔楚。

途径曹国,曹共公设帘偷窥重耳沐浴以证骈胁之虚实(传说重耳的肋骨是连在一起的),重耳受辱,羞愤交加。曹大夫僖负羁之妻观察到重耳"必得志于诸侯",其随从"皆足以相国",乃使僖负羁"馈盘飧置璧",即在晚饭里埋了一块玉璧,重耳"受飧反璧"①,留下饭把璧返了回去,这一饭之恩重耳牢记在心。他们到了宋国,正值宋襄公新败于泓,宋无力援助,但为了结好重耳,亦赠马 20 乘。到了郑国,郑文公不礼遇。到了楚国,楚成王非常隆重地接见和招待了重耳。因晋楚相距甚远,越国送重耳入晋多有不便,于是楚成王把此事委托于秦穆公。临行之前,楚成王问重耳将来返国后如何报答他,重耳非常巧妙地回答,如果将来两军对阵,将退避三舍。

重耳入秦是在秦晋韩原之战后,秦穆公为了结好晋国,进而控制晋国,一再插手晋国的事务。扶立夷吾,其用意十分的明显,就是削弱晋国;将女儿怀嬴嫁给为人质的太子圉,其目的就是为了控制晋国,在这父子二人都有负于秦穆公之后,秦穆公欣然接受了重耳的请求,还破例纳女五人给重耳。双方目的很明确,秦为了控制晋国,重耳则意在借秦国之力而得晋国。

---

① 《国语·晋语四》。

晋惠公十四年(前637),晋惠公病逝,太子圉即位,为晋怀公。次年,秦穆公率兵护送重耳回国,晋怀公闻讯北逃,被重耳派人杀死于高梁(今山西临汾市北),重耳即位,为晋文公。

重耳自公元前655年避难出奔,到公元前636年回国即位,流亡19年,辗转8个国家(狄、卫、齐、曹、宋、郑、楚、秦)。长期的颠沛流离,寄托于人,既磨炼他了意志,也增强了他的斗志。历经八国,使他有机会有条件考察各国的内政和外交,了解各国的实际力量和相互关系,这不仅丰富了他的人生阅历,积累了治国的经验,而且也为日后制定内政外交政策提供了有益的借鉴;不仅培养了重耳自己的治国才能,而且也培育了一批与他有同样阅历和经验的治国人才,这些都为晋文公治理晋国、创立霸业奠定了坚实的人才基础。

3.文公改革　晋文公在丧乱之后归国,为了稳定社会秩序,恢复和发展生产,提高晋国的实力,他进行了全面的整顿和改革。

政治上,整顿吏治,弃怨任贤。"明贤良""赏功劳""举善援能"是晋文公的用人宗旨,所任用的或是"诸姬之良",或是"异姓之能"①。其舅父狐毛、狐偃因从文公流亡有功,被庐之蒐兄弟二人共掌上军,分别为上军将、佐,位列六卿。尤其是狐偃,足智多谋,有纳襄王示义、伐原示信、蒐于被庐示礼的三德,在文公的霸业中起过重要作用。《吕氏春秋·当染》曰:"文公染于舅犯,故霸诸侯,功名传于后世。"还有栾枝,文公返晋时为内应,是文公的开国功臣之一,被庐之蒐任为下军将,城濮之战诱敌又建新功。郤縠被任命为晋国的第一任执政卿,是因其"说礼、乐而敦诗、书"②,"守学弥惇"③。还有先轸、赵衰、胥臣等,他们之所以得到晋文公的重用,是因为他们有功、有德或有才。

晋文公还能弃怨安众,曾两次奉命追杀过他的寺人披,得知吕甥、郤芮预谋焚烧公宫的消息,便去求见文公,文公抛弃旧怨,宽怀大度地接见了他,寺人披后来做了原邑之守。还有竖头须也一样能受到宽恕。晋文

①　《国语·晋语四》。
②　《左传·僖公二十七年》。
③　《国语·晋语四》。

公整顿吏治,赏罚分明。晋文公五年(前632),晋救宋伐曹,占领了曹都之后,晋文公为报答当年流亡时曹大夫僖负羁"馈盘飧置璧"之恩,下令不准侵扰僖负羁的宅第,有从亡之功的魏犨、颠颉不服其令,故意放火烧了僖负羁的宅第。文公拒绝说情,断然处斩了颠颉,罢免了魏犨的戎右之职。经过整顿,晋国吏治清明,君臣团结,人尽其用。

经济上,奖励垦殖,发展生产。《史记·晋世家》记载:"文公修政,施惠百姓。"施惠的内容《国语·晋语四》记载:"弃责薄敛,施舍分寡,救乏振滞,匡困资无,轻关易道,通商宽农,懋穑劝分,省用足财,利器明德,以厚民性(生)。"晋文公对百姓实行了一套比较宽松的经济政策,轻赋薄税,减免债务,救济贫困,调动民众的生产积极性;鼓励通商,多种经营,繁荣社会经济;同时提倡勤俭节约,积累财富,提高民众的生活水平。

军事上,改革兵制,扩展编制。在继续实行军政合一制度的前提下,晋文公改变了国君自为全军统帅的旧体制,改由中军帅来担任,并将军事编制,由二军扩充到三军、五军。曲沃代翼后,周釐王命晋武公以一军列为诸侯。晋献公十六年扩建为二军。晋文公四年(前633)始"作三军",在被庐之蒐时把军队扩充为中、上、下三军。中、上、下递相统属,每军皆设将、佐各一名,将为其军之帅,佐为将的副手。三军六名将佐,一律称卿。中军将又称为中军帅、正卿,为众卿之首、三军统帅。在军政合一的政治体制之下,正卿集军政大权于一身,出将入相,成为一人之下万人之上的军政长官。三军的军事编制说明晋国已成为一个军事大国。晋文公八年(前629),蒐于清原(今山西稷山),又建上、下新军,晋国成了五军编制。

晋文公的这些改革顺应了晋国社会发展的要求,缓和了各阶层之间的矛盾,消除了一些社会弊端,使晋国政局稳定,经济发展,国富兵强。

4.文公勤王　晋文公元年(前636)的冬天,周王室发生了内乱。周襄王的弟弟王子带(又称叔带、太叔带)联合狄人赶走了天子襄王,自立为王,周襄王出奔郑国,派大夫分别向晋、秦求救。叔带为患已十几年,早在公元前649年就已经发动过一次叛乱,被秦晋联军平叛。因此,叔带的存在一直是周王室的一个不稳定因素,一有机会,就会兴风作浪,消灭叔带势在必行,但周王室又没有这个能力,只得求救于诸侯。

秦穆公闻王室有乱,起兵屯于河上。文公初政,正忙于建政立法,在国内局势稍有好转的情况下,也想借"尊王"来提高自己的"国际"地位。春秋时期,虽然王权衰微,但这块招牌仍具有极大的影响力,诸侯称霸都必须借助"尊王"的旗号。狐偃很敏锐地看到了这点,他对晋文公说:"求诸侯,莫如勤王。"于是晋国谢止秦师,发左、右两师,日夜兼程,前赴周难,杀掉太叔带,恢复了周襄王的地位。晋国独自平定了王室之乱,速战速决,在诸侯中引起了极大的震动,过去一直默默无闻的晋国从此开始活跃于国际政治舞台。周襄王在危难之中获得晋国的援助,十分感激,于是把畿内阳樊、温、原、州、陉、絺、钮、攒茅八邑(大约今河南济源、沁阳、修武、新乡所辖境)赐给晋文公以示嘉奖。以上这八邑处于黄河以北,太行山之南,所以晋人称其为南阳。南阳八邑沃野平畴,资源丰富,战略地位亦很重要。拥有这片土地,晋国既增强了实力,扩展了版图,也占据了通往中原的有利通道。文公这次勤王的成功,可以说是名利双收,大大增强了文公集团治国称霸的信心。

5.城濮之战 齐桓公去世、宋襄公图霸未成以后,中原国家的同盟也跟着解体,郑、鲁、卫、宋、徐、陈等国迫于各种原因都归附了楚国,成了楚的同盟国,楚国控制了黄河以南的大部地区。宋襄公图霸,屡与楚国发生冲突,终因泓水战败,被迫与楚结盟,因而在晋国实力大增的情况下,宋国在公元前634年首先叛楚从晋。宋国的背叛是楚国决不允许的,随即派令尹子玉、司马子西率师伐宋。第二年又联合陈、蔡、郑、许四国包围了宋都商丘,宋告急于晋。

自齐桓公称霸以来,中原诸国图霸的主要对手就是楚国,因此,晋国要想图强称霸,也必须制服楚国,所以两国之间的战争已是势所必然。宋国是第一个背楚附晋的国家,晋国能否救宋关系到中原诸国的背向,因此晋国的先轸说:"报施、救患,取威、定霸,于是乎在矣。"[1]但晋文公在流亡期间曾得到楚成王的特别礼遇,不愿担此主动挑起战争的名声,于是文公就采纳了狐偃的建议,以文公流亡期间曾遭到曹、卫的冷遇为口实,发兵先攻楚国的新盟国曹、卫,楚国救曹、卫,则宋之围不解自释,同

① 《左传·襄公二十七年》。

时也迫使楚国先与晋国交战。楚成王非常了解晋文公的禀性以及他的真实意图，于是下令子玉继续围宋，但不许与晋交战。子玉刚愎自用，有勇无谋，他没有真正理解楚成王指令的精神，而是急于与晋决战。公元前632年，晋楚两军终于对阵于城濮（今山东范县南临濮城）。

楚军来势凶猛，为避其锋芒，文公以实现当年对楚王的承诺为名，退避三舍（三十里为一舍）。接着又采取了避实击虚、诱敌深入、各个击破的战术，先让下军佐胥臣率部击溃楚的右师陈蔡联军；再让下军将栾枝率部佯装失败逃遁，引诱子玉深入追赶，然后与先轸、郤溱的中军夹攻楚军主力；狐毛、狐偃率领上军直冲楚国左师，左师败绩。子玉得知左、右两师皆已溃败，不得不全线撤退逃回楚国，晋国大获全胜。城濮之战，晋国以少胜多，大败楚军，使中原小国摆脱了楚国的控制，归附了晋国。战后，晋文公大会诸侯于践土（今河南原阳西南），周襄王也亲自参加，并册封晋文公为"侯伯"，晋文公的霸主地位得以正式确立。

晋文公从公元前636年即位，到公元前628年去世，统治晋国只有短短的9年时间，但他所创立的晋制和霸业，却对晋国以及诸侯列国产生了极其深远的影响，以致晋国的霸主地位整整维持了一个半世纪之久。

二、霸业危机与悼公复霸

1.晋政下移　晋国由于实行无公族制度，使得一些战功卓著的异姓异氏将领得到提拔和重用。他们执掌了晋国的军政大权后，就凭借着手中的权力，贪婪地掠夺人口、土地和财富。权势和财富的急剧增长，使得他们具备了独立发展的自由意识和能力，他们不再依赖于公室，也不再受制于公室，而是从自家的利益出发，根据自家的需要，时而与公室联合，时而与公室分离，侵夺公室的利益，甚至还会随意废立国君。晋政下移对晋国的霸业是一种很不利的因素。

晋国政权的下移开始于赵盾。他是赵衰的长子，是赤狄廧咎如女子所生。晋襄公七年（前621），晋蒐于董（今山西闻喜），定赵盾为正卿。这样，30刚刚出头的赵盾，成了晋国一人之下、万人之上的显贵。晋襄公死前曾托孤赵盾，欲立还是乳下小儿的夷皋为君。赵盾以国难当头，宜立长君为辞，提议改立国君。由于晋襄公夫人穆嬴的责难，也为了国内秩序的安定，赵盾只好立夷皋，为晋灵公。由于灵公还是一个乳儿，赵盾实际上起着国君的作用。灵公渐长，不满赵盾专权，派人谋杀，结果自己反被赵盾的族弟赵穿袭杀于桃园。晋国的大夫狐射姑说："赵衰，冬日之日也；赵盾，夏日之日也"①，这是对赵盾专横的形象比喻。赵氏势力的发展，对晋公室形成了严重的威胁，也激化了与其他卿族之间的矛盾，赵氏成为众矢之的，终于导致了晋景公十七年（前583）诛灭赵氏的"下宫之役"。

"下宫之役"是公室对卿大夫斗争所取得的第一次胜利，也使公室摆脱了赵氏对晋国政治的垄断，然而晋国的大政却并未收回到国君的手中，而是又转入了另一个卿族郤氏的手中。

赵盾死后，郤缺为正卿，执掌晋政四年。他死后五年，晋政又回到他的儿子郤克的手中。郤缺、郤克父子两代为晋执政卿，前后历9年的时间，使郤氏的势力发展到"五大夫三卿""其富半公室，其家半三军"的地步。郤氏族大势重，专横跋扈，外欺诸侯，内凌大夫，更有甚者，郤克的次子郤至竟敢和周天子争夺土地，官司打到了晋厉公跟前，郤至才肯罢手。郤氏的欺上凌下，必然导致郤氏与公室及其他卿大夫之间的矛盾激化，在栾书的策划下，晋厉公发动了诛灭郤氏的"车辕之役"，郤氏被灭族。

郤克死后，栾书为政，历15年。栾书是景公、厉公、悼公三朝的正卿，权大势重。他因厉公的三个宠臣劫持自己而集仇于厉公，成功地发动政变，杀死了厉公，拥立悼公。他可以根据自己的意志随意废立国君，可见他的权势与专横，因而栾氏树敌亦甚多。晋平公八年（前550），因栾书的孙子栾盈与范氏的矛盾，栾氏合族及其党羽全部被杀。

卿大夫势力的发展，不仅引起了卿大夫和公室之间的矛盾与斗争，而且也激化了卿大夫之间的矛盾和斗争。这些斗争，不仅使公室逐渐削弱，也使一些强宗大族灭亡。到晋平公时期，就形成了六卿专政的局面。统治阶级致力于内部的争斗，无暇顾及晋国的霸业，这也严重地影响了晋国的发展。

2.秦晋崤之战　城濮战后的践土之盟，开始了晋主夏盟的历史。然

①　《左传·文公七年》。

而大国之间的争霸并未因此而停止,首先表现出来的就是晋文公死后晋秦之间的长期战争。

秦国在西周后期还仅仅是个"西垂大夫"。平王东迁,秦襄公护送有功,被正式列为诸侯。经过一百多年的发展,到秦穆公时国势日盛。秦穆公欲称霸中原,首先必须控制它的邻国晋国,因此他一再插手晋国的政务,两国之间的关系亦是有战有和。他扶立了晋惠公,晋惠公背信弃义,导致了韩原之战,以晋败割地委质而结束。紧接着又扶立了晋文公,两国为了各自的利益,通过联姻、会盟等外交手段,在晋文公时期维持了短期的友好与合作。城濮一战,晋文公成为霸主,使秦穆公更没有机会染指关东。公元前 628 年晋文公去世,他的儿子晋襄公即位,恰在这一年,郑文公亦死,其子郑穆公即位。晋、郑两国同时处于国丧之中,成为秦人东进中原千载难逢的机会,秦晋崤之战就爆发了。

秦穆公决计以郑国为目标发动战争,乘晋、郑不备,劳师远袭。路遇郑国商人弦高,假命犒劳秦师,秦以为郑人有备,只好撤军,在回师的途中顺便灭掉了晋国的一个属国滑国。

晋文公死而未葬,晋襄公尚在缞绖之中,闻秦人灭滑,晋正卿先轸说,敌不可纵,"一日纵敌,数世之患也"[①]。于是晋人调集卒乘,埋伏于殽山两侧,当秦军回师于崤山之间,遭到了晋的夹击。秦军尸骨遍野,无一人得脱,秦孟明视、西乞术、白乙丙三帅皆成了晋的阶下囚。

崤之战,结束了秦、晋之间短暂的友好关系,拉开了两国长期战争的序幕,于是就有了公元前 625 年的彭衙(今陕西白水县)之役、公元前 624 年的王官(今山西闻喜西)之役、公元前 620 年的令狐(今山西临猗县东)之役、公元前 617 年的羁马(今山西永济南)之役等战争。秦、晋长期对峙,使秦变成楚的同盟军,到晋景公、晋厉公时期,开始从右侧配合楚国攻晋,对晋国的霸业形成了严重的威胁。

3. 晋楚邲之战　城濮之战后,楚国不敢贸然北上,只在南方蚕食小国。楚成王于城濮之战后的第七年,被太子商臣篡杀,商臣自立为王,为楚穆王。楚穆王在位 12 年,楚国无所进展,他之后即位的就是"一鸣惊

---

① 《左传·僖公三十三年》。

人"的楚庄王。楚庄王去佞任贤,平定旧贵族若敖氏的叛乱,任用鄙人出身的孙叔敖为令尹,在灭庸服群蛮之后,就解除了北上的后顾之忧。公元前606年,楚北伐晋的附庸陆浑之戎,接着率军至洛邑的郊外,周定王被迫派人为他举行慰劳欢迎之礼,楚庄王"问鼎小大轻重",这就是楚庄王饮马黄河,问鼎中原。

楚国为了同晋国争夺霸权,于公元前597年伐晋的同盟国郑国,晋人救郑,荀林父为中军帅。当晋军行至黄河北岸时,楚军已和郑议和南撤。荀林父主张还师,而中军佐先縠不听将令擅自率所部首先渡过黄河,司马韩厥担心孤军深入,建议三军全部渡河再作议计。晋军虽渡过黄河,却没有作战的决心,尤其是晋军将帅意见不一,主战、主和分歧较大。楚人虽征服了郑国,但面对强大的晋国,还是主张以和为好,楚庄王派使者入晋营,以表和谈之意,还约定了盟期。晋派魏锜、赵旃到楚营中议和,两人因私怨而违令到楚军阵前挑战。晋人派兵接应他们,楚人以为晋大军到,令尹孙叔敖令全军出战,晋军无备,急令后撤渡河,撤退时争舟自残,"舟中之指可掬也"。楚军追至邲(今河南荥阳东北),大败晋军。

邲之战后,楚庄王饮马黄河,步步进逼中原,中原诸国背晋向楚,楚庄王一时做了中原的霸主,而晋的霸业却出现了严重的危机。

4.悼公复霸　悼公名周,又称孙周,自幼生活在成周,接受的是周礼的熏陶,因而他兼备忠、信、仁、义等各种美德,自然是一个温和派人物。晋国统治集团内部的长期争斗和血腥惨杀,严重地阻碍了晋国社会的发展,君臣都希望构建一种比较宽松和谐的社会气氛,晋悼公的政治态度和个人修养,正好迎合了晋国社会的这种需要。

悼公即位后,立即对国内外的政策进行调整。在国内,首先,废除了灵公以来打击强家的政策,实行去佞任贤,放逐了佞臣夷羊五等人,提升有功的吕相、士鲂、魏颉、赵武等人为卿。而臣下荐贤让能的例子比比皆是,魏绛曾让新军帅于赵武;祁奚荐贤,"外举不弃仇,内举不失亲"等等[①]。就连楚令尹子囊也由衷地赞叹道:"晋君类能而使之,举不失选,官

①　《左传·襄公二十一年》。

不易方,其卿让于善,其大夫不失守,其士兢于教。""君明、臣忠、上让、下竞。"①晋君臣团结,民众和睦,侯国畏服,声威大震。其次,缩减国家开支,减轻赋税力役,赈抚贫困,对国人实行了一些宽惠的政策,使"庶人力于农穑,商工皂隶不知迁业"②,晋国的社会生产得到恢复和发展。再次,在军事上,对军事制度进行了改革;对军队也进行了改编,将新军并入下军,恢复了三军的编制,至春秋末没有改变;对将领进行了调整,提高了军队战斗力。

对外,首先,巩固晋宋同盟。宋、郑两国由于所处的战略地理位置,一直是晋楚争霸的一个核心,晋宋联盟的巩固与发展就使晋国在战略上取得了有利的地位。因而在楚国攻宋时,悼公亲率大军前去救援,还把灭掉的一些小国赠送给宋国。其次,加强晋吴联系。景公时派申公巫臣出使吴国,教吴人乘车射御及战阵之法,从东侧牵制楚国。吴国在晋国的帮助下渐渐强大起来,对楚国形成严重的威胁。公元前568年,吴国第一次参加华夏诸侯会盟于戚(今河南濮阳),吴人参加晋国主持的会盟,完成了景公以来谋求从东线牵制楚国的战略计划。再次,使魏绛和戎。散居在山西北部、河北的山戎也叫北戎,北戎中最强大的一支叫无终。公元前569年,无终酋长嘉父派使者入晋纳虎豹之皮,请求与晋议和。悼公认为:"戎狄无亲而贪,不如伐之。"魏绛向他陈述了和戎五利:"戎狄荐居,贵货易土,土可贾焉,一也。边鄙不耸,民狎其野,穑人成功,二也。戎狄事晋,四邻震动,诸侯威怀,三也。以德绥戎,师徒不勤,甲兵不顿,四也。鉴于后羿,而用德度,远至迩安,五也。"③悼公接受了魏绛的建议,使魏绛和戎。魏绛和戎的成功,使晋国可以集中力量逐鹿中原,而无后顾之忧,北方安宁达20余年之久。第四,礼遇诸侯。革除了一些外交弊政,重新规定了朝聘的期限和纳贡的数量,得到了诸侯的拥护。

悼公经过改革,使晋国的实力大为提高,八年之内,九合诸侯,恢复了晋国的霸主地位。

---

① 《左传·襄公九年》。
② 《左传·襄公九年》。
③ 《左传·襄公四年》。

三、霸业的衰落

1.弭兵会　王室衰微,大国争霸,是春秋前期政治形势的特点,春秋中期以后,就发展成为诸侯衰微,卿大夫专权。随着形势的转变,各诸侯国的斗争目标亦发生了变化,由原来的对外争霸转变为内部的卿大夫争斗。

从晋、楚两国来看,统治集团内部的矛盾都是非常复杂的。晋公室与卿大夫之间,以及各卿大夫之间的矛盾非常激烈,公室衰微,晋政多门,他们急于想同敌国保持和平,以便致力于内部的争斗。楚国除了内部矛盾之外,还有东南方兴起的吴国,对它也是个严重的威胁。因此,楚国也急于与晋求和。

从各中小诸侯国来看,"弭兵"是各国人民的共同要求,也是中小国统治者的要求。晋、楚争霸持续了百余年,使江河流域的大小诸侯国几乎全部卷入两国的争夺战中,兵祸连年,没有宁日,对中原地区的生产造成了很大的破坏,给劳动人民带来了极大的灾难和沉重的负担,也损伤了中小国贵族的利益。尤其是处于晋、楚之间的宋、郑、陈等小国,更成为双方争夺的对象和逐鹿的战场,一有战争,首先被祸,苦不堪言。例如郑国,地理位置很重要,要称霸中原,必先得郑。是从楚还是从晋,郑国统治者采取了较为灵活的外交策略:"从楚,以纾吾民。晋师至,吾又从之。敬共币帛,以待来者,小国之道也。牺牲玉帛,待于二竟(境),以待强者而庇民焉。"①在以后的战争中,郑就采取这样的办法,楚来就同楚议和,晋来就叛楚降晋。宋国的对外政策比较呆板,吃的苦头也最多,所以对弭兵活动也最热心、最积极,两次弭兵会宋都充当了发起国。战争给人民带来的灾难是沉重的。因此,停止争霸战争,争取有一个和平环境,已成为广大民众的共同心愿。

弭兵会前后共有两次,第一次在公元前579年,由宋大夫华元倡议发起。晋、楚两国在宋都商丘西门之外进行盟誓:"凡晋、楚无相加戎,好恶同之,同恤灾危,备救凶患。若有害楚,则晋伐之;在晋,楚亦如之。交

---

① 《左传·襄公八年》。

贽往来,道路无壅;谋其不协,而讨不庭。"①这次弭兵会实际上就只有晋、楚和中介国宋参加,晋、楚都没有诚意,只把这当作一种策略,因而三年后,楚国首先撕毁盟约,北侵郑、卫,中原战祸又起。公元前575年,晋、楚战于鄢陵(今河南鄢陵),楚大败。公元前557年,又战于湛阪(今河南平顶山西北),楚又败。

第二次在公元前546年,由宋大夫向戌倡议发起。当时晋六卿争权激烈,无暇外顾;楚东面受制于吴,不敢北进;其他小国多有内争,自顾不暇。这次弭兵之议提出,很快就得到各诸侯国的响应,在宋都西门(今河南商丘)举行了有晋、楚、齐、秦、鲁、郑、卫、宋、许、陈、蔡、滕、邾、曹共14国参加的弭兵会。

会议一开始,楚人争先歃盟,晋国的执政赵武在楚人的威胁下听从了叔向的劝告,将主盟的地位让给了楚国。这次盟约的主要内容是"晋、楚之从交相见"②,这是楚令尹子木提出的。其实质就是要原来归附于晋的属国和楚的属国,现在变成晋、楚双方共同的属国,对两国尽同样的义务。"交相见"只能有利于楚国,楚国自成王、庄王图霸以来,虽然国力日强,但并没有取得号令中原诸侯的地位,而实现"交相见",却可以不费一兵一卒,使鲁、卫、宋、郑等华夏国归附于楚,从而打破晋国独霸诸侯的局面,造成晋楚共霸的事实。对此赵武没有勇气反抗,只是推托说:"晋、楚、齐、秦,匹也,晋之不能于齐,犹楚之不能于秦也。楚君若能使秦君辱于敝邑,寡君敢不固请于齐?"子木使人请示于楚康王,王曰:"释齐、秦,他国请相见也。"结果,除了齐、秦两大国和邾(属齐)、滕(属宋)两个私属国以外,其他国家交相见。

很明显,晋国在弭兵会上是吃了大亏,但从全局来看,弭兵会后的40余年,中原地区的战争大大减少,这对被战争弄得精疲力竭的人民来说,无疑是创造了一个相对安定的和平环境,对于社会生产的发展和人民生活的稳定都是有利的。但是,晋、楚两国利用均势平分霸权,这无疑也损伤了一部分中小国家的利益。

---

① 《左传·成公十二年》。
② 《左传·襄公二十七年》。

这次弭兵盟会意味着晋楚争霸已到尾声。公元前537年,晋平公将女儿嫁给楚国,就标志着从公元前632年城濮之战开始的长达近百年的晋楚争霸基本结束,代之而起的是长江下游的吴、越争霸。

2.黄池之会　吴国在寿梦时有了长足的发展,尤其是建立了晋、吴联盟之后,晋国派使者教吴人车战和先进的战术,并通过会盟、使节交聘、联姻等方式使两国的关系日益加深,这不仅提高了吴国的政治地位,改变了中原诸国对吴的偏见,开始与吴通好,而且还促使吴国吸收中原先进的文化思想,使吴文化表现出极强的吸收融合能力,促进了吴国的发展。晋国之所以实行联吴的外交策略,就是想利用吴人牵制楚国,使楚北上有后顾之忧,这是弱楚政策的一种体现。

吴的实力发展起来以后,就开始袭扰楚国,从楚昭王以后,楚"无岁不有吴师"。公元前506年,阖闾亲率吴师伐楚,战于柏举(今湖北麻城),五战而楚五败。公元前496年,吴、越在檇李(今浙江嘉兴)展开大战,吴师大败,阖闾受伤而死。其子夫差即位,立志报仇,于公元前494年伐越,大败越于夫椒(今江苏吴县)。

吴败越后,开邗沟,连结江、淮,通粮运兵,挥师北上。公元前482年,夫差在两败齐国之后,与晋、鲁等国会盟于黄池(今河南封丘)。晋卿赵鞅相定公与夫差争盟,吴王列兵劫盟,与晋国争先,晋国让盟,夫差做了盟主。

晋国从公元前632年的践土之盟称霸,经11代国君、150年之久的霸业到公元前482年的黄池之会就告结束,从此大国争霸这种落后的政治形式就退出中原地区,在发展较晚的东南地区出现了霸业的尾声。

第三节　晋国的衰落与三家分晋

一、晋政多门到六卿专晋

春秋时期政治格局的特点大体上来说,以公元前546年的晋、楚弭兵为界,在此之前,主要是王室衰微,大国争霸;在此之后,主要是公室衰微,卿大夫专权。从诸侯称霸和兼并,发展到卿大夫专权和兼并,标志着西周宗法统治秩序的进一步瓦解,标志着旧制度的崩溃和新势力的崛起。卿大夫的专权和兼并,甚至取代公室,成为春秋后期非常突出的社会现象。

卿大夫在封邑内,称君称公,设立官职,征收赋税,建立军队,实际上卿大夫的封邑就是一个小国。在诸侯国中他们出将入相,掌握着国家的政治和军事实权。由于卿大夫具有这样的特权和优势,因而他们的势力最容易发展起来,到了春秋中后期,就形成了政权下移、"政在私门"的政治格局。在春秋列国中,卿大夫势力比较强大的有晋国的六卿、齐国的田氏、鲁国的三桓,因而,在私家向公室的夺权斗争中这三个国家是比较典型的。鲁国的三桓虽然"三分公室""四分公室",但最终没有取代鲁公室,这可能与三桓的公族身份有关系。齐国由田齐代替了姜齐,并没有更改齐国的国名。晋国卿大夫的夺权斗争是列国中最激烈、最复杂、最典型的,和齐国一样,晋国也是由异姓异氏卿大夫夺取了君位,使晋国一分为三,这在列国中是罕见的、仅有的,这与晋国实行"国无公族"制度有关。

晋国由于实行无公族制度,使得一些战功卓著的异姓异氏将领得到提拔和重用,掌握了国家的重要权力。他们或与晋君根本就没有血缘关系,或与晋君庙属之亲已远,使之对公室的吞噬和彼此间的兼并更为激烈无情。从晋平公元年(前557)起,到晋哀公四年(前448)止,是晋国公室从衰弱走向灭亡的时期,也是私家势力增长和大火并的时期。

晋平公以前的异姓卿大夫,经过晋景公十七年(前583)诛杀赵氏的"下宫之役",晋厉公七年(前574)诛杀郤氏的"车辕之役",使他们势力的发展暂时受挫,而在朝中掌权的是晋国的旧公族栾氏。

"晋无公族",是指献公之后的历代晋君都严格排斥其子弟于国家政权之外,诸公子除了嗣子留待继承君位以外,其余都得出居他国,不再被分封以官爵和采邑。晋公子寄寓列国,在国内再也形不成新的公族集团,但这并不排除献公以上历代国君子弟后裔的存在。献公以上历代国君子弟支系我们可称之为旧公族或公族旧支,他们在新的历史条件下,获得了重新发展的机会,使之成为晋国的强宗大族,对晋国社会的发展起了重要的作用,如狐、栾、郤、羊舌、韩氏等。

栾书为景、厉、悼三朝正卿,又有杀死厉公拥立悼公的新功,因而栾氏骄横,树敌甚多。晋平公八年(前550),因栾书的孙子栾盈与范氏的矛盾,导致栾氏合族被灭。至此,晋的旧公族势力比较强大的唯祁氏、羊舌氏两家,晋顷公十二年(前514),祁氏家族发生内乱,六卿借机捕杀了祁盈,又以同党之罪捕杀了羊舌氏,把祁氏的采邑分为七县,羊舌氏的采邑分为三县,两家的土地被六卿瓜分。

栾、祁、羊舌氏的灭亡,使公室更加卑弱。叔向对晏婴说:"晋之公族尽矣。"公族是公室的枝叶,但晋的公族与公室的关系已发生了变化。因他们都是旧公族,同异姓异氏相比并没有宗法关系上的绝对优势。因而,在晋公族与公室的关系上,他们同异姓异氏卿大夫一样,都是政治利益高于一切。公族这个名称已不具有号召力和凝聚力,他们各自为政,根据自己的需要,随时寻找或更换伙伴。这些旧公族的率先灭亡,并不是因为他们是公室的枝叶,而是因为他们在兼并斗争中失利而导致的。他们的灭亡是列卿兼并的必要步骤,如果说公室将亡,其宗族枝叶先落,那么,韩氏作为公族旧支,非但没有先落,反而与赵、魏共同分晋,并成为战国七雄之一。

栾、祁、羊舌氏消灭之后,晋国的强宗大族就剩下了韩、赵、魏、智、范、中行氏六卿。

二、四卿专晋局面的形成

"六卿强,公室卑",晋政已完全由六卿垄断,晋君形同虚设。六卿为了扩展实力,兼并他族,都采取了巩固根据地、收养谋臣斗士、结缘国外等措施,尤其是为了争取民众的支持,六卿都改革了亩制。1972 年在山东临沂银雀山西汉墓出土的大批汉简中有《吴问》残简九枚,记载了吴王阖闾和将军孙武的对话,通过他们的对话我们可以看出六卿在他们的领地上废除了步百为亩的旧亩制,范、中行是 160 步为一亩,改革步子最小,韩、魏是 200 步为一亩,赵是 240 步为一亩。因此孙武得出预言:范、中行先亡,智次之,韩、魏再次之,赵毋失其故法,晋国归焉。晋国社会历史的发展,基本上证实了孙武的预言。改小亩为大亩,目的是要争取民众的支持,适当减轻剥削量,同时也激励民众努力生产,提高单位面积产量,增加自己的收入。六卿经过积极的准备之后,他们之间的战争不可避免地就爆发了。

公元前 497 年,因为赵氏宗族内部的矛盾引发了一场为时 8 年的兼并战争,不仅晋国的六卿全部参战,而且东方的齐、鲁、卫、郑、周、鲜虞六国也参与其中。战争时间之久、规模之大、成分之复杂、斗争之激烈,在春秋历史上都是罕见的。

晋定公十五年(前 497),晋阳赵鞅向邯郸赵午索要 500 家卫贡,赵午借故不想归还,赵鞅杀死了赵午,赵午之子赵稷与家臣涉宾率邯郸叛赵鞅。赵午是中行寅的外甥,中行寅与范吉射为姻亲,于是三家联合起来攻打赵氏。韩氏历来亲近赵氏而与中行氏有隙,魏氏与范氏相恶,智氏嬖臣梁婴父急欲代中行氏而为卿,在共同利益趋于一致的情况下,三家支持赵氏讨伐范、中行,范、中行败逃朝歌。

第二年,赵鞅率军围朝歌,引起了东方六国的参与,范、中行有了六国的支持才有可能在战败的情况下同晋军抗衡。赵简子仅依靠赵氏宗族的力量打败有六国支持的范、中行也是不可能的,因而必须要采取一定的措施争取更广泛的力量的支持,1965 年在山西侯马出土的侯马盟书就反映了赵鞅为了团结众人而举行的多次盟誓,也反映了这场战争的艰难历程。

朝歌久围不下,直到晋定公十九年(前 493)的铁之战才使战局发生了急剧的变化。齐人为范、中行输送粮食于朝歌,由郑人护送,与赵鞅的军队在戚(今河南濮阳)相遇,在铁(土丘名)展开了一场激战。赵鞅为了在敌众我寡的情况下取得战争的胜利,在战前誓词曰:"克敌者,上大夫受县,下大夫受郡,士田十万,庶人工、商遂,人臣隶、圉免。"①赵鞅这种按战功赐爵赏田提高平民的社会地位,以及依军功免除奴隶身份的政策,大大鼓舞了将士的斗志,提高了战斗力。他自己也身先士卒,冲锋陷阵,虽被郑军击倒在车中,但"伏弢呕血,鼓音不衰"②。晋军士气高昂,大败郑军于铁,获齐粟千车。

范、中行困守朝歌得不到给养,转入保守状态。晋定公二十年(前492)十月,赵鞅三围朝歌,范、中行不能守,转而逃奔邯郸、鲜虞(今河北定州)、柏人(今河北隆尧)。晋定公二十二年(前490),赵鞅攻占柏人,中行寅、范吉射败逃齐国。至此,双方历时8年的战争以赵氏的胜利宣告结束。

这场战争结束了晋国六卿专政、六卿并列的局面,形成了智、韩、赵、魏四卿霸晋的格局,为日后三家分晋迈出了第一步。

三、三家分晋

消灭范、中行之后,四卿专晋使四卿的权力更加集中,为了争权夺利,四卿之间的矛盾很快激化。赵鞅死后,智瑶(亦称智伯、智襄子)继之为正卿,使智氏的势力发展到极盛。智瑶"贪而愎",晋出公二十一年(前454),他与三家共同瓜分了30多年前已归公室的范、中行的全部领地,晋出公发怒,欲借齐鲁之师驱逐四卿,反而被四卿赶出了晋国,出公奔齐,死于途中。智瑶另立哀公。

智瑶专横跋扈,想独揽晋政大权,不仅随意废立国君,而且还想凌驾于其他三卿之上,因此无故索地于韩、魏、赵三家。智伯先"使人请地于韩",韩康子虎本不想给,谋臣段规谏止道:"不可。智伯之为人,好利残忍而刚愎自用,要是不给,必定会加兵于韩。不如先给了他,使他养成向别国索要土地的习惯,他国若不从,一定会发生兵端,这样韩国就可以免于兵患,那时我们可见机行事。"韩康子权衡利弊,只好使"使者致万家之

① 《左传·哀公二年》。
② 《左传·哀公二年》。

邑一于智伯"①。

智伯贪得无厌,接着又向魏氏索要土地。魏桓子驹本也不想给,臣下任章献策:"智氏一再无故索要邻国的土地,必使邻国产生恐惧之心,由是共同利益的驱使,他们必定会联合起来;而智氏的要求一再得到满足,则会更加骄横。我们不如予之土地,使其骄横,然后再集诸邻之师共同对付智氏,以避免魏国独自成为智氏的进攻对象。"魏桓子接受了任章的建议,也割万家之邑一给了智氏。

智伯得寸进尺,又派人向赵氏索要土地,遭到了赵襄子的拒绝,于是智氏胁迫韩、魏两家攻打赵氏,赵襄子走保晋阳,三家围晋阳岁余不下。公元前453年,智氏引汾水灌晋阳,晋阳城中"巢居而处,悬釜而炊,财食将尽,士卒病羸"。在晋阳危急时刻,赵襄子派张孟谈黑夜潜出晋阳,以"唇亡齿寒"的道理游说韩、魏。韩、魏两家本来就是被迫胁从于智氏,当智伯率魏桓子和韩康子观看水灌晋阳的情形时,智伯得意忘形,不觉吐露真言:"始吾不知水可以灭人之国,吾乃今知之,汾水可以灌安邑,绛水可以灌平阳。"②是时安邑为魏都,平阳为韩都,此话暴露了智伯灭赵之后的目标就是韩、魏的真实意图。魏桓子和韩康子听了智伯的话不寒而栗,在张孟谈的游说下,韩、魏与赵结盟,共灭智氏,智瑶被杀,三家尽分智氏领地,三家分晋完成。

三家分晋后,晋公室作为三家的附庸还存在了很长的一段时期。周威烈王二十三年(前403),周天子承认三家的合法地位。公元前376年(一说前369),三家废晋静公为庶人,名义上的晋国也从历史上消失了。

三家分晋具有划时代的历史意义,是我国历史上的重大事件,它的形成,除去社会变革的大背景之外,还应从晋国社会发展的机制上去探讨。

首先,晋献公开创的"晋无公族"制度,为异姓异氏势力的崛起与发展提供了广阔的前景。晋无公族,不仅打破了国君系统的嫡长子继承制,更重要的是国君的诸公子,除嗣子之外统统都得出居他国,不得在国

---

① 《战国策·赵策一》。
② 《韩非子·难三》。

内蓄留。晋公子寄寓列国,使君权以下的卿大夫各职不能得到来自与国君有血缘关系的宗室子弟的补充,只能从异姓异氏中去选拔,这就为异姓异氏提供了在晋国发展的极好机遇。

其次,自晋文公以来的图强称霸,使晋国的军事势力和领土面积极度膨胀和扩大,为卿大夫的自身强化和发展创造了条件。随着军事扩张的需要,晋国军队编制由一军扩展到六军,不仅使军事领导集团大为膨胀,出现一门数卿、数大夫的局面,而且也促使他们获取和发展了属于个人所有的私属武装。随着对外的扩疆拓地,把新兼并的土地封赐给卿大夫,使他们的经济实力亦大为增强。军事和经济实力的增强,为强家大族在政治上的专权提供了基础。

再次,自晋平公之后公室的衰弱、政治的腐败,促使卿大夫势力转向对公室的削弱和相互之间的兼并。平公时,晋政多门,卿大夫们对争霸再也不感兴趣,他们所关心的只是如何发展自己的势力。为了巩固既得利益,相互约束,勉强维持了半个世纪表面上的安宁,实际上,这是一个为日后的大兼并积极进行准备的阶段,当六卿之间的平衡状态被打破之后,随之而来的就是六卿之间的大火并,终于酿成三家分晋的局面。

第四节　晋国的经济与文化

一、晋国社会经济的发展

晋国之所以称雄诸侯一个半世纪,重要的一个原因就是晋国经济实力的雄厚。

晋国的基本产业是农业,因其主要活动在晋南汾河河谷盆地,土质疏松肥沃,易于开发经营,农业生产历来比较发达。春秋时期,晋国生产力水平空前提高的主要标志,同样表现在铁器的使用和牛耕的普及。《左传·昭公二十九年》载:"遂赋晋国一鼓铁,以铸刑鼎。"鼓为重量单位,在当时大概是480斤,铸鼎的铁作为军赋征收,可见晋国用铁已相当普遍。铁器的使用逐渐增多,生产工具主要有铲、臿、钁、镰、锄等,这些都为近年来的考古发现所证实。牛耕用于生产,文献中多有记载,《国语·晋语九》载:"夫范、中行氏不恤庶难,欲擅晋国,今其子孙将耕于齐,宗庙之牺,为畎亩之勤。"在浑源县,中华人民共和国成立前出土过春秋后期的牛尊(现存上海博物馆),牛鼻上已穿有鼻环,说明已被用作牵引劳动。犁耕的出现,还可从晋人伯州犁的名字看出。1958年在芮城礼教村发现了一个石制残犁头,1959年在侯马北西庄出土了残铁铧。铁器作为一种新的生产力因素,为开发山林,扩大耕地,兴修水利,发展生产创造了条件。

晋国的手工业相当发达,考古发现的数以万计的青铜器、铁器、玉器、骨器等,种类之多、数量之大、工艺之精湛,历来为人们所瞩目。这些器物的特点,"总体来说,器物由厚重趋向轻灵,造型由严正趋向奇巧,手法由象征趋向写实,刻镂由深沉而显得浮浅,装饰纹样则由神秘而变得易于理解和接近人间趣味"[1]。这个时期的器物主要有礼器、祭器、杂器、兵器、工具、车马器、乐器以及货币等,种类全,精品多,质量高。1989年于闻喜上郭村发现的"刖人守囿"挽车是这一时期最具代表性的青铜器之一[2],它既不是礼、乐、宴享的器皿,又非实用品,而是专供贵族艺术欣赏的工艺美术品,是一种车辆模型玩具,属杂器类、观赏品,这在以往出土的青铜器中比较罕见。它精巧秀丽,雕琢精细,充分反映了晋国青铜文化的发达程度,是我国青铜器中独具地方特色的艺术精品和稀有珍宝。

晋国的商业也出现了新的局面,自晋文公提出"轻关易道,通商宽农"的政策后,晋国就平整商道,物畅其流,发展商业。随着"工商食官"局面的打破,晋国也出现了独立经营的工商业者,绛都的富商,足能"金玉其车,文错其服,能行诸侯之贿"[3]。随着商业的发展,出现了金属货币,晋国的空首布,形状像铲子,因此称铲币,又称"镈","镈""布"同音相假,又叫布币,货币经济的发展又促进了商业的繁荣。

---

①　王君:《浅析"刖人守囿"挽车及其相关问题》,《文物世界》2007年第1期。
②　张崇宁:《"刖人守囿"六轮挽车》,《文物季刊》1989年第2期。
③　《国语·晋语八》。

二、史墨"物生有两"的思想

随着生产力的提高和社会的深刻变革,探究自然界和社会矛盾变化的朴素的唯物论和辩证法思想都有了相应的发展,晋国的史墨对此做出了极大的贡献。

《左传·昭公三十二年》记载,公元前510年,鲁君昭公被季氏所逐,流亡在外,死在晋国的乾侯。晋国的赵简子就问史墨:"季氏出其君,而民服焉,诸侯与之;君死于外而莫之或罪,何也?"史墨对这个问题做出了非常精辟的回答:

"物生有两、有三、有五、有陪贰。故天有三辰,地有五行,体有左右,各有妃耦。王有公,诸侯有卿,皆有贰也。天生季氏,以贰鲁侯,为日久矣,民之服焉,不亦宜乎。鲁君世从(纵)其失(佚),季氏世修其勤,民忘君矣,虽死于外,其谁矜之?社稷无常奉,君臣无常位,自古以然。故诗曰:'高岸为谷,深谷为陵。'三后(虞、夏、商)之姓,于今为庶。"

史墨的回答不是就事论事,而是先从事物内部矛盾进行分析概括,然后上升到哲学的高度来回答,提出了两个著名的辩证法命题。

一是"物生有两"。在古代原始的阴阳学说中,已经注意到事物的矛盾性,如伯阳甫曾明确指出阴阳二气失调引起地震,史墨在继承这些先行者思想的基础上,把矛盾的观点上升为事物的普遍法则,认为客观事物是个矛盾的统一体,都是由相互对立的两个方面组成,不仅自然界是这样,而且人的身体构造和社会现象都是如此,因而他提出物生有两、有三、有五、有陪贰。但他并未到此为止,为要对"季氏出其君而民服焉"的现象做出理论上的解释,他又提出了另一个命题。

二是"社稷无常奉,君臣无常位,自古以然"。史墨辩证法思想的突出贡献在于矛盾发展的观点,虽然前人对事物发展变化的规律有了一定的认识,但还是肤浅的,如伯阳甫用阴阳二气解释地震,这只是分析一种自然现象,而史墨却把它上升为事物的普遍法则,并运用到社会历史的观察上来,更重要的是他看到了矛盾的主次地位会向相反的方向转化,由此引起了事物的发展变化。史墨的思想,反映了春秋末期时代的潮流和进步阶级的愿望,同时也批判了反对社会变革的观点,丰富和发展了我国古代朴素辩证法的内容和水平,在中国哲学发展史上占有重要的地位。

三、侯马盟书

侯马盟书是山西省文物工作委员会于 1965—1966 年发掘山西侯马市晋国遗址时发现的,盟书数量很大,有 5000 余件,有文字可辨识的约 650 多件。盟辞写在圭形或璜形的玉石片上,字迹多为朱红色,少数为黑墨色,盟辞内容不同,篇幅长短不一,字数最少的仅 10 余字,长的多达 220 余字。经过山西省文物管理委员会的整理与研究,已于 1976 年出版了《侯马盟书》一书,这是侯马盟书研究的专著,也是阶段性的成果。侯马盟书是 20 世纪中国十项重大考古成果之一,不仅为研究中国春秋战国之交的历史,特别是晋国末期的历史提供了极其可贵的实物资料,而且对历史学、考古学、古文字学的研究也具有非常重要的意义和价值。

侯马盟书的背景及主盟人,自侯马盟书出土以来众说纷纭,《侯马盟书》认为盟书所涉及的历史事件是晋定公十五年至二十三年(前 497—前 489)间,以赵氏为中心的魏、韩、智四卿灭范、中行氏的战争,主盟人当是晋国的执政者赵鞅①。赵鞅通过一系列不同类型的盟誓,争取、凝聚、团结了一切可以团结的力量,从而有效地分化、瓦解、打击了敌对势力,使赵氏一次次由弱变强,反败为胜,盟誓不仅对赵氏的发展而且对晋国社会后期的发展都产生了重大的影响。"盟书反映了晋国末期上层政要在争权夺利、相互倾轧中斗争的激烈性与残酷性,突显了'恶'的历史作用,反映出当时'礼崩乐坏'的历史趋势,并由此折射出中华民族发展的艰难曲折历程"②。

侯马盟书的盟誓类型,《侯马盟书》将其分为宗盟类、委质类、内(纳)室类、诅咒类、卜筮类、其他六类,宗盟类是同姓同宗的盟誓,委质类是从敌方分化出来自愿委质的盟誓,纳室类指不私自纳妻室财物以维护主盟人的经济利益,诅咒类是对敌人的诅辞,盟誓活动中卜筮仪式的存在,体

---

① 张颔:《侯马盟书》第 2 页,文物出版社,1976 年。
② 降大任:《侯马盟书研究》第 24 页,山西春秋电子音像出版社,2005 年。

现了我国古代卜与筮共用的传统。

侯马盟书的文字学价值,在于它是我们看到的时代最早,数量最大的一批古人手书真迹,其书法艺术特色形体古雅,变化繁多,属大篆体系。笔法特点为侧锋用笔,笔画呈钉状,头重尾轻,起笔如钉头呈圆状,落笔如钉尾呈尖状,起承转合圆润自然,点划生动,简约烂漫,既不同于甲骨文的纯直线方折没有使转,又不同于钟鼎文的雕琢修饰一派匠气,书写方式已明显地表现出柔软毛笔在运笔中特有的弹性韵律,行笔轻重有度,既潇洒苍劲,又古朴典雅①。

侯马盟书还有4000余件字迹漫漶不清,这得依靠现代科学技术对其作进一步的研究,以补充、丰富和完善已有的研究成果,实现真正意义上的"昭然若揭"。

四、师旷与音乐

礼乐是周代国家制度的重要组成部分,无论是国家的祭祀、朝会等重大典礼,还是一般贵族的社交宴享,都要配有一定的礼乐,因此,当时的贵族对音乐都非常重视,这在一定程度上也促进了音乐的发展。

音乐的发展表现在两个方面,一是乐器种类的增多,一是音乐理论的发展。当时的乐器除编钟、编磬、鼓等打击乐器之外,像琴、瑟等弦乐器也都出现,天马—曲村遗址的北赵晋侯墓地93号墓就出土有编钟、编磬。乐器增多,就必须注意演奏的和谐,音律理论也随之进一步发展,《孟子·离娄上》说:"师旷之聪,不以六律不能正五音。"五音即五个音阶,有宫、商、角、徵、羽五声,相当于现今简谱中的1、2、3、5、6。后来发展为十二律,分阴、阳各六,阳为律,阴为吕,六律即黄钟、太簇、姑洗、蕤宾、夷则、无射,六吕即大吕、夹钟、仲吕、林钟、南吕、应钟,由此形成了我国传统的律吕学。随着音乐的发展,在晋国产生了一位驰名列国的大音乐家师旷。

师旷,字子野,晋国的音乐大师,传说他的故里在山西洪洞县的师

---

① 杨秋梅:《晋文化暨侯马盟书出土40周年研讨会综述》,《中国史研究动态》2006年第5期。

村。师旷双目失明,辨音能力很强,善于鼓琴,有"聪圣"之称。他能演奏多种乐器,有高超的演奏技艺,"援琴而鼓,一奏之,有玄鹤二八,道(从)南方来,集于郎门之垝;再奏之而列;三奏之,延颈而鸣,舒翼而舞"①。师旷在音乐上的造诣很深,《阳春》《白雪》《玄默》等琴曲为师旷所创,元隐士张守大撰《师旷庙碑》道:"师旷之聪,天下之至聪也,其于五音六律,皆能洞精其奥妙,犹鬼神之不可测。"②师旷还有一定的音乐鉴赏能力,他将音乐分为"清商""清徵""清角"三个类型,清商是亡国的靡靡之音,不可弹奏;清徵是祥瑞之声,只有德高望重的人才能听;清角是最佳之音,只有像黄帝那样的人在祭神时才能听。

师旷不仅是个音乐家,还是一个政治家。晋悼公曾问政于师旷,师旷说:"惟仁义为本"③。齐景公朝晋,曾三次问政于师旷,师旷三次的回答都是"君必惠民而已矣"④。师旷主张国君修德养民。他辅佐悼公、平公两君,在晋国的政治生活中发挥了一定的作用。

---

① 《韩非子·十过》。
② 贺伟:《乐圣师旷》第 4 页,中国戏剧出版社,2001 年。
③ 《史记》卷 39《晋世家》。
④ 《韩非子·外储说右上》。

第三章　列强争雄中的三晋国家

　　"春秋争霸晋为先,战国七雄有其三"。山西古代史上最独特的一个社会现象就是春秋末年的三家分晋,姬姓贵族统治的晋国被韩、赵、魏三个独立的异姓异氏诸侯国所取代,并且这三国都屹立于战国七雄之林。因为韩、赵、魏是从晋国脱胎出来的国家,所以历史上把这三国并称为三晋,又因其领地主要都在今山西境内,因而"三晋"又成为山西的别称。

　　应当指出,晋与三晋,就如同一篇文章的上篇和下篇一样,是一个不可分割的有机整体。一方面,从历史渊源关系来看,韩、赵、魏原本就是由晋国分裂出来的三个诸侯国,他们的先祖,均系长期握有晋国政治、经济和军事实权的世袭卿族,晋国的各项制度及其文化不能不对独立后的三晋国家产生巨大的影响,使其带上晋国文化的各种色彩,因而三晋国家的政治经济和思想文化始终保持着与晋国一脉相承的历史渊源关系,实际是晋国文化在战国时期的延续和发展。

　　另一方面,从地理界域来看,晋始封时,其疆域只限于晋南"河汾之东,方百里";进入春秋时代,晋疆域逐步超出今山西省境向外延伸;到了战国时代,三晋的疆域又在此基础上不断向外扩展、延伸。由此看来,晋与三晋的地理界域,大体上都是以今山西省境为中心而呈四面辐射的状态,因而是属于同一地理界域上的文化。

　　晋虽然被三个名称不同的国家所代替,但是,无论从时间区向还是空间区向而言,晋文化与三晋国家文化都是不可分割的、同一的、有机的地域文化体系。

第一节 天下莫强的魏国

一、魏的立国与疆域

据《史记·魏世家》记载,魏之始祖是毕公高,毕公高与周同姓,在周武王灭商建周的过程中建立了功勋,被封于毕(今陕西西安市长安区西北),以邑称氏,于是为毕氏。春秋初期,毕公高后裔毕万来到晋国事晋献公。晋献公十六年(前661)作两军,发动了攻灭耿、霍、魏的战争,赵夙为御,毕万为右,因两人战功卓著,战后献公以耿封赵夙,以魏封毕万,以为大夫。魏在今山西省芮城县北五里的龙泉村和柴村之间,也是周王室的同姓诸侯国。毕万封魏11年后,从其国名为魏氏,这就是晋国魏氏的来源与立足,魏就成为魏氏卿族的发祥地和第一个治邑。

魏氏自毕万奔晋,经数代人二百余年的努力,经历了由小到大、由弱变强的奋斗历程,至魏桓子魏驹时,终于分晋建魏,成为一个独立的诸侯国。由于三家分晋后,晋国的都城新田及其第二大城邑曲沃都归魏,因此,人们有时又称魏国为晋国。

魏氏的早期活动中心一直在山西的晋南地区,毕万所封的魏、魏悼子魏侈将治邑由魏迁至的霍(今山西霍州)、魏昭子魏绛将治邑由霍又迁至的安邑(今山西夏县西北)都在晋南,此后的安邑一直是春秋时代魏氏发展的策源地和战国前期魏国的都城。

魏国在魏文侯、魏武侯和魏惠王时期国势达到极盛,为图谋在中原地区的发展,于魏惠王六年(前364),将国都由安邑迁至大梁(今河南开封),从此,魏国的活动中心发生了转移。

魏国的疆域在三晋国家中较次于赵国。地理形势的显著特点是分散不集中,明显地分为东、西两部分,西部以旧都安邑为中心,集中于今山西西南部,是魏国前期的活动中心;东部以新都大梁为中心,集中于今河南北部,是魏国后期的活动中心。东、西两部之间以今山西东南部狭长地带相连接,呈现出一个向北凸起向南凹陷的葫芦形,大体上类似于人体的胸腔部位。此外,还兼有陕西东北部、山东西部、河北西南部一部分地区。魏国的四邻是：东为齐、南为楚、西为秦、北为赵。与魏接壤的韩国疆域，大部分被囊括进魏国东、西两地形成的葫芦形胸腔之内，好比人体的咽喉一样，"韩，天下之咽喉；魏，天下之胸腹"①，颇为形象地描绘了韩、魏两国疆域形态的特点。这样的地理特征既有利也有弊，强可以向外拓展，弱易陷于四面受敌。

二、魏国的变法

战国是社会历史大变革的时代，为了图强称霸，各国都先后程度不同地进行了变法。战国的变法运动，自魏文侯首创之后，相继在各国轰轰烈烈地展开，构成了波澜壮阔的历史画卷，成为战国历史最为光彩夺目的一个篇章。

魏文侯名斯，公元前445年即位，是魏国被周天子正式册封的第一位国君。魏文侯即位之初，七雄并立，"下无方伯，上无天子"。七雄之所以能够并立，说明他们之间的力量对比存在着某种程度的均势，如果不改变现状，这种均衡状态不可能被打破。然而，奠都于晋国腹里的魏国，晋国春秋霸业的辉煌对她的影响可以说是最直接最深刻的，加之此时魏国政平人和，社会稳定，因而，魏文侯把成就霸业作为国家的首要奋斗目标。富国强兵是成就霸业的基础和先决条件，要想达到富国强兵，必须改变现状，进行变法革新。因此，魏文侯就把变法放在了各项工作的首位，在政治、经济、军事等领域进行了卓有成效的变法，实现了国富兵强。

魏文侯任用李悝为相，由李悝主持了经济和政治两大领域的变法，其内容主要有以下几点：

1.废除官爵世袭制，实行"食有劳而禄有功，使有能而赏必行，罚必当"的原则②。宗法血缘关系的近疏是西周以来任官的依据，并且是世袭的，这样的选官制度不利于选拔到真正的治国之才，而且也滋长了贵族骄纵淫逸的生活作风，对国家的发展是极为不利的。李悝的变法首先抓住了这个主要矛盾，用任人唯贤的官僚制度取代任人唯亲的世卿世禄制

①　《战国策·秦策四》。
②　《说苑·政理》。

度,剥夺旧贵族世代所享有的政治和经济特权,根据功劳和才能选拔任用官吏,赏罚分明。李悝视那些"其父有功必禄,其子无功而食之"的世袭贵族为"淫民",力主"夺淫民之禄,以来四方之士"①。在任人唯贤制度的感召下,天下的贤能之士如吴起、西门豹、乐羊等成为魏国政界一代新的显赫,也是魏文侯推行改革的中坚人物,为魏国的发展起了巨大的作用。

2.推行"尽地力之教"。这是针对魏国地狭人众的特点而提出的,是一种充分发挥土地的效力和潜能,提高粮食产量,扩大收入的政策。他以百里见方的范围为例,面积大概为 900 万亩,除去山泽、村落占三分之一外,实际可耕种的面积还有 600 万亩。如果"治田勤谨",精耕细作,则每亩就会增产 3 斗,反之则会减产 3 斗。一增一减,600 万亩田地的产量就会相差 180 万石,这不仅直接影响到农民的生活水平,更重要的是影响到了国家的赋税收入。因而必须"尽地力之教",充分发挥土地的潜力。为此,他提出三项具体措施:

一是"必杂五种,以备灾害。"就是提倡杂种间作,多种经营,同时播种稷(小米)、黍、麦、菽(大豆)、麻等农作物,以防种植单一作物因自然灾害受损而难以补救的弊端。因农作物的特点各异,有的耐寒,有的喜涝,若受自然条件的影响,某种作物不收,还有其他作物补充。

二是"力耕数耘,收获如寇盗之至。"农作物在生长过程中,要精耕细作,勤于除草,收获季节,要像防强盗即将来抢劫一样,抓紧时机,虎口夺食,以防风雨忽至,损害庄稼。

三是"还(环)庐树桑,菜菇有畦,瓜瓠果蓏,殖于疆场。"②这是利用房前屋后,田边地头的闲散土地,植树种桑,或修建菜园,栽种各种果蔬,扩大农副业的生产,丰富人们的生活。

由国家政府部门制定如此具体的发展农业生产的政策和措施,这在中国历史上是首次出现于李悝的变法之中。李悝的"尽地力"措施,适应了魏国人口密度大,地少人稠的特点,使土地的效能和潜力得到最大限

---

① 《说苑·政理》。
② 《通典》卷 2《食货二》。

度的利用和发挥,提高了粮食产量,扩大了农副业的生产,使民富国裕。

3.实行"平籴法"。这是一种平衡粮食价格的政策。丰收之年粮价"甚贱伤农",灾荒之年粮价"甚贵伤民","民伤则离散,农伤则国贫。故甚贵与甚贱,其伤一也"①。为了"使民毋伤而农益勤",国家在年成好时,以平价购买农夫的余粮储备起来,以防粮价的暴跌;灾荒之年,再以平价售出,以防粮价的暴涨。实行平籴法,使士农工商四民的利益都得到兼顾,有效地防止了农民破产和城市贫民流亡,限制了不法商人垄断粮食价格进行投机活动,维持了国家正常的经济秩序。李悝的"平籴法"对后世的影响很大,以后的均输、常平仓等平抑粮价的措施均源于此。

4.制定《法经》,确立封建法制。《法经》是李悝集当时各国法律之大成而制定,这是我国历史上第一部比较系统的地主阶级法典。《法经》原文已失,但其主要精神却为《晋书·刑法志》所保存,"悝撰次诸国法,著《法经》"。

《法经》分为六篇:盗法、贼法、囚法、捕法、杂法、具法。盗,主要是指对地主阶级私有财产的侵犯。贼,主要是指对地主阶级人身的伤害。李悝为了保护地主阶级的私有财产及其统治地位,因而把惩罚盗贼放在了首位,表明了《法经》维护国家秩序、保护私有财产的实质。囚法是断狱的法律。捕法是捕亡的法律。杂法是对行为轻狂、偷越城墙、赌博、欺诈、贪污贿赂、荒淫奢侈、用器逾制等常见的破坏社会秩序的行为所制定的法律,具法是根据具体情况加重或减轻刑罚的规定。

《法经》是一部比较系统的法典,它的编撰,奠定了战国法家学派的理论基础,对当时各诸侯国相继展开变法、实行法治起了先导作用。以后卫鞅离魏入秦,帮助秦孝公实行变法,就是带着这部《法经》去的。后来的《秦律》和《汉律》,都是以这部《法经》为蓝本,在此基础上逐步扩大补充而成的。因而《法经》在我国封建法制史上具有开创性意义。

《法经》和李悝其他变法内容是相辅相成的。既通过"尽地力之教"与"平籴法"促进小农经济的发展,调动小农和市民的生产积极性,又用法律将小农紧紧地束缚在土地上,以保证封建国家的赋税收入;既破坏

---

① 《汉书》卷24上《食货志》。

旧的世卿世禄制度,又极力维护新的等级制度。所以说,这部法典和其他变法内容一样,浸透和体现着新兴地主阶级统治者的意志。在当时的条件下,它显然是最先进的法典。

李悝相魏文侯、魏武侯两代,他以其卓越的治国才能和成功的变法实践,为魏国的繁荣富强做出了巨大的贡献,而他本人也被称为法家的始祖。

战国是法家大出风头的时代,因为魏国是第一个实行变法的国家,因而魏国也理所当然地成为培育法家的摇篮和法治文化的策源地。战国初期的三大法家人物李悝、吴起、商鞅,都活动在魏国,或由魏国流转他国,吴起在魏国主持过军事领域的变法,有了这个经验和基础,离魏入楚后主持楚国变法很快就取得了成效。商鞅入秦前曾是魏相公叔痤的家臣,他在魏接受了法家思想的熏陶,离魏入秦又带了李悝的《法经》,这就是说他在秦国主持的变法是以《法经》为蓝本的。可见,魏国变法的意义,不仅仅在于使魏国成为战国初年的强国,更重要的是开创和引导了战国时期的变法运动,奠定了法家思想的基础,丰富了古代文化的内容。

军事领域的变革由吴起主持。吴起对士兵进行严格的挑选、训练和考核。考核的标准:身穿三层甲(上身甲、股甲、胫甲),头戴铁盔,腰佩利剑,操十二石的弓(指弓的拉力,一石约今三十公斤),带箭五十支,肩扛长矛一杆,背三天干粮,半天能行一百里路(约今四十多公里)。凡考核合格者,免去一家徭役,并奖给田宅。吴起还根据士兵的不同特点,对军队采取新的编制,把身强力壮、善于近战的士兵编在一起;把机智灵活、善于爬坡越沟的士兵编在一起;把吃苦耐劳、善于长途奔袭的士兵编在一起。在发生战争时,他可以根据敌军的特点以及地形,交互使用或者互相配合使用这些军队,使每个士兵的优点得到充分的发挥。吴起在魏国创立的这套军事制度,后人称之为"武卒制"。武卒制的实施,使魏国的军事力量大为增强。

三、魏国独霸中原时期

魏文侯是个极有作为的新兴地主阶级的代表。他胸怀大志,唯才是举,使各方面的优秀人才汇集于自己的麾下;他思想开放,兼容各家学说之所长,尤其是重用法家思想,开战国变法之先河,使魏国国富兵强,成为战国初期的第一强国,实现了文侯称霸的宏伟理想。

1.文侯唯才是举,儒法兼容　　文侯深知"得人才者得天下"的道理,为了富国强兵,他不拘一格从各国网罗人才为自己出谋划策。文侯"师卜子夏,友田子方,礼段干木"①。卜子夏是孔子的高足、著名的儒家人物,被文侯拜为师。田子方,"魏之贤人也",他以"君明则乐官,不明则乐音"的道理劝诫文侯②,作为贤明的国君应致力于国家的治理,不应专注于音律,使文侯深受教益。段干木也是魏国颇负盛名的一位大贤人,魏文侯曾怀着高度崇敬的心情亲自登门拜访他,而他却"逾墙避之",拒不相见,文侯依然"以客礼待之",凡乘车过其家门,必伏轼以示敬意。文侯邀请他出任魏相,又被拒绝,文侯再次登门固请,毕恭毕敬地踏进他的家门,以至"立倦而不敢息",始终站立着和他对话,文侯如此卑身礼敬段干木的事迹在魏国和诸侯国引起了很大的震动和影响。文侯深受卜子夏、田子方、段干木等人的影响,宣扬儒家的信义、仁爱,实行王道政治。

与此同时,他也重用法家人物,放手让李悝、吴起、西门豹等人在政治、经济、军事等领域进行变法。在任用吴起的问题上更显示出文侯非凡的眼光和宽大的胸怀。吴起,因母丧不归、杀妻以求将而受到世人的非议,他听说"魏文侯贤,欲事之"。文侯问李克吴起怎么样,李克说:"起贪而好色,然用兵司马穰苴不能过也。"③于是文侯不计吴起的名声而命他为将。

在文侯兼容并包策略的吸引下,儒、法、兵等各家优秀人才汇集魏国,尽其所长,为魏国的强盛做出了极大贡献。《史记·魏世家》称赞文侯"贤人是礼,国人称仁,上下和合"。魏文侯自己也说:"自吾友(田)子方也,君臣益亲,百姓益附,吾是以得友士之功。"④

魏文侯礼贤下士,尤其是重用法家人物,使之为魏国的变法提供了人才上的准备。而李悝、吴起、西门豹等人卓有成效的变革,使魏国君臣

---

① 《吕氏春秋·举难》。
② 《战国策·魏策一》。
③ 《史记》卷65《孙子吴起列传》。
④ 《说苑·尊贤》。

和睦,政治稳定,经济发展,军事力量空前壮大,很快跃居战国首强。在强大的综合实力下,魏国积极地对外开疆拓土,取威定霸。

2.河西大捷　魏国的目标首先是西方的秦国。秦国当时内乱外患频繁不断,南郑反叛,义渠侵犯,尤其是君王更迭过快,造成政局动荡不安、国力衰退,与日益强盛的魏国形成鲜明的对比。魏文侯二十七年(前419),魏军西渡黄河,在河西建立起少梁城(今陕西韩城东南)作为伐秦据点。为了阻止魏军西进,秦与魏在少梁一带展开了长达一年之久的争夺战,魏军越战越强,到了第三年,秦军只好放弃少梁,向后撤军。少梁之战的胜利,更加助长了魏军向西推进的信心。魏文侯三十四年(前412),魏太子击又率军攻占了河西的繁庞(今陕西韩城东南)。吴起奔魏后很快被派往河西率军作战,他把兵锋继续向少梁以南推进,很快占领了河西南部地区的临晋(今陕西大荔东南)、元里(今陕西澄城南)、郑(今陕西华县)、洛阴(今陕西大荔西南)、郃阳(今陕西合阳东南)等地。吴起为魏将,"守西河,与诸侯大战七十六,全胜六十四,余则均解,辟土四面,拓地千里"①。经过十余年的努力,到魏文侯三十八年(前408),秦的河西之地完全落入魏军手中,魏国在这里设置了西河郡,任命吴起为郡守,筑起了一道有效阻止秦军东进的坚固防线。对此,秦孝公曰:"三晋攻夺我先君河西地,诸侯卑秦,丑莫大焉。"②

3.乐羊取中山　河西大捷后,魏文侯三十八年(前408),魏又派大将乐羊率师借道赵国远征中山。由于越国而远征,供给困难,这场战争打得非常艰难。中山国久攻不下,魏国许多大臣对乐羊产生怀疑,光诽谤他的信就有一箩筐,魏文侯用人不疑,全力支持。经过三年苦战,乐羊终于得胜,全部占领中山。魏文侯封太子击为中山国君,使魏国疆域延伸到今河北正定一带。

4.廪丘之战　就在魏集中兵力攻秦之际,东方的齐国和南方的楚国乘机攻占了魏国的部分土地,在结束了河西和中山的战役之后,魏军立刻挥师东进,讨伐齐、楚。恰巧在这个时候,齐国发生内乱。公元前405

① 《吴子·图国》。
② 《史记》卷5《秦本纪》。

年,田悼子病死,在争权夺利的斗争中,大夫公孙会失利,无奈之中他以廪丘(今山东鄄城东北)叛归赵国,以取得赵国的庇护。齐国派田布率军攻打廪丘,赵国联合韩、魏前去救之。三国联军在龙泽与齐军展开大战,联军大胜,杀齐兵3万余人,获齐战车2000乘。三晋联军乘胜追击,次年,又攻入齐国长城,大胜而归。这次战争,使三晋声威大震,周威烈王就在第二年即公元前403年,正式册命韩、赵、魏三家为诸侯。

东伐齐国取得大捷之后,矛头又指向了南方的楚国。正巧这时楚国亦发生了内乱,楚声王被盗杀死,悼王新立,政局动荡,三晋再次联军于魏文侯四十六年(前400)攻楚,一直打到乘丘(今山东巨野西南)方才罢兵。

公元前396年,魏文侯去世,其子魏击即位,为魏武侯。武侯继承先父之遗志,把魏国的霸业继续向前推进,攻取了郑、宋、楚三国间的大片土地。魏武侯五年(前391),武侯组织三晋联军再次攻楚,攻占了大梁(今河南开封市北)、榆关(今河南中牟南)、鲁阳(今河南鲁山县北)等地,使魏国的疆域扩展到黄河以南。

魏国实力的迅速膨胀,使魏国不仅成为三晋联盟的首领,而且对其他国家也直接扮演起霸主的角色。如对齐国,公元前391年,田和废齐康公自立为君,经五年,至公元前386年,田和托魏武侯代他向周天子求情,依照当初"三晋"的例子封他为诸侯。周安王答应了魏武侯的请求,正式册封田和为齐侯,就是田太公,正式完成了田氏代齐过程。这件事不仅反映了魏国在诸侯国中的影响,同时也可以看出魏君在周天子心目中的地位。

战国初年的魏国,经魏文侯、魏武侯两代国君的努力,变法革新,国富兵强,西遏强秦,南伐荆楚,东雄田齐,北灭中山,控制中原诸国达半个世纪之久,是名副其实的中原霸主。魏国之所以能够长期称雄于中原,与魏文侯个人的雄才大略及其变法所发挥的重大作用是分不开的。

四、魏国的衰落与灭亡

公元前370年,魏武侯去世,其子魏䓨即位,为魏惠王。因他把魏国都城由安邑迁至大梁,又称梁惠王。魏惠王即位于文侯、武侯两代国君图强称霸的基业之上,他继文绍武,把魏国的霸业推向了顶峰,继而也使魏国的霸业盛极而衰。

1.浊泽之战 魏武侯晚年,在君位继承人的问题上没有安排妥当,致使他一去世魏国就因君位发生内争外乱。

魏惠王即位后,为了平息和其弟公中缓争夺君位的矛盾就立刻加封公中缓,而公中缓的目的是要当国君,因而他不领封却跑到邯郸,请求赵国出兵支持他回国争夺王位。赵国同意,但又不是魏国的对手,就请韩国联合行动,这就引起韩、赵两国对魏国的武装干涉。韩、赵联军开进魏国,与魏军大战于浊泽(今山西永济市东),魏军失利,魏惠王被两国军队团团包围,灭魏就在旦夕。在此关键时刻,韩、赵两国不是抓紧时机争取战争的最后胜利,反而却在讨论如何瓜分魏国的问题。赵成侯说:"除魏君,立公中缓,割地而退,我且利。"赵国主张废掉魏惠王,立公中缓,魏割让部分土地给两国就退兵,而韩国则担心赵国获取大头巨利,因而韩懿侯说:"不可。杀魏君,人必曰暴;割地而退,人必曰贪。不如两分之。魏分为两,不强于宋、卫。则我终无魏之患矣。"①韩国主张把魏国一分为二,魏惠王和公中缓各占一半,使魏国由一个大国变成两个小国,这样魏国就不会比宋、卫强多少,即可免除强魏吞并韩、赵的忧患。两国意见不合,互不退让,韩国便借口兵少连夜撤军回国,赵国亦不敢孤军恋战,只好紧跟着撤军。韩、赵合军而来,分兵而去,反而给魏国创造了转败为胜的机会,魏国出兵追击赵军和韩军,在马陵和怀分别击败了韩、赵,使韩、赵侵魏以魏国的胜利而告结束。这次联合行动的失败,"惠王之所以身不死,国不分者,二家谋不和也。若从一家之谋,则魏必分矣"②。从此,三晋兄弟国家之间的关系彻底破裂。

韩、赵、魏是从晋国母体中分离出来的三个国家,在晋国社会发展的历程中,三家虽然也有矛盾冲突,但基本上是处于友好合作的状态。三家联合灭智分晋后,为了在弱肉强食的兼并战争中图生存,三家还是保持着原来的友好兄弟关系,常常联合起来共同对外作战。魏国由于政

① 《史记》卷44《魏世家》。
② 《史记》卷44《魏世家》。

治、经济和军事上的优势而为三晋联盟中的首领,韩、赵两国要服从魏国的指挥,听从魏国的调遣。韩与赵曾经发生纠纷,都请魏王出兵相助讨伐对方,魏不答应,两国对此都不满意,后来了解到魏这样做是处于维护三晋兄弟的关系,都十分感动,向魏国朝觐,"魏于是始大于三晋"。

经过战国初年的变法,韩、赵两国也逐步地发展起来。赵国于赵敬侯元年(前386)迁都邯郸,表明赵国已发展成为一个东方强国,显示了其向中原地区扩张的意图,这也直接威胁到魏国在中原地区的利益。因此,魏、赵矛盾开始激化。赵敬侯四年(前383),赵军入侵卫国,开始实施自己向中原发展的计划。强赵攻卫,卫国危如累卵,向魏国求救,魏助卫攻赵,败赵军于兔台(今河南清丰西南)。魏武侯助卫攻赵,导致三晋联盟破裂,矛盾冲突拉开序幕。之后,三晋之间开始为各自利益相互攻伐,矛盾愈演愈烈。浊泽之战,使三晋国家之间仅存的一点友好关系已不复存在,魏国和韩、赵关系的彻底破裂,这对魏国的发展是一个很不利的因素。

2.迁都大梁 安邑是魏国的第一个都城,居于魏国的西部地区,随着魏国统治区域向东部的扩展,安邑作为都城越来越不利于对东部地区的统治,更不利于控制东方诸侯。为了图谋在中原地区的发展,加强对东方诸侯的控制和有效地统治东部地区,魏国于魏惠王六年(前364),把都城从西部的安邑迁至东部的大梁。从此,魏国的政治中心发生了转移。

惠王迁都是魏国历史上的一件大事,可是关于迁都的时间和原因,汉、唐以来的学界多有歧义。迁都的时间,有魏惠王六年(前364)、魏惠王九年(前361)、魏惠王十八年(前352)、魏惠王二十九年(前341)、魏惠王三十一年(前339)诸说。经考证和分析,笔者以为魏惠王六年说较为符合历史实际。迁都的时间确定为魏惠王六年,迁都的原因只能从战略发展的角度来解释,并非秦强魏弱,魏避秦说。

魏国在魏文侯、魏武侯治理的基础上,至魏惠王时期更加强大,俨然成了霸主。魏惠王十五年(前355),"鲁、卫、宋、郑君来朝"。魏惠王二十六年(前344),魏国召集了十二国诸侯在大梁北边的逢泽会盟,秦公子少官还前去参盟。在魏惠王迁都时,商鞅尚未入秦,秦虽占有西周故地,但国力仍旧疲弱,"诸夏摈之,比于戎狄"。此时的秦国还没有实力与强大的魏国争雄,因而也不可能迫使魏都东迁。

大梁地处中原,"为天下之中",地理条件优越,交通发达,"南与楚境,西与韩境,北与赵境,东与齐境","诸侯四通,条达辐凑。"与韩都新郑、宋都商丘成掎角之势,形势十分重要。朱右曾在《竹书纪年存真》一书中也说:"惠王之徙者,非畏秦也,欲与韩、赵、齐、楚争强也。安邑迫于中条太行之险,不如大梁平坦,四方所走,集车骑便利,易与诸侯争衡。"优越的地理位置,便利的交通条件,是大梁被魏惠王选作都城的首要条件。

魏惠王迁都大梁,实现了魏国政治中心的东移,这对于促使魏国把霸业推向顶峰确实起了重要的作用,但是却为西秦的迅速崛起和问鼎中原创造了有利的时机。

3.兵败马陵　在魏国变法的影响下,各国相继都程度不同地进行了变法,尤其是齐、秦两国。齐威王即位后,任用邹忌为相,实行改革,使齐国国势日盛。秦孝公任用商鞅主持变法,使秦国亦日益强大。东齐与西秦的强大对魏国的霸业形成了严重的威胁,几大强国之间为了争取与国,扩张势力,不可避免地就要爆发战争。

战国时期的第一场大战就是齐、魏之间的桂陵之战。战争的起因是魏、赵两国为了争夺附庸国卫国。卫国原来是魏国的属国,魏惠王十六年(前354),赵国伐卫,迫使卫国背魏附赵,于是魏国派大将庞涓率兵伐赵,经过一年的征战,于魏惠王十七年(前353)十月攻破了赵都邯郸。赵向齐国求救,齐威王命田忌为大将,孙膑为军师,率兵救赵。

孙膑针对战势制定了避实击虚、围魏救赵的策略。齐军利用魏国国内空虚之机,直捣魏都大梁,庞涓不得不回师自救。当得知魏军回救时,齐军又迅速转移到桂陵(今河南长垣西南)设下埋伏,魏军行经桂陵时,遭齐军截击。魏军由于长期攻赵,兵力消耗较大,加之长途跋涉,士卒疲惫,而齐军以逸待劳,因而大败魏军,创造了"围魏救赵"的著名战例。桂陵之战,魏军虽然丧失十万之众,但其实力并没因此而受多大影响,魏惠王十八年(前352),魏国联合韩国在襄陵打败了齐、宋、卫的联军,齐不得已请楚将景舍出面向魏求和。

魏惠王二十六年(前344),魏惠王召集了有十二诸侯国参加的逢泽

（今河南开封南）之会,在与赵进行的四年战争中韩国一直站在魏国一边,但在魏惠王称王的逢泽之会韩国却没有参加,其根本原因是怕魏国继续强大会吃掉韩国。为了反对逢泽之会,韩国和齐国走到了一起。

韩国的公然背叛,是魏国所不能容忍的。魏惠王二十八年(前342),魏惠王派兵大举攻韩,在梁、赫(都在今河南临汝西南)连败韩军,韩向齐国求救。齐威王接受孙膑的建议,等到一年后,魏国和韩国打得精疲力竭之时,派田忌、田婴为将,孙膑为军师,起兵伐魏救韩。魏惠王派太子申、庞涓为将,率兵十万迎战齐军。孙膑针对庞涓轻视齐军的弱点,采用了"减灶诱敌"的计谋,后撤的第一天垒十万人吃饭用的灶,第二天减少到五万人用的灶,第三天又减少到三万人用的灶,制造齐军大量逃亡的假象,以引诱魏军追击。庞涓果然中计,只带少数精锐部队追击到马陵(今河南范县),马陵两旁是山,道路狭窄,地势险要。这时两边齐军万箭齐发,魏军顿时乱成一团,溃不成军。庞涓智穷力竭,自知败局已定,拔剑自杀。齐军趁势追击,俘虏了太子申,十万魏军被歼灭。马陵之战魏军的惨败,为他国弱魏提供了机会,齐、秦、赵从东、西、北三面夹攻魏国,使魏国实力大为削弱,从而结束了战国初期魏国独霸中原的局面,战国历史又步入了一个新的历史时期,即齐、秦对峙时期。

4.强秦灭魏 随着东齐、西秦的崛起,魏国再也没有重振雄风。魏国在齐、秦两强的夹击下,屡遭惨败,还不断招致楚、赵等国征伐。秦国向东扩张,首当其冲的就是三晋国家,尤其是魏国。自范雎提出远交近攻的策略之后,秦、魏之间的战争逐步升级,而魏是负多胜少,大片领土被秦吞并。领土的丧失,军力的消耗,使魏国国力不断削弱,先后丧失了与秦国抗衡的能力。秦国相继占有了河西、上郡及河东、河南部分土地,黄河天险完全被秦国控制,到秦昭襄王时期,魏国向秦国称臣。

自信陵君窃符救赵破秦后,秦国暂时减轻了对山东六国的压力,但是山东六国并没因此而振作起来,只是各自图谋兼并土地,因而秦国得以寻找机会,陆续攻取三晋的土地。仅过了三年,秦军又向河东地区发动进攻,魏军抵挡不住,河东又全部落入秦人之手。再次失去河东之后,魏国也再无力与强秦抗衡,只能节节败退。

秦王政五年(前242),秦将蒙骜率军攻魏,取十二城。转年,秦军击退魏、赵、韩、卫、楚五国联军,又攻取魏国的朝歌(今河南淇县)及其附庸卫国。从此,秦国与齐国接壤,对韩、魏形成三面包围之势。此后秦军继续蚕食魏国。秦王政九年(前238),秦始皇令秦将杨端和伐魏,攻占一批城池,进逼魏都大梁。

秦王政二十二年(前225),秦将王贲率师击魏,秦军在包围了魏都大梁之后,掘开黄河大堤,引水灌大梁。历时三月,城墙崩塌,魏王假被迫投降,秦始皇"遂灭魏以为郡县",魏国灭亡。

魏国自公元前453年分晋建魏,至公元前225年被秦所灭,共经历了228年的发展历程。

第二节　中央之国的赵国

一、赵的立国与疆域

据《史记·赵世家》记载,"赵氏之先,与秦共祖",为嬴姓。赵氏宗族的缔造者是周穆王时期的造父,因善御而受到周穆王的宠爱。周穆王是一位好大喜功且乐意远游的君王,造父为投其所好,把经过训练的骏马献给穆王,并为穆王驾车外出,"西巡狩,见西王母",穆王乐而忘返。此时,东方淮水流域的徐偃国王乘机作乱,造父"为穆王御,长驱归周,一日千里以救乱"[1],及时赶回平服了徐偃王的叛乱。因造父驾车有功,穆王将赵城(今山西洪洞)封给造父,造父以邑为氏,改姓为赵。

自造父以下七世至叔带,因"周幽王无道,去周如晋,事晋文侯,始建赵氏于晋国"[2]。因此,叔带是晋国赵氏宗族的创始人,赵城是赵氏宗族的发祥地和第一个治邑。

"自叔带以下,赵宗益兴,五世而至赵夙"[3],赵夙登上晋国的政治舞台已是春秋时代的晋献公时期。晋献公十六年伐灭耿、霍、魏,因赵夙担

---

① 《史记》卷5《秦本纪》。
② 《史记》卷43《赵世家》。
③ 《史记》卷43《赵世家》。

任"御戎",并在战争中立了功,晋献公就将刚伐灭的耿国(今山西河津市)赐予赵夙,为大夫,这是赵氏在晋国获得的第一个治邑。

赵衰、赵盾父子是赵氏发展的奠基人。赵衰从重耳流亡有功,是晋文公领导集团的核心人物,为晋国的强盛和发展做出了巨大的贡献。赵盾被列为正卿,曾辅佐襄、灵、成三代国君,执掌晋政近40年,使得晋国霸业不衰,也使赵氏成为晋国最为显赫的一个卿族。

赵鞅、赵毋恤父子把赵氏在晋国的发展推向了顶峰。赵鞅居卿位达半个世纪以上,历顷公、定公、出公三君,"名晋卿,实专晋政"。赵毋恤继承父业,最终完成了分晋建赵的重任,使赵成为一个独立的诸侯国。

赵氏的早期活动中心也在山西的晋南地区,由于晋国统治的核心区域在晋南,公室及诸卿的势力盘根错节,争斗激烈,要想在这里拓展空间困难较大,因而赵鞅便以高瞻远瞩的战略眼光,把向北拓展作为赵氏发展的既定方针,建立以晋阳为中心的根据地,随着三家分晋的成功,晋阳也由赵氏的一个城邑而变为赵国的第一个都城。公元前424年,赵献侯为适应赵国向北向东发展的战略需要,将都城从晋阳迁到中牟(今河南鹤壁市西)。公元前386年,赵敬侯又将都城从中牟迁到邯郸(今河北邯郸),此后,至公元前228年秦军攻入邯郸灭赵的158年时间里,邯郸一直都是赵国的都城。

赵国的疆域是三晋中最大的一个。赵国疆域最大时,除了占有今山西中部、北部、东南部的部分地区和今河北东南部外,还兼有今陕西东北部、内蒙古部分地区、山东西边和河南北端。赵国的四邻是:东为齐、中山,南为韩、魏,西为秦、林胡,北为楼烦、东胡,东北为燕。可以看出,赵国的地理位置是处于华戎接壤的一个核心地带,不仅与秦、齐、韩、魏等强国以为邻,而且还与林胡、楼烦、东胡、中山等戎狄相接壤,因而,赵国长期处于诸侯压境、胡马南掠、四面受敌的险恶形势中。"四战之国""四达之国"或"中央之国"是史家对赵国地理特征的形象概括。

二、赵国的改革

赵国早在三家分晋前,就由简襄父子进行过改革,走在了魏、韩的前面。然而,进入战国时代,其改革的步伐则比较迟缓,力度也不大,相对于魏文侯治理下的魏国,显得逊色多了。

1.赵烈侯的改革 赵烈侯名籍,公元前408年即位,是赵国被周天子正式册封的第一位国君。为了赵国发展图强,赵烈侯在相国公仲连的帮助下,也进行了一些改革。

据《史记·赵世家》记载,赵烈侯非常喜欢音乐,故而就想授予他所宠爱的两位歌手枪和石以官爵,为此征求公仲连的意见,公仲连说:"富之可,贵之则否",于是赵烈侯命公仲连赏赐这两人每人土地万亩。公仲连不愿无功赏田,就借故推托,在烈侯的再三追问下,他索性称病不朝。这时,赵国贵族番吾君从代地回到京城,公仲连接受了他的建议,将牛畜、荀欣、徐越三个人推荐给烈侯。牛畜以"仁义""王道"、荀欣以"选练举贤,任官使能"、徐越以"节财俭用,察度功德"的治国方略使烈侯明白了治国的道理,立刻取消赏歌者田的决定。并任用牛畜为师,负责教化;荀欣为中尉,负责军事和选拔官吏;徐越为内史,负责财政和管理京师。赵国通过任用这三人,也将儒法思想结合起来,既按照儒家的政治伦理去规范和教化民众,又按照法家思想选拔官吏、处理财政和考核臣下政绩。这些改革,虽然深度和广度不及魏国,但对赵国历史和文化的发展还是起了积极的作用。

2.赵武灵王的胡服骑射 赵武灵王名雍,公元前325年即位,在位27年,他千古不朽的历史功业,就是在他即位的第19年(前307)成功地推行了胡服骑射。

胡服骑射是赵武灵王面对赵国外部局势日益恶化所采取的改革措施。赵武灵王即位后,赵国主要面临三方面的威胁,东边齐国的西上,西边秦兵的东进,北边胡骑的南下。经过改革发展起来的齐、秦两国,向外扩疆拓土的首要目标就是三晋国家。在齐国两次大败魏国,魏国不可挽回地衰败下去之后,紧接着的目标就是赵国。公元前325年,齐威王派田盼率师伐赵,在平邑(今河南南乐东北)大破赵军,俘赵将韩举,占领平邑、新城等地。公元前318年,魏相公孙衍发起的魏、赵、韩、燕、楚五国合纵攻秦,由于各国的利害关系不同,燕、楚两国并未出兵,只有韩、赵、魏三国和秦交战。公元前317年,秦将樗里疾率军出函谷关在修鱼(今河南原阳西南)与三晋联军激战,联军大败,伤亡8万余人。修鱼战后,秦国开始步步蚕食赵国土地。除了齐、秦的威胁之外,还有北方的林胡、楼烦、东胡,也利用中原诸侯兼并和赵国抵御齐、秦的机会大举南下侵赵,中山国也是赵国的"腹心之患"。基于这样严峻的形势,赵国要扭转被动挨打的局面,必须改革图强。

所谓的胡服骑射,"就是效法北方游牧族骑兵的装束、装备和战术,组建新式骑兵部队,实行骑战"①。这是一场深刻的社会变革,包含了"易胡服"和"习骑射"两大要素。

易胡服,就是变革华夏族历来上衣下裳、宽袍大袖的传统衣着习俗,代之以短衣紧袖、长裤皮靴为特点的胡服。服饰是人类物质文明的重要构成部分,不仅具有抵御风寒、美化人类的作用,而且也反映了一定的社会观念,因而易胡服对于重华夏轻夷狄的赵国民众来说是很难接受的。为此,赵武灵王首先做认真耐心的思想工作,甚至亲自登门说服一些王公大臣,同时自己还带头穿着胡服堂堂正正地上朝。赵武灵王之所以大力提倡易胡服,主要是出于习骑射的需要,身着短衣长裤,轻便敏捷,便于骑马作战,因而顾炎武说:"骑射所以便山谷也,胡服所以便骑射也。"②王国维说:"赵武灵王之易胡服,本为习骑射计。"③梁启超说:"以骑射为目的,而以胡服为其手段。"④赵武灵王易胡服的改革目的还在于"计胡狄之利""启胡狄之乡",以胡服缩短民族之间的差距,增进华夷之间的情感,"利用胡服教化胡人,吸引胡人加入赵国文化圈,以达北王诸胡、称雄诸强的改革目的"⑤。鉴于上述原因,"胡服之入中国,始于赵武灵王"⑥。胡服不仅便于骑马作战,而且也便于日常劳作,"以赵国民众易胡服为开端,中原华夏民族的衣着便逐步向着轻便型的胡服演化"⑦。

习骑射,就是对中原地区长期以车战和步战为主的传统作战方式和

① 靳生禾:《赵武灵王评传》第 30 页,山西人民出版社,1990 年。
② 《日知录》卷 29。
③ 《观堂集林·胡服考》。
④ 《饮冰室文集·赵武灵王传》之六。
⑤ 沈长云:《赵国史稿》第 162 页,中华书局,2000 年。
⑥ 《观堂集林·胡服考》。
⑦ 李元庆:《三晋古文化源流》第 371 页,山西古籍出版社,1997 年。

军事制度进行变革,组建新式的骑兵部队,实行骑战。古代的作战方式,从夏商周至春秋战国经历了由车战到步战的发展。车战不仅需要空旷宽阔的野地做战场,而且还须待双方排列成整齐的车阵之后才能交战,随着春秋战国时期兼并战争的日益频繁,规模的日益扩大,兵源由国人扩大到郡县农民,战场由野地扩展到山地、要塞、城市,加之铁制兵器尤其是远射兵器弩的发明和应用,有效地遏制了战车效能的发挥。传统的车战不能适应战争的需要,而步兵由于机动性强,受战场地理条件制约较少,适应于各种作战方式等特点而受到各国的重视,改车为徒,步兵迅速发展起来,成为各国的主要兵种。

春秋战国之际兵种的又一重要变化,是骑兵的出现。春秋晚期以前,马主要是用于驾车而不是单骑。《礼记·曲礼上》孔颖达疏:“古人不骑马,经典无言骑者,今言骑是周末时礼。”所以,春秋时代的《孙子兵法》就没有骑战的内容,说明在孙武用兵时骑兵尚未出现或尚在初期阶段,其作用微不足道。骑兵和步兵一样,较早利用的应是居于山地或擅长游牧的戎狄之族,华夏诸国使用骑兵,最早应是《韩非子·十过》里记载的韩赵魏三家灭智氏时,赵襄子“乃召延陵生,令将车骑先至晋阳”。从赵襄子使用骑兵到赵武灵王的胡服骑射,期间虽然经历了近一个半世纪的发展,但骑兵还尚未发展成为一个独立的兵种,在战争中主要还是配合步兵作战,作为奇袭冲锋之用。赵武灵王的功绩在于把骑兵由辅助地位上升到主力地位,使骑兵作为一个独立的兵种广泛活跃于战争的舞台,骑兵也由于灵活机动、行动神速等特点在战争中发挥了巨大的作用。

赵武灵王的胡服骑射改革取得了巨大的成功,不仅从根本上扭转了赵国长期四面受敌的被动局面,使赵国一跃而为威震诸侯的军事强国,而且也树立了中原农耕文化学习吸取北方游牧文化的光辉典范,从而把我国古代中原华夏民族与北方戎狄民族的文化交融推向了新的历史高峰。

三、赵国的发展与衰亡

三家分晋时赵氏是三家中最强大的一家,赵襄子在位51年,国势发展稳定,但在赵襄子去世的当年,即公元前424年,赵国就发生了赵桓子之乱。因赵襄子传位于其兄伯鲁的孙子赵浣为献侯，引起了其子赵桓子的不满，桓子逐献侯自立。一年后，"国人曰桓子立非襄子意，乃共杀其子而复迎立献侯"①，赵献侯继立前后所发生的这一系列变故，不仅迫使献侯把都城从晋阳迁至中牟，而且也动摇了赵氏统治集团的稳固基础。

与赵桓子之乱仅隔 38 年赵国又爆发了公子朝之乱。赵敬侯元年（前 386），"赵公子朝作乱，奔魏，与魏袭邯郸，不克"②。公子朝因敬侯继承了其父的君位而心存怨恨，遂起兵作乱，与敬侯争夺君位。公子朝之乱不仅导致了赵国统治集团内部的危机，也导致了魏国的武装干涉，也可能使中牟这一自春秋以来的名都大邑遭到破坏，鉴于此赵敬侯决定把都城从中牟迁到了邯郸。赵国在战国的前期虽然也有一定的发展，但由于内乱不休，政局不稳，致使其经常处于四面受敌、被动挨打的局面，直到赵武灵王的胡服骑射之后，才真正改变了赵国的面貌，使赵国历史进入最辉煌的时期，成为山东六国继齐国之后唯一能和强秦抗衡的国家。

1.伐灭中山　中山国原系白狄鲜虞部，于春秋末年建国，疆域以今河北的定州为中心，大致包括石家庄、保定之间的"方五百里"土地③，除了东北一角与燕国相邻，其余边界都和赵国毗连，"中山在我腹心"④，几乎将赵国一分为二。中山国不仅民性剽悍凶猛，能征善战，而且战略位置重要，攻守自便，加之"恃齐、魏以轻赵"⑤，因而经常骚扰侵略赵地，一直是赵国的腹心之患，赵武灵王以此为"国事之耻"⑥。因此，消灭中山国，是赵武灵王的夙愿，也是胡服骑射改革的既定目标。

赵武灵王十九年，在胡服骑射改革还未进行之前，"王北略中山之地，至于房子（今河北高邑西）"⑦，拉开赵伐中山的序幕。房子是中山的南端，这次战争只打到中山的边境，并未深入腹地，可能是力所不及。随

①　《史记》卷 43《赵世家》。
②　《资治通鉴》卷 1《周纪一》。
③　《战国策·秦策三》。
④　《史记》卷 43《赵世家》。
⑤　《战国策·魏策四》。
⑥　《战国策·赵策二》。
⑦　《史记》卷 43《赵世家》。

着胡服骑射改革的开展和效果的逐渐显现,赵对中山的战争也逐步地升级。武灵王二十年(前306),"王略中山地,至宁葭(今河北石家庄西北)"①,比上年向北推进了几十公里。武灵王二十一年(前305),开始大规模进攻中山。赵兵分两路,南路军攻取了鄗(今河北柏乡北)、石邑(今河北石家庄)、封龙(今河北元氏西北)、东垣(今河北正定)四座城邑,占领了中山南部的军事要地;北路军取得了丹丘(今河北曲阳西北)、华阳(今河北曲阳恒山)、鸱之塞(今河北唐县西北),使中山失去了向西北山地迂回的余地,这次战争中山元气大伤,自此开始走下坡路。在以后赵伐中山的战争中,虽然中山国人奋力抗争,"赵氏攻中山,中山之人多力者曰吾丘鸩,衣铁甲、操铁杖以战,而所击无不碎,所冲无不陷,以车投车、以人投人也,几至将所而后死"②,但都未能抵挡住赵国强大的军事进攻,每次都是以割地求和而告终,"中山数伐数割",终于赵惠文王三年(前296),"灭中山,迁其王于肤施(今陕西榆林南)"③,中山国最后灭亡。

中山国的灭亡,消除了赵国的腹心之患,使赵国的实力大增,"中山之地方五百里,赵独擅之,功成、名立、利附,则天下莫能害"④。

2.阏与之战 经过胡服骑射改革强盛起来的赵国,灭中山,破三胡,发展的势头非常好,当乐毅率领的五国联军大败齐国之后,秦、齐对峙的局面也就被打破,赵国成为东方诸国唯一能与强秦抗衡的国家,战国历史也就进入了第四个时期,即秦、赵大战期。

赵惠文王二十九年(前270),因赵国不履行与秦国交换城邑的协定,秦派胡阳率大军围攻赵国要塞阏与(今山西和顺)。第二年,赵惠文王派赵奢前往救援阏与。赵奢率军由邯郸西上,行30里而停驻,下令将士坚壁留守,一连28日不行,造成赵军不敢攻秦的假象。秦派间谍潜入赵营侦查,赵奢佯装不知,当秦误认赵军"怯战"而放松对赵的防守时,赵奢立即下令轻装开拔,以两日一夜的急行军赶到阏与前线,出敌不意,乘敌不备,派精兵首先抢占了制高点北山。赵军居高临下,大破秦兵,遂解阏与

① 《史记》卷43《赵世家》。
② 《吕氏春秋·贵卒》。
③ 《史记》卷43《赵世家》。
④ 《战国策·秦策三》。

之围,赵奢因阏与之功被封为"马服君"。阏与之役使秦东进锋芒受挫,极大地鼓舞了赵国朝野抗击秦国的决心。

　　阏与之役后,秦又发兵攻打赵国的几(今河北大名东南),廉颇率军再次大破秦军,秦军东进的锋芒又一次受挫。赵国依靠强大的国力与廉颇、赵奢、蔺相如等一批贤臣良将,使"四十余年而秦不得所欲"①,有效地打击了秦国东进的锐气。

　　3.长平之战　诸侯兼并,统一全国,是战国形势发展的总趋向。七雄经过长期的兼并争斗,到战国后期,具有统一实力者唯秦、赵两国,两国之间的争斗也因此而逐渐频繁,不断升级,长平之战就是两国之间爆发的规模最大的一次战争,由此奠定了两国日后发展的格局。

　　长平之战是因秦、赵两国争夺韩的上党地区而爆发的。秦昭王采纳了魏人范雎的远交近攻策略,开始实施远交齐、楚,近攻三晋,"得寸则王之寸,得尺亦王之尺"的战略发展计划②。韩、魏与秦地形交错,本来就是秦东进的首要目标,秦昭王时期先后占领了韩的新城(今河南伊川西南)、邓(今河南孟县西)、宛(今河南南阳)等地,还攻占魏的河东。失去河东,魏等于失去了半壁江山。随着远交近攻策略的实施,秦更是加大了对韩、魏的攻占。

　　公元前265年,秦开始大举攻韩,到公元前262年,秦先后占领了韩的少曲(今河南济源东北)、高平(今河南孟县西)、陉城(今山西曲沃东北)、野王(今河南沁阳)等地,完全切断了上党郡(今山西长治)与韩都的交通,韩桓惠王非常恐惧,意欲割上党17县降秦以求和。上党郡守冯亭拒不执行命令,为了转移秦的视线,也为了联赵共同抗秦,他把上党17县献给了赵国。本该到手的肥肉却被赵国抢走,秦昭王大怒,派大将王龁率军攻打上党,上党赵军退守长平(今山西高平西北),赵孝成王派廉颇率大军增援。开战之初,赵军连连失利。鉴于秦军力量太强,廉颇筑垒固守,拒不出战,两国军队在长平相持长达三年之久。赵孝成王急于求成,不满廉颇的固守壁垒,就听信了秦的反间计,任用赵括代替廉颇

---

　　①　《战国策·赵策三》。
　　②　《战国策·秦策三》。

为将。

赵括,马服君赵奢之子,自幼学习兵法,但只会纸上谈兵,并无实战经验,赵奢曾说:"赵不将括即已,若必将之,破赵军者必括也。"蔺相如也看到了这点,就连赵括的母亲都上书赵王"括不可使将"[1],赵孝成王却不听。秦昭王见赵中计,便密派能征善战的白起急赴长平,代替王龁主持长平战事,并严禁泄露此事。赵孝成王六年(前260)七月,赵括一到长平就更换将领,改易战术,大举向秦进攻。白起针对赵括高傲轻敌的弱点,令正面部队佯败撤退,引诱赵括全线出击,紧追不舍,一直攻到秦的壁垒下,不能攻破。白起另派两支奇兵,从两翼包抄赵军,切断赵军的退路与后援的联系,赵军只好筑垒坚守待援。秦昭王得知已经完成对赵军的包围后亲赴河内,赐民爵一级,悉发15岁以上壮丁往长平,堵绝赵国援兵和粮道。到九月间,赵军已被围困46天,粮尽援绝,难以坚持,赵括分4队轮番冲击,企图突围,最后赵括亲自率军冲锋,中箭身亡,赵军大败,40多万人全部缴械投降。白起把其中240个年幼者放归回国,其余40多万人全部坑杀。这场战争极为残酷,赵军先后死亡45万人,秦军损失也很大,这是战国时期规模最大的一次战役,也是最残酷的一次战役。

长平之战是赵国历史由盛而衰的转折点,因而长平之战赵国失败的原因也成为人们关注的热点。多少年来,众口一词,认为"纸上谈兵"的赵括是赵国失败的祸首,韩非子曾说:"赵任马服之辩,而有长平之祸。"[2]范文澜在《中国通史》中也说:"兵法空谈家赵括,凭他的空谈便断送了四十万人的生命",事实上这是不公允的。作为战争的直接指挥者赵括固然有着不可推卸的责任,但战争是政治的继续,是由赵国各方面的因素所决定的。首先,赵孝成王缺乏战略眼光,对秦统一六国的战略意图没有足够的认识,结果贪利受地,引火烧身。虽然当时的形势如胡三省在《资治通鉴》卷5注中所说:"秦有吞天下之心,使赵不受上党而秦得之,亦必据上党而攻赵,故赵之祸不在于受上党。"但起码可以延缓一段时间,不至于马上招致灭顶之灾。其次,赵孝成王缺乏抗秦的决心和勇气,

---

[1] 《史记》卷81《廉颇蔺相如列传》。
[2] 《韩非子·显学》。

企图与秦媾和。再次,外交上反对合纵,使赵陷入孤立无援的境地。最后,不该更换将领,赵括指挥的无能与失误当是战败的一个直接原因。

长平之战赵国的惨败,使战国后期秦赵相抗衡的局面被打破,秦国加紧了由近及远的兼并步伐。

4. 窃符救赵 秦国在长平之战大败赵军之后步步进逼,又于公元前259年派王陵发兵围攻赵都邯郸。长平战后,"赵人之死者不得收,伤者不得疗,涕泣相哀,勠力同忧,耕田疾作以生其财"①。秦对赵国降卒的惨杀,激起了赵人的义愤,赵国军民誓死抵抗,秦军损失惨重。秦相范雎改易将领,以郑安平代王陵为将。

公元前257年,魏、楚谋策救赵,魏安釐王派大将晋鄙率十万大军进驻汤阴(今河南汤阴)援赵。为了阻止东方诸侯的合纵抗秦,秦王威胁魏王曰:"吾攻赵旦暮且下,而诸侯敢救者,已拔赵,必移兵先击之。"②魏王害怕,派人示意晋鄙驻军邺城,以观形势之变。赵国形势非常危急,赵惠文王之弟平原君求救于魏国的信陵君魏无忌,平原君夫人为信陵君的姐姐。信陵君接受了侯嬴的计策,利用魏王宠妃如姬窃取兵符,带勇士朱亥击杀了晋鄙,亲率精兵8万攻秦救赵。这时楚国的春申君黄歇也将兵救赵,秦军在魏、赵、楚三军的合攻下,终于大败,秦将郑安平率两万秦兵降赵,秦连以前所攻占的魏的河东和赵的太原也都失守。这次战役虽然秦国惨败,但实力并未因此而削弱,仍然保持了继续向东发展的势头。

5. 赵国灭亡 邯郸战后,秦继续攻打赵国,燕乘秦、赵大战之际,也攻略赵国的部分城池,燕、赵大战又为秦攻赵提供了良机。至赵孝成王二十年(前246),秦军攻克了晋阳及其周围的37座城池,晋阳是赵国早期的都城,战略地位非常重要,晋阳的失守,赵国失去了西方重要屏障。之后,秦更加快了兼并赵国的步伐,虽然赵联合魏、楚等国进行了几次反击,也取得一些胜利,恢复了部分失地,但终究未能挡住秦兼并的步伐。公元前228年,秦攻破邯郸,俘虏了赵王迁。赵公子嘉率宗族数百人逃到代,自立为代王。公元前222年,秦攻取代,俘虏了代王嘉,赵国彻底

---

① 《战国策·中山策》。
② 《史记》卷77《魏公子列传》。

灭亡。

赵国自公元前453年分晋建赵,至公元前228年被秦所灭,共经历了225年的发展历程。

第三节　事微国小的韩国

一、韩的立国与疆域

韩氏宗族的缔造者韩万,号韩武子。《左传·桓公三年》杜预注云:"韩万,庄伯弟也。"《国语·晋语八》载韩宣子拜谢叔向时自称"自桓叔以下嘉吾子之赐",韦昭注:"桓叔生子万,受韩以为大夫,是为韩万。"《韩世家》索隐引《世本》亦云:"韩万是曲沃桓叔之子。万生赇伯,赇伯生定伯简,简生舆,舆生献子厥。"《丛书集成》所收《世本》诸辑本也记韩氏之祖韩万为桓叔之子。根据这些说法,韩万当为曲沃桓叔之子、庄伯之弟,为武公时期的御戎,因杀哀侯并翼有功,被封于韩原(今山西河津、万荣之间,一说在今陕西韩城),韩原就是韩氏卿族的发祥地和第一个治邑。

韩氏的兴盛是从韩厥开始的。晋灵公时,由于赵盾的举荐韩厥出任司马之职,首次现于河曲之役,扬名于鞍之战。晋景公时将新中军,力排众议,使景公迁都于新田。晋厉公时将下军,晋悼公时为正卿,直至告老辞退,在晋国政治舞台上活跃了近半个世纪。韩厥告老归政时,长子无忌因有疾不能袭父爵而为公族大夫,次子韩起袭父爵为卿,他在平公晚期和昭公、顷公时期执政长达26年之久。经韩厥、韩起父子两代的苦心经营,由此奠定了韩氏卿族在晋国的地位和发展。

韩起之子韩须,"徙居平阳",平阳即成为韩氏卿族的活动中心,并发展成为战国时期韩国的第一个都城。

韩氏自韩万受封,经数代人二百余年的努力,至韩康子韩虎时,终于分晋建韩,成为一个独立的诸侯国。由于韩国后来定都于郑,因此,韩王有时也称郑王。

韩国都城平阳,随着韩国统治区域的向南发展,作为政治中心的都城也必然会随之而转移。韩国三次迁都,公元前416年韩武子迁都宜阳

（今河南宜阳），韩景侯又迁都到阳翟（今河南禹州），公元前375年韩哀侯灭郑（今河南新郑），又把都城迁到郑①。三次迁都时间及顺序史界说法不一，不过，在这四个都城中，平阳作为前期都城，郑作为后期都城，大体上是不错的。

韩国疆域在三晋中是最小的，仅有山西东南大部、西南少部和河南中部部分地区，全境东、西、北三面与魏交界，南与楚、西南与秦。韩国疆域虽小，但战略地位却很重要，居于"天下之咽喉"，成为历来兵家的必争之地。"晋、楚之霸也，争郑；秦之并六国也，始于韩"②。

二、韩国的改革

战国初期，韩国也曾进行过改革，但立法频繁，废立轻易，造成"晋之故法未息，而韩之新法又生；先君之令未收，而后君之令又下"③，朝令夕改，难以择从。韩国的第六代国君韩昭侯即位后，决心任贤使能，变革图强。韩昭侯八年（前355），任命申不害为相，进行变革。

关于申不害的生平事迹记载不多，司马迁把他放在《老子韩非列传》中，只有69个字的叙述。申不害原是郑国京邑（今河南荥阳南）人，出身比较微贱，故称之为"故郑之贱臣"。申不害是一位以"重术"而闻名的法家人物，但在他的改革中也包含了丰富的法治思想。

以法治国是申不害变革的重要内容之一。他对韩昭侯强调法治的重要性："君必有明法正义，若悬权衡以称轻重，所以一群臣也。""圣君任法而不任智，任术而不任说。黄帝之治天下，置法而不变，使民安乐其法也。"④法是治理国家的准则，如同秤是衡量轻重的标准一样，君主只有凭借法度，才可以管理臣下。同时，法也具有一定的稳定性和规范性，不能随意改立，以免引起混乱，使民无所适从。他还要求韩昭侯实行"见功而

---

① 杨宽：《战国史》第263页，上海人民出版社，1980年。
② 王应麟：《玉海通释》卷九。
③ 《韩非子·定法》。
④ 《申子·佚文》。

与赏,因能而授官"①,"循功劳,视次第"②的任官原则,按照功劳的大小,能力的高低,论功行赏,因能定位。

推行以"术"治国的思想路线是申不害变革的主体内容。"术者,藏之于胸中,以偶众端,而潜御群臣者也"③。"术者,因任而授官,循名而责实,操杀生之柄,课群臣之能者也"④。所谓的"术",就是君主密藏而不宣的驾驭臣下的手段、权术。国君用隐秘的方式把自己的意向和欲望掩盖起来,不露声色,使臣下不能揣测国君的意图,也就无法投其所好,唯有按照职责做好自己的本职工作,不要越权也不要失职,做到名实相符,使君王"无为"而使臣下"无不为"。这是一套任免、监督、赏罚、控制各级官吏的办法,以此来提高君主的权威性和神秘性,以达到加强中央集权的目的。

由于申不害过于偏重玩权弄术,对统一法令、严格法制等方面措施不力,由此产生了一系列负效应,带来了严重的社会弊端。术,虽然可以使国君用来驾驭臣下,但臣下也可以仿效用来争权夺利,甚至对付国君。韩非对申不害重术轻法的弊端有深刻的认识,他说:"申不害虽十使昭侯用术,而奸臣犹有谲其辞矣。"⑤经过申不害的改革,韩国虽然曾"国治兵强,无侵韩者",却始终未能成就称霸诸侯的大业。申不害这样用术来加强中央集权的统治,成效是比较差的。

三、韩国的发展与衰亡

韩氏是晋国六卿中势力最弱的一个卿族,司马贞在《史记索隐》中说,韩氏"事微国小,《春秋》无语",但却能同魏、赵两家联合分晋,共同进入战国七雄的行列,说明韩氏具有很强的生存与应变能力。进入战国时代,韩国在七雄中依然是比较弱的一个国家,依靠变革图强和灵活的外交策略,韩国在弱肉强食的兼并环境中生存了 200 多年,最终还是第一

① 《韩非子·外储说左上》。
② 《战国策·韩策一》。
③ 《韩非子·难三》。
④ 《韩非子·定法》。
⑤ 《韩非子·定法》。

个被秦所吞并。

　　韩景侯名虔,公元前 408 年即位,是韩国被周天子正式册封的第一位国君。由于韩国力量较弱,使韩国从分晋立国开始就不得不经常依附某一大国。起初,由于魏国的强大,韩、赵服从于魏的领导,三晋协同一致,在对外战争中取得了一系列的胜利,也使韩的疆域逐渐扩大,跨越了今天的山西境域,到达河南的中部地区。韩国在对外战争中也曾对一些小国取得过胜利,如攻取郑的阳城(今河南登封东南),伐宋,一直攻到彭城,俘虏了宋君。公元前 375 年,当魏伐楚,战于榆关(今河南中牟南)时,韩国乘机灭掉郑国,"郑恃魏而不听韩,魏攻荆而韩灭郑"①,韩国的领土大为扩展,韩哀侯迁都于郑。

　　随着三晋国家之间关系的彻底破裂和西方秦国的强大,韩国为了在夹缝中求生存,以灵活的外交策略,随时寻找和更换政治上的合作伙伴。公元前 354 年魏与赵进行的四年战争韩一直站在魏的一边,但却未参加公元前 344 年魏惠王为称王而召集的十二诸侯国参加的逢泽之会,其根本原因是怕魏国继续强大会吃掉自己。为了反对逢泽之会,韩国和齐国走到了一起,这就引起了魏伐韩,齐救韩的马陵之战。为了缓和两国关系,公元前 325 年魏惠王和韩威侯在巫沙相会,并尊韩威侯为王,即韩宣惠王。

　　由于魏的衰落和秦的崛起,韩国最危险的敌人也由魏而变成秦。秦韩地形交错,韩是秦东进的首要目标。秦武王图谋向中原发展,欲打通至三川(今河南洛阳一带地区)的通道,于秦武王三年(前 308),派左丞相甘茂率军攻打韩国的宜阳。宜阳,曾经的韩都,不仅是个大县,而且也很富裕,实际力量相当于一个郡,攻打是很困难的。甘茂是个客卿,恐宜阳久攻不下使武王对他产生怀疑,因此约定在先,要武王用他不疑。攻打宜阳五个月不下,秦武王果然听信谗言,要甘茂退兵,甘茂以约定说服秦王,秦王又增派援兵加强攻势。甘茂为了激励将士英勇作战,拿出自己的金钱赏赐他们,终于在第二年大败韩军,攻下宜阳,秦的领土扩张到中原地区。

---

①　《韩非子·饰邪》。

秦昭王十三年(前294),秦遣白起率师攻韩,占领韩的新城(今河南伊川西南)等地。次年,韩将公孙喜率师会同魏军进行反击,与白起在伊阙(今河南洛阳龙门)激战,结果惨遭失败,将士被斩首24万,公孙喜被俘。这次战役使韩国元气大伤,更加助长了秦军东进的势头。秦国乘胜又攻占了韩国的邓(今河南孟县西)、宛(今河南南阳)等地,韩国被迫割武遂(今山西垣曲东南)之地200里予秦。

随着秦国兼并步伐的加紧,秦对韩的进攻目标指向了上党地区,由此引发了秦、赵两国之间的长平大战。长平之战赵的惨败,使韩的上党17县全部落入秦的手中。上党失去后,韩国更弱,韩王安九年(前230),秦派内史腾攻韩,俘虏了韩王安,韩国灭亡。

韩国自公元前453年分晋建韩,至公元前230年被秦所灭,共经历了223年的发展历程。

三晋国家的衰亡,自然与战国形势的发展有关,但更与三晋国家的内政外交政策有关。

首先,用人政策的失误。魏文侯尚贤任能,唯才是举,使魏国在他当政的半个世纪内,国势蒸蒸日上。魏武侯之时,其父遗风尚存,但吴起已受谮离魏。魏惠王把可以"照车前后各十二乘"的"径寸之珠"视之为宝,这便有了商鞅离魏奔秦之举。赵武灵王在肥义、楼缓的支持下有效地推行胡服骑射,使赵国一跃而上。赵孝成王舍廉颇而任赵括,导致长平大战的惨败。三晋国君的后嗣者亦多非精明之君,不仅未能举善援能,吸引贤相良将,反而使本国的人才都不能为国效力,范雎、张仪、尉缭、韩非、商鞅等人奔秦,为秦的发展做贡献。失人才者失天下,人才的流失与三晋国家的衰亡关系重大。

其次,三晋联盟的破裂。战国初年,三晋基本上是友好合作、一致对外。魏国由于政治、经济和军事上的优势而为三晋联盟中的首领,韩、赵两国的配合对魏国的霸业是一个强有力的支持,也使韩、赵两国受益匪浅。魏武侯助卫攻赵、魏襄王时的浊泽之战,导致三晋联盟的彻底破裂,矛盾愈演愈烈。三晋之间由一致对外到彼此争斗、相互厮杀,这对三晋的发展是一个很不利的因素。山东六国,晋人占一半,"三晋合而秦弱,三晋离而秦强"①。

再次,外部环境的恶化。三晋处于"四战之地",号称天下中枢,既有四面出击之利,也有四面受敌之险。一旦邻国崛起,三晋首当其冲。齐、秦的相继强盛,不仅有效地抑制了三晋国家的发展势头,而且也使三晋成为强秦兼并的首要目标。

第四节　三晋的社会经济

一、水利工程的修建与农业的发展

水利是农业生产的命脉。各国统治者为了给兼并战争奠定强大的经济基础,都十分注重发展生产,兴修水利;冶铁技术的进步,也给兴修水利提供了比较锋利的生产工具。同时,中央集权制的建立,为修建大型水利工程也提供了组织上的保障。所以这个时期产生了许多著名的水利工程专家,也兴建了许多大型的水利工程。

三晋国家中,魏国修建水利成绩最为显著。魏文侯时任西门豹为邺令,破除了当地为河伯娶媳妇的陋习后,在漳河边凿了 12 条渠,引漳河水灌溉农田,使农田产量大为提高。魏襄王时的邺令史起,继续开渠引漳水灌溉农田,使邺一带的盐碱地得到改良,使漳河水发挥了更大的作用。当地百姓歌颂道:"邺有贤令兮为史公,决漳水兮灌邺旁,终古舄卤兮生稻粱。"②

魏国大梁附近的水利工程也比较著名。大梁附近河流纵横,水系发达。华北大平原的河流,在大梁附近作扇状南北分流入海,以今天的地理条件来讲,中是黄河,北是海河水系,南是淮河的支流。大梁在汴水南岸,属于淮水流域,距河水、济水不远。利用有利的水利资源,魏国一方面利用原有湖泊进行修筑,引黄河水入圃田泽。圃田泽位于今河南郑州市与中牟县之间,是一个古老的湖泊,东西广约 18 公里,南北长约 9 公

---

① 《战国策·赵策一》。

② 《汉书》卷 29《沟洫志》。

里。魏惠王十年(前360),为了把黄河南北的两部分领土与国都大梁紧密地联系起来,在黄河以南开凿运河大沟。大沟运河是从今河南原阳县北引河水南行,横过济水,注入圃田泽,使圃田泽成为这条运河的重要蓄水库,"水盛则北注,渠溢则南播"①,保证运河有充足的水量。

另一方面,连接境内的河流,形成一个完整的水运交通网。为了把汴水和济水、河水沟通起来,公元前339年,又引圃田泽水东流,把大沟运河延伸到大梁城北,又绕过大梁城东,折而南行,至陈(今河南淮阳)流入颍水,下流注入淮水,这就是历史上有名的鸿沟。鸿沟是从今河南荥阳以北引黄河水东南流的,其源头是黄河,又有圃田泽进行调节,水量充沛,与它相通的各条自然河流的面貌大为改观,通航能力大大提高。济、颍、淮、泗和黄河互相贯通,在黄淮平原形成以鸿沟为主干,以自然河流为分支的完整的运河网。这条运河不仅对当时的航运起了重要作用,也有利于封建国家的统一,而且还可以灌溉农田,使鸿沟流域成为重要的农业丰产区。鸿沟的开凿,的确是一项善于利用自然和改造自然为经济发展服务的有效措施,《史记·河渠书》称赞道:"皆可行舟,有余则用溉浸,百姓飨其利。"

韩国还出现了著名的水工郑国。韩桓惠王为了诱使秦国把人力物力消耗在水利建设上,派水工郑国到秦国执行"疲秦"之计。工程进行中计谋暴露,秦要杀郑国。郑国说,当初修渠的目的是要疲惫秦,但渠修成后,不过"为韩延数岁之命",为秦却"建万世之功"②。秦王政权衡利弊,终于让郑国按预定方案进行。郑国花费10年时间才完成这项工程,使秦受益匪浅,这条渠也被称为郑国渠。

在兴修水利的同时,三晋还大力鼓励垦殖。李悝的"尽地力之教",提出了具体的发展农业生产的政策和措施,由国家政府部门制定如此具体的生产措施,在中国历史上这是首次。鼓励百姓开发泽薮、荒地,改变了统治者独占山林川泽专利的局面,促进了生产的发展,缓和了阶级矛盾,同时也增加了国家的税收。

① 《水经注》卷22《渠注》。
② 《汉书》卷29《沟洫志》。

水利工程的修建、铁器的广泛使用、封建生产关系的建立,大大提高了农民的生产积极性,使农业生产迅猛发展。

二、手工业的发达

战国时手工业的种类还是冶铁、煮盐、纺织、油漆等,其产品种类增多,工艺水平明显提高。铁器的普遍使用说明了冶铁和铸铁业的发达,三晋的铁器发现较多,如夏县禹王城、邯郸故城(大北城)、邯郸赵王城、新郑韩国古城都发现了各种铁器和铸铁遗址,种类有礼器、兵器、装饰器、工具、车马器、乐器以及货币等,礼器减少,生活日用品增多。出土有铜镜、带钩、货币、玺印、剑、戈、戟、镞、矛等器物。

河东的盐池自春秋时就已闻名天下,它不仅是百姓生活的必需品,同时又能创造极为丰厚的经济效益。河东盐池的生产和销售状况虽难以进行详细的描述,但从当时可以造就猗顿这样的大盐商就可略窥一二。猗顿是战国时的魏国人,是我国春秋战国之际著名的大手工业者和商人。原籍鲁国,年轻时穷困潦倒,"耕则常饥,桑则常寒",听说范蠡在助越灭吴后弃官经商,遂成大富,就去向他请教。陶朱公告诉他"欲速富,当畜五牸",于是,猗顿来到猗氏(今山西临猗),开始畜牧,在畜五牸致富后,投资于盐的生产和运销,即司马迁所说的经营盬盐。盐池在猗氏县南,距离不远,被誉为"长袖善舞,多财善贾"的猗顿,经营盐业以后使他的财富迅速增值,以致"与王者埒富"①。猗顿致富后,由于他"其财能聚,又复能散",因而受到人们的赞扬。

手工业的部门有农副结合的家庭手工业,有独立经营木工、陶工、车工、皮革工、修补工的个体手工业,有官府手工业,还有经营冶铁业和盐业的豪民手工业,如魏国的猗顿以盬盐起家,魏国的孔氏、赵国的卓氏和郭纵以冶铁为业,他们都是可以"与王者埒富"的暴发户。

三、商业的繁荣

农业和手工业的发达,必然促进商业的繁荣,其表现形式主要是商

①　《史记》卷129《货殖列传》。

业城市的形成和金属货币的广泛使用。

原来的城市主要是政治军事据点,战国时期,列国的都城和郡县的治所,都发展成为规模不等的城市。赵国的邯郸和晋阳、魏国的安邑和大梁、韩国的平阳和新郑等,都是驰名天下的大都市,交通发达,货物丰富。

从出土的战国货币看,三晋货币为最多,至今能见到的大约就有几万枚,出土地点不仅遍及三晋的势力范围,而且在山东、陕西、河北、湖北等地都有发现,说明三晋贸易之广泛。布币依然是三晋的主要货币形式,其类型逐渐地在增多,有尖足布、方足布、圆足布、耸肩布、平肩布、平首布、空首布等。从货币的铭文上可知,三晋诸国的铸币地点有近百处,如晋阳、平阳、安邑、屯留、襄垣、兹氏(今山西汾阳)、阳邑(今山西太谷)等,有力地说明了当时三晋商业之盛。

一批富商大贾也随之出现。战国初年魏国的大商人白圭,因其"乐观时变",采取"人弃我取、人取我与"的方法①,在年岁丰收时买进粮食,出售丝、漆等物;荒年则卖出粮食,买进帛絮,以此获取大利。邯郸的冶铁家郭纵和河东的盐业家猗顿都是当时著名的大商人。

第五节　三晋的思想文化

一、法家和韩非

1.三晋法家的形成　战国是法家大出风头的时代,而"法家主要源于三晋"②。战国初期的李悝、吴起、商鞅,其后的申不害、慎到、韩非,这些著名的法家人物都与三晋结缘甚深,他们或本身就是三晋人,或在三晋亲自主持过变法,或在三晋亲身感受过变法,带着三晋变法的成果和经验流转他国。三晋成为法家文化的策源地,成为培育法家的摇篮,是有着深刻的历史文化背景,其渊源可上溯到晋国时期,是与晋文化的特殊

---

① 《史记》卷129《货殖列传》。
② 侯外庐:《中国思想史纲》上册第59页,中国青年出版社,1980年。

性紧密相连的。

一是晋文化的多样性。晋国是周王室分封周成王的弟弟姬虞于唐国而建立起来的一个国家,在"方百里"的国土周围,"戎狄之民实环之",这样的政治背景与地理环境,决定了晋文化既包含有叔虞带去的宗周文化、唐地的土著文化,也有戎狄文化,概括地说,即农耕文化与游牧文化两大类型。正是由于这种文化的多样性,致使两大文化不断碰撞、整合,"一方面,促使晋国经常制定新法,形成'尚法'传统,法家思想得到长期丰厚的积淀。另一方面,使晋国的宗法制度、政权机构、宗族组织不断发生变化,不实行法治便难以适应新的形势,巩固政权"①。

二是晋人礼制观念比较淡薄。早在叔虞封唐之时,周公就为叔虞制定了"启以夏政,疆以戎索"的治国方针,治国既要受到夏民族传统文化的影响,又要受到戎狄民族习惯法规的制约,做到"夏政"与"戎索"的兼施并举。周公为晋国制定的这一治国方针,与为鲁、卫等国制定的"启以商政,疆以周索"的治国方针相比较,政策本身就透露出较大的灵活性,换句话说,政策本身就允许晋国在一定程度上可以因地制宜,偏离周室礼制法规的约束。因此晋人礼制观念淡薄,导致了晋国历史上强烈的反宗法制传统。从殇叔自立、曲沃代翼到骊姬之乱,都已经突破了血缘亲亲这个低层次的宗法伦理规范。同时,在与戎狄民族的交往中,或是通过激烈的战争,或是友好往来,或是联姻,使戎狄"贪而无亲"文化对晋文化也产生了重大的影响。法家学说重法轻礼,追求的是现实的利益而非圣人遗训,它适合于礼制比较淡薄的国家产生和推行。

三是晋国素有尚法的传统。随着宗法制度的崩溃和异姓势力的崛起,晋国社会内部公室与宗族以及各宗族之间的关系进一步复杂化。本来礼治观念就很淡薄的晋人,单纯用"礼"根本不能维系社会的秩序,只能依法来约束社会成员,协调各种矛盾。因此,晋国旗帜鲜明地提倡法制、摒弃礼治。晋文公作"执秩之法",或称"被庐之法";赵盾专权国政,作"赵宣子之法",或称"夷蒐之法";晋景公使范武子聘周,按"王室之礼"修"执秩之法",是为"范武子之法";晋平公时,范宣子以赵盾所作的

① 张有智:《先秦三晋地区的社会与法家文化研究》第172页,人民出版社,2002年。

"赵宣子之法"为蓝本制定了"范宣子刑书",40 年后,赵鞅铸"范宣子刑书"于刑鼎,向民众首次公布了国家成文法。晋国频繁的立法修法活动和较成熟的成文法,为法治文化的产生积累了经验,提供了基础。

四是晋国具有变革的精神。春秋时期的晋国,之所以能够造就 150年的辉煌霸业,很重要的一个原因就是得益于晋国审时度势,顺时应变的革新精神。为了图强称霸,晋献公、晋文公、晋悼公及其执政的卿大夫多次在政治、经济、军事等领域进行改革,如"作爰田""作州兵",尚贤尚功,改革亩制,建立郡县等,正是由于他们的改革,才使晋国的历史发生了一次次的巨变,同时也为以后各国的变法提供了经验和借鉴。

三晋是从晋国的母体中分离出来的,他们的先祖或是直接主持某项变革,或是变革的积极参与者,因而晋国优良的改革传统不能不对三晋产生直接而深刻的影响。晋国的改革不仅昭示了变革对图存发展的重要性,而且也为变法积累了宝贵的经验,法家学说的基本精神和主要内容,都可以在晋国发现较为系统的渊源和较清晰的发展过程。法家产生于三晋不是偶然的,有它的必然性,甚至可以说,所谓法家学说,正是以新的现实标准对晋国历史中的这些传统因素进行总结、提炼、改进而上升到理论的结晶。

魏国是战国七雄中最先进行变法的国家,除了继承晋国的这些优良传统之外,魏国富国强兵的强烈愿望、狭小分散的地理形势、政平人和的政局保障、国君的英明与支持都是促使魏国率先变法的原因和条件。

2.韩非　韩非(约前 280—前 233),出身于韩国贵族,生当乱世,目睹了韩国在秦国打击下的日益衰落,向韩王安上书变法图强,未被采纳,遂著书立说,其作品《五蠹》《孤愤》传入秦国,得到秦王嬴政的赏识。公元前 233 年,秦国攻韩,韩王派韩非使秦,韩非至秦不久就遭李斯等人陷害,卒于狱中。他的著作收集在《韩非子》一书中。

韩非是法家思想的集大成者,他总结了前期法家的理论学说,主张实行法、术、势兼用的法治思想。所谓法、术、势,不过是法家为封建帝王设计的不同的统治方法。按照韩非的说法:"法者,编著之图籍,设之于官府,而布之于百姓者也。"①"法"是由国家制定并颁布执行的成文法,具有公开性。"术者,藏之于胸中,以偶众端,而潜御群臣也。"②"术"是君王密藏而不宣的驾驭臣下的手段。"势者,胜众之资也。"③"势"是君王至高无上的权势。三者"不可一无,皆帝王之具也。"④韩非在"以法为本"的基础上,主张将法、术、势结合起来,以加强中央集权,从而进一步完善了法家理论。

韩非的政治思想是与他的社会伦理思想紧密相连的。他继承并极端地发展了荀子的性恶论,认为好利是人的本性,人际关系唯有物质利益是真实的,儒家所推崇的仁义道德全是虚伪有害的东西。因此,他主张国君要用严刑酷法来加强对民众的统治,"严家无悍虏,而慈母有败子,吾以此知威势之可以禁暴,而德厚之不足以止乱也"⑤。要实行轻罪重罚,方能"小过不生,大罪不至"⑥,"上设重刑者而奸尽止"⑦。韩非一再强调用严刑峻法对民众实行统治,反映了地主与农民的阶级矛盾日益尖锐,对当时及后世都产生了消极的影响。

韩非还提出"法后王"的进步历史观,认为历史是进化的,是不断向前发展的,统治者应根据形势的变化而采取相应的措施,即"世异则事异","事异则备变","是以圣人不期修古,不法常可,论世之事,因为之备"⑧。韩非的历史进化观,体现了战国时期新兴地主阶级改革旧制的进取精神。

韩非是我国古代卓越的思想家,他积极倡导的专制主义理论,为秦的统一提供了理论基础,对以后两千多年的政治发生了深远的影响。

---

① 《韩非子·难三》。
② 《韩非子·心度》。
③ 《韩非子·八经》。
④ 《韩非子·定法》。
⑤ 《韩非子·显学》。
⑥ 《韩非子·内储说上七术》。
⑦ 《韩非子·六反》。
⑧ 《韩非子·五蠹》。

二、总结百家争鸣的荀况之学

荀子,名况,字卿,又称孙卿子,战国后期赵国人,生卒年不详,他的政治、学术活动年代约在公元前 298 年到公元前 238 年之间。他一生游历颇广,见闻甚富,曾游学于齐,西观于秦,议兵于赵,为官于楚。他博学善辩,在稷下学宫讲学时,曾"三为祭酒",享有很高的声望。也曾两度做楚兰陵(今山东峄县)令,晚年罢官长居兰陵,从事著述,老死于楚。他的思想保存在《荀子》一书中。

荀子是战国时期百家争鸣的总结者,杰出的唯物主义思想家。他以儒家自居,推崇孔子,并在此基础上批判地吸收了其他学派尤其是法家的思想精华,把儒家学说发展到一个新的阶段。

"天人相分",是荀子集诸家之大成而对先秦天人关系所提出的一个光辉的唯物论命题。"明于天人之分""制天命而用之"[①],是荀况吸取道家"道法自然"的思想而否定其中的消极无为成分,吸取墨家重视实践经验的思想而抛弃"天志""明鬼"的主张,相当彻底地否定了传统天命思想,是对先秦天人关系争论所做的一个很有科学价值的总结,在古代思想史上具有划时代的意义。荀子明确提出,天是无意志、无目的的自然界,它是按着固有的规律运动变化着的。天有天的运行规律,人有人的活动领域,两者不能互相代替。自然界的运行规律,并不以人类的君主是否贤明而改变,"天行有常,不为尧存,不为桀亡"[②]。社会的贫富取决于人们能否努力发展生产,人体的强弱取决于能否得到充足的给养和适时的锻炼,吉凶祸福取决于人们的作为能否有所节制。人类社会的这种规律性,自然界是不能改变的。荀子提出"天人相分"的理论,其目的是要人们不要盲目地崇拜天,等待天的恩赐,而是要积极发挥人的主观能动性,认识和利用自然规律,"制天命而用之",使其为人类的生产和生活服务。

---

① 《荀子·天论》。
② 《荀子·天论》。

　　"形具而神生"①,是荀子提出的唯物主义认识论命题。荀子在"天人相分"唯物主义自然观的基础上,在中国哲学史上第一次对精神和形体的关系问题做了唯物主义的回答。他认为,人的认识活动是通过人的形体机能进行的。"凡以知,人之性也;可以知,物之理也"②。即人有认识客观事物的能力,客观事物有可被认识的性质。他从分析感觉器官和思维器官的功能来说明认识的过程,他把人的感官(耳、目、口、鼻、形)称为"天官",把人的思维器官称作"天君"或"心",感官和思维器官都是人体的自然器官,在认识过程中有不同的作用。认识的第一阶段是通过感官来获得,感官获得的知识必须经过思维器官的加工,称之为"征知",才能获得认识。他的高明之处,就在于能把感觉经验和理性思维结合起来。在认识论上,他特别强调解蔽的重要作用,反对认识的主观性和片面性。人在认识的过程中,会被许多现象所蒙蔽,使人只看到事物的一方面、一部分而忽视其他方面、其他部分,这称为"蔽于一曲而暗于大理",解蔽的办法叫作"虚一而静"③,就是要人在认识过程中排除干扰,精神专一,充分发挥思维能动性,不能以点概面,以偏概全,这包含了认识的辩证法思想。

　　"隆礼""重法",是荀子对儒家思想进行改造而提出的新思想。在人性论方面,荀子主张人性恶。他认为,人生来就有欲,"目好色,耳好声,口好味,心好利"④,有欲必有争,因此人性是恶的。"明礼义以化之,起法正以治之,重刑罚以禁之"⑤,要发挥"礼义"的教化作用,借以改造生来不良的人性,同时还要并用刑罚制服性情顽劣之人。他在性恶论的基础上,把儒、法两家对立的政治主张结合起来,说明法治和教化的必要性。在礼法关系上,"礼者,法之大分,类之纲纪也"⑥。礼是法的依据,法是对礼的必要补充。"宽猛相济",礼法结合,王道霸道并用,揭示出维护统治

----

① 《荀子·天论》。
② 《荀子·解蔽》。
③ 《荀子·解蔽》。
④ 《荀子·性恶》。
⑤ 《荀子·性恶》。
⑥ 《荀子·劝学》。

秩序的真谛,既需要暴力镇压,更需要说教的欺骗。但这个秘诀并不是所有的思想家和统治者都能理解和掌握的,直到汉武帝时期,表面上采用董仲舒的"罢黜百家,独尊儒术",实际上是儒法并用,"霸王道杂之"①。这样的统治思想被以后的统治者所采纳,因而谭嗣同说出了"两千年之学荀学也",举的是"孔孟之道",用的是荀况之学。人们习惯用儒家还是法家来进行归纳,荀况是儒家,但不是纯儒,他"儒法兼容"的思想,对我国封建社会历史的影响是无可比拟的。

三、多权变的三晋纵横家

魏、齐马陵之战后,魏国削弱,齐国成了东方六国中最强大的国家,形成了齐、秦两强东、西对峙的局面。齐、秦两强为了争取在兼并战争中获胜,展开了激烈的争取、拉拢与国,孤立敌国的争斗,而三晋等国也出现了联秦抗齐或联齐抗秦的局面。各国之间的相互结约联盟不断变更,既没有稳固的朋友,也没有世代的仇敌。因此,在外交上就产生了合纵、连横的活动。

所谓合纵、连横,从地域上来说,以三晋为主,北连燕、南连楚,南北相连为合纵;西连秦或东连齐,连东连西则称为连横。从策略上讲,合纵即"合众弱以攻一强"②,连横即"事一强以攻众弱"③。起初,合纵既可对秦,也可对齐,连横既可连秦,也可连齐,长平之战后,合纵、连横主要在秦与六国之间进行。

战国时期最先发起纵横活动的是魏国的张仪和公孙衍。张仪主张连横,公孙衍主张合纵,他们在政治和私人关系上都是对手。张仪于秦惠文王九年(前329)到了秦国,次年为秦相,之后都在为秦而游说各国。魏惠王后元十二年(前323),魏国接受公孙衍的建议,与韩、赵、燕、中山四国举行会盟。五国合纵并没有保护了魏国的利益,因此魏惠王接受了张仪的主张,放弃合纵改用连横。魏惠王后元十三年(前322),张仪为了

---

① 《汉书》卷9《元帝纪》。
② 《绎史》卷147上《韩非刑名之学上》。
③ 《韩非子·五蠹》。

连横离开秦国到了魏国,代替惠施为魏相。张仪的真正目的是"令魏先事秦而诸侯效之"①,魏惠王的目的是借用秦国力量报复齐国和楚国,双方都想利用对方而不被对方所利用,因而,秦、魏连横也不可能产生实际效果。魏惠王后元十六年(前319),魏惠王卒,公孙衍在各国支持下任魏相,把张仪驱逐回秦国。魏襄王元年(前318),由公孙衍发动合纵,因而有魏、赵、韩、楚、燕"五国伐秦"之举。因为楚、燕对合纵不热心,没有出兵,三晋被秦大败于修鱼(今河南原阳)。

张仪发动的连横和公孙衍发动的合纵都未取得多大的成效,但声势却是煊赫一时的。公孙衍和张仪一纵一横,倾动天下。当时人景春说:"公孙衍、张仪岂不诚大丈夫哉! 一怒而诸侯惧,安居而天下息。"②

在战国政治舞台上叱咤风云的纵横家领袖人物主要集中于魏国,司马迁曾说:"三晋多权变之士,夫言纵横强秦者大抵皆三晋之人。"③纵横家之所以产生于三晋,从历史原因看,它和三晋崇尚功利的文化传统有关。纵横家追求功名富贵,善于权变游说,这些特征与三晋尚功、尚利,不墨守成规,勇于变革的传统有直接关系。从现实原因看,它同三晋与秦之间力量强弱的转化有关。战国中期,三晋日趋衰落,秦国日趋强盛,这种力量的对比转化,打破了以往以三晋为首的列国间的力量平衡,三晋为了图存、图霸,更需要灵活的外交手段来加强自己的实力④。但纵横家过分夸大了外力、计谋、策略的作用,"外事,大可以王,小可以安"⑤,"纵成必霸","横成必王"⑥,而不是像法家那样从改革政治、经济和谋求富国强兵入手,因而纵横家不会取得像法家那样显著的成效。

四、子夏与西河教风

子夏(前507—前420),姓卜名商,字子夏,晋国温邑(今河南温县)

---

① 《史记》卷70《张仪列传》。
② 《孟子·滕文公下》。
③ 《史记》卷70《张仪列传》。
④ 乔志强:《山西通史》第138页,中华书局,1997年。
⑤ 《韩非子·五蠹》。
⑥ 《韩非子·忠孝》。

人。早年师从孔子,是孔子晚年弟子中的佼佼者。孔子去世,子夏为其守孝三年后,于公元前476年来到晋属西河(今山西河津一带)设教,专心教学55年。在长期的教学实践中,他继承和发展了孔子的学术思想与教育事业,形成了独特的"西河教风",为社会培养了一批栋梁之材。子夏作为孔子弟子中知识最为渊博的学者和卓越的教育家,为中国历史文化的传播与发展做出过积极的贡献。

"六经"是子夏教学的主要内容。子夏投师孔子,被分在文学科,帮助孔子整理和编纂经书,孔子称赞他"起予者商也"①。子夏是孔子的高足,又擅长研究经籍,对礼、乐、诗、书都有独特的见解,这就意味着他在西河设教的主要内容,必然是传播和教授"六经"的。子夏在研究和传授经典文献时,最独特的贡献就是对经书进行章节划分、句读判明、文义解释。经子夏加工过的经书易看好懂,便于学生理解与掌握。子夏发明的章句之学,不仅是教材史上的重大改革,而且在文化、教育和科学发展史上,都具有划时代的意义。

"博学而笃志,切问而近思"是子夏的教学原则和方法②。子夏继承和发扬了孔子启发式教学的原则和方法,鼓励学生树立远大志向,广泛地学习,以求得各方面的知识。倡导学思并重、学思结合,发现问题,及时请教。教学因材施教,循序渐进,"学者当循序而渐进,不可厌末而求本"③。对所学的知识,要不断地复习巩固,才能熟练地掌握和运用。

学以致用,培养治世的贤才是子夏的教育目的。在学与用的辩证关系上,子夏比较侧重于用。他认为学是用的基础,用是学的继续和目的,学、用要结合。"仕而优则学,学而优则仕"是子夏的一句名言④,他主张通过求学来选优汰劣,为社会培养治世的"贤才",以满足各国设置各种官职的需要。做官以后,要想管理好国家,还要继续学习提高,这又隐约透露出子夏的终身教育观念,这一主张为后代乃至现代所承袭。

学术自由,兼容并蓄,是子夏首创的教学新风。子夏是继承和发展

---

① 《论语·八佾》。

② 《论语·子张》。

③ 朱熹:《四书集注》第73页,岳麓书社,1985年。

④ 《论语·子张》。

孔子学说的重要传人,他在继承和传播儒家学说的过程中,适应社会的发展,也产生了一些具有法家倾向的思想,如"君子信而后劳其民"①,"选于众"②,"善持势者,早绝奸之萌"③,孔子对此也有过直接的批评,"女为君子儒,无为小人儒"④。当他离开鲁国回到魏国后,本来就有法家思想倾向的他,在这个特殊的社会氛围中,学以致用、儒法兼容,培养出了一批著名的法家人物。子夏西河设教,授徒三百,见于史书记载的名弟子有8位,魏国著名的国君魏文侯,以贤闻名于世的田子方、段干木,法家的李悝、吴起,儒家的公羊高、穀梁赤,墨家的禽滑厘,他们或为君,或为相,或为将,都在各自的领域做出了巨大的贡献。

子夏这种不怀学派偏见、兼容并蓄的学术境界和教学新风,对于形成和推动战国时期的"百家争鸣"起了巨大的促进作用。子夏设教,可谓业绩博大,德泽后世。

---

① 《论语·子张》。
② 《论语·颜渊》。
③ 《韩非子·外储说右上》。
④ 《论语·雍也》。

第四章　秦汉中央集权下的山西

经过战国时期多年的兼并战争之后，强大的秦国在公元前221年，即秦王嬴政即位的第26年实现了全国的统一。秦的统一，是划时代的历史进步，它结束了春秋战国以来诸侯割据混战的局面，为我国统一的多民族国家的建立与发展奠定了基础；同时，为社会经济的恢复与发展，为各族人民的安定生活和相互交往，提供了有利的条件。统一后的山西，因其重要的战略位置，雄厚的经济实力，成为秦汉治世中的重镇。

第一节　秦时期

一、秦在山西设立的郡县

战国时期，中央集权制在列国普遍确立，各国政权的具体构成虽不尽一致，但基本特征则大体相同，这就是："一，君权至上；二，以中央国家政权为中心的郡县制的形成；三，以君权为中心的官僚制的确立。"①郡县制的产生使中国古代的国家结构发生了本质的变化，形成了新的格局，它与官僚制共同构成维系君主专制和中央集权的两大支柱。秦王嬴政在他即位的第二十六年(前221)统一了中国，为巩固统一大业，加强中央集权，秦王朝在地方上彻底废除了"封诸侯，建藩卫"的制度，在全国普遍

---

① 李瑞兰：《春秋战国时代的历史变迁》第144页，天津古籍出版社，1994年。

实行郡县制。秦初,在全国设置了 36 郡,后又在今河套地区设九原郡,两广地区设南海、桂林、象三郡,福建设闽中郡。于是,除了内史管理的京畿地区外,共有 41 郡。有秦一代,秦在今山西地区共设立了 4 郡及代郡局部。

河东郡。秦昭王采纳了魏国亡臣范雎的建议,积极推行远交近攻的策略,向三晋大举进攻。秦昭王十四年(前 293),秦在伊阙(今河南洛阳龙门)大败韩、魏之后,更加助长了秦军东进的势头。韩国被迫割武遂(今山西垣曲东南)之地二百里与秦,魏国被迫割河东之地四百里与秦。秦昭王二十一年(前 286),秦相魏冉包围了大梁,为解大梁之围,魏又割让了安邑和绛,第二年,秦就在这里设置了河东郡①,郡治安邑(今山西夏县西北禹王村),辖境相当于今临汾、运城两市。

上党郡。秦昭王四十七年(前 260),秦在长平之战大败赵国后,就攻占了韩的上党地区,后经韩国努力虽然收复了一部分地区,但终未抵挡住秦国兼并的步伐,至秦庄襄王三年(前 247),秦再次全部占领韩的上党地区之后,就设立了秦的上党郡②,郡治长子(今山西长子县),辖境相当于今长治、晋城市境及晋中和顺、榆社县。秦王政十一年(前 236),秦又攻占赵的上党郡,并入秦的上党郡。

太原郡。秦庄襄王二年(前 248),秦派大将蒙骜进攻赵国,再次攻占太原,次年又攻占了太原周围的榆次(今山西晋中市榆次区)、新城(今山西朔州市朔城区)、狼孟(今山西太原市北阳曲)等 37 座城池,这一年,秦置太原郡③,郡治晋阳(今山西太原市西南)。辖境相当于今太原、晋中、吕梁、忻州和阳泉地区。

雁门郡。秦王政十三年(前 234),秦大举攻赵,攻取了赵国北部的雁门郡,沿用旧称,建立秦的雁门郡④,郡治善无(今山西右玉县西南)。辖境相当于今朔州市、大同市中西部和忻州市西北部及内蒙古乌兰察布市东部地区。

---

① 《史记》卷 5《秦本纪》。
② 《史记》卷 5《秦本纪》。
③ 《史记》卷 5《秦本纪》。
④ 《汉书》卷 28《地理志》。

代郡。秦王政十九年(前228),秦军攻破赵都邯郸,俘虏了赵王迁,赵公子嘉率宗族数百人逃到代,自立为代王。秦王政二十五年(前222),秦将王贲攻取代,俘虏了代王嘉,赵国彻底灭亡,沿赵旧称,建立秦的代郡①,郡治代(今河北蔚县代王城)。辖境相当于今大同市、朔州市东部、河北西北部及内蒙古少部分地区。

关于秦在今山西地区设县的数目不详。谭其骧主编的《中国历史地图集》(中国地图出版社,1982年)首次确认出22个县,《山西省历史地图集》(中国地图出版社,2000年)所标秦县共57个,其中22个县名与《中国历史地图集》相同,其他35个县名是新定的。57个秦县中,有32个是由三晋货币币名认定的,三晋货币释名用《中国山西古代货币》(山西人民出版社,1989年)。

二、秦末三晋故国的复立

秦末陈胜、吴广领导的农民大起义,得到全国的响应,六国的旧贵族和官吏也被卷进了反秦斗争的浪潮。"六国余孽"本是六国统治集团的成员,他们或是宗室,或是重臣,或是忠于旧主的士大夫,因此,他们卷入反秦的行列,一方面扩大了反秦的社会势力,孤立了统治集团,加速了秦王朝的瓦解;另一方面,由于他们反秦是为了存亡继绝,据地为王,恢复旧的故国,因而不可避免地给整个斗争带来了极为不利的影响与危害。由于六国旧贵族的影响,致使义军将领在攻占一些地盘后,或自己称王,或拥戴六国旧贵族称王,又出现了分封王国的历史回潮,战国时代诸国的称号普遍得到了恢复,三晋故国的复立也在其中。

1.赵国、代国的复立　秦二世元年(前209),起义军占领陈县(今河南淮阳)后,陈胜自立为王,建立了"张楚"政权。陈胜派遣张耳、陈余辅助将军武臣攻略赵地,一举攻占赵故城40余座,张耳、陈余借机拥立武臣为赵王,建都邯郸,赵国复国。秦二世二年(前208),赵国大将李良因赵王姐怠慢他,而杀掉赵王姐及赵王武臣,张耳、陈余闻风逃出邯郸后,

---

① 《汉书》卷28《地理志》。

集结兵力,击溃李良,重新占领邯郸,又立赵国旧贵族赵歇为赵王①。

汉高祖元年(前206),项羽自立为西楚霸王,并将自己的亲信以及拥兵割据的旧贵族分封为王,共封了十八个王。张耳因随从入关有功,被封为常山王,王赵地,徙赵王歇为代王。张耳、陈余本为刎颈之交,就反秦而论,功绩不相上下,而陈余仅为三县侯,愤怒之下,陈余向齐地的田荣请兵击张耳。田荣也因未被项羽封王而在齐地起兵,夺取三齐,自立为齐王。田荣为了扩大反项羽的势力,便派兵助陈余大败张耳,又从代迎回赵王歇,使之王赵。赵王又立陈余为代王。赵、代两国相继复立。

2.魏国的复立 陈胜称王后,还令魏人周市收复了魏地,众人请周市为魏王,周市以"必立魏王后乃可"为由请立魏公子咎,陈胜册封魏咎为魏王,封周市为魏丞相,建都临济(今山东博兴县西南)。秦二世二年(前208),秦将章邯伐魏,包围临济,周市被杀,魏咎自焚。王弟魏豹投奔楚怀王,楚怀王与兵数千,令其收复魏地。魏豹攻占魏地20余城,被楚怀王封为魏王。灭秦后,项羽大封诸侯,占大梁之地为己有,将魏王豹徙封于河东,都平阳(今山西临汾市),称西魏王②。

3.韩国的复立 韩国是在赵、魏之后复国的。秦二世二年(前208)六月,当项梁立了楚怀王后,原来的六国唯有韩国没有复国立王。在韩国贵族张良的建议之下,项梁立韩公子成为韩王。秦二世三年(前207),张良投奔刘邦,刘邦把攻取的韩地10余城作为韩国领地,令韩王留守③。汉高祖元年(前206),项羽在分封时因张良投奔刘邦而恨韩,又因韩王无功于己,因此对韩王成是先废后杀,另立郑昌为韩王。

张良得知韩王成被杀后,建议刘邦立韩国旧贵族韩信为韩王(此韩信不是汉淮阴侯韩信)。当韩信攻下韩,俘虏了韩王昌以后,刘邦就于汉高祖二年(前205)封他为韩王,史称韩王信。汉高祖五年(前202),刘邦将韩王信封于颍川(今河南禹州)。次年,刘邦因韩地居于中原腹心之

① 《史记》卷89《张耳陈余列传》。
② 《史记》卷90《魏豹彭越列传》。
③ 《史记》卷55《留侯世家》。

地,且地广兵多,恐其为患,就将韩王信徙都晋阳,"王太原以北"①,一来除去心腹之患,二来可使其防御匈奴。韩王信到晋阳后不久,就借口晋阳远离边境,不便与匈奴作战,请求将都城改在马邑(今山西朔州市),刘邦同意,韩国移都马邑。

第二节　西汉时期

一、西汉平定山西

1.韩信平定魏、代、赵三国　因项羽分封不公,一些王侯举兵反叛,首先起兵的是齐地的田荣。汉高祖元年(前206)五月,田荣在齐地起兵,击败齐王田都,击杀胶东王田市、济北王田安,夺取三齐,自立为齐王。之后,又遣兵助陈余大败张耳。项羽的霸局被田荣和陈余破坏,项羽大怒,发兵攻打田荣。

汉高祖二年(前205),刘邦乘项羽攻打田荣之际,采纳韩信的建议,"明修栈道,暗度陈仓",还定三秦。项羽分封时不愿践约把关中地区分给刘邦,便诡称"巴、蜀亦关中地也",封刘邦为汉王,都南郑(今陕西南郑)。把关中封给秦的三个降将,章邯为雍王,都废丘(今陕西兴平市东南);司马欣为塞王,都栎阳(今陕西临潼北);董翳为翟王,都高奴(今陕西延安东北),史称"三秦",利用他们截断刘邦东进的道路。刘邦占领关中三国后,以关中为根据地,与项羽展开了争夺天下的斗争。刘邦采用"斗智不斗力"的策略,与项羽长期相持于荥阳(今河南荥阳)、成皋(今河南巩义)一带,同时派大将韩信自关中东渡黄河,占领河东,形成与刘邦夹击项羽之势。

河东的战略地位非常重要,占领它,既可以削弱项羽的势力,又可以北征燕代、东袭赵齐,因此,韩信东进的首要目标就是河东的魏国。魏王豹反复无常,他怨恨项羽侵占故地,便举国投汉,旋即又因刘邦大败于彭城(今江苏徐州)背汉附楚。魏王豹在黄河以东的蒲阪(今山西永济西)

---

① 《史记》卷93《韩信卢绾列传》。

驻兵把守,扼守黄河天险,以阻止汉军渡河。韩信采取了声东击西、避实就虚的作战策略,表面上布置船队于河上,准备出一副强行渡河的架势,暗中却派曹参率部潜伏夏阳(今陕西韩城南),以木罂瓶(木制小口大肚的瓶形物)为渡具,出其不意地渡过黄河,袭击魏军,魏军大败,魏王豹被擒,魏都平阳亦被攻占。韩信大军横扫河东,将河东52城尽数攻占,韩信在这里设置了汉的河东郡,这是刘邦直接统治山西的开始。

韩信灭魏后,率军北上进逼赵、代。代王陈余"为赵王弱,国初定,不之国,留傅赵王,而使夏说以相国守代"①。韩信在阏与(今山西和顺西北)和邬城(今山西介休东北)两次大败代军,夏说被俘。接着,韩信率军东出井陉口(今山西平定旧关)击赵。井陉口为太行山中部晋、冀间的险关隘道,赵王歇和代王陈余聚兵20万于井陉口准备应战。在敌强我弱的情况下,韩信采用了奇兵奔袭和背水为阵的战术,夜选两千轻骑绕道隐蔽在赵营附近,又以万人背水列阵,赵军见此有悖常理的阵术都轻敌大笑,放松了警惕。天明,韩信率主力出井陉与赵军大战,汉军佯败,赵军倾巢出动追击,埋伏的汉军轻骑乘机攻占赵营,拔去赵旗,插上汉旗。赵军久战不胜,欲返回大营,受到汉军背腹夹击,赵军大败,赵王歇被俘,代王陈余被杀。井陉之战的胜利,使赵归属西汉王朝的统辖,汉又设置了太原郡和上党郡。

2.“白登之围”与韩国的灭亡　韩王信要求移都马邑,一方面是出于对刘邦徙韩于晋阳的不满,更重要的是在为自己寻找新的出路。汉高祖六年(前201)的秋天,匈奴大举入侵晋北,围攻马邑。韩王信一面向朝廷求援,一面与匈奴讲和。刘邦对他私自与匈奴讲和大加斥责,韩王信怕受惩处,率兵投降匈奴,并与匈奴联军长驱南下,攻占晋阳、铜鞮(今山西沁县)等地。次年,刘邦亲率30万大军北上讨伐,与匈奴大战于霍人(今山西繁峙)、马邑、楼烦(今山西神池、宁武之间)、云中(今内蒙古呼和浩特市西南)等地,在铜鞮大败匈奴。汉军屡战屡胜,刘邦求胜心切,亲率骑兵追匈奴于平城,驻军白登山(今山西大同东北马铺山),被匈奴冒顿单于的40万伏兵包围,被困七日。刘邦用陈平计,一方面厚赂单于阏

---

① 《史记》卷89《张耳陈余列传》。

氏,另方面散布流言,说汉欲送单于美女以求和。阏氏害怕失宠,劝说单于:"两主不相困。今得汉地,而单于终非能居之也。且汉王亦有神,单于察之。"①在阏氏的干预下,单于有所动摇,再加上原来约好合围的韩王信的部队也未按期到达,单于对韩王信的投降亦产生了怀疑,就收缩兵力,解围一角,使刘邦突围而去,史称"白登之围"。这次刘邦亲征,虽未重创匈奴,却迫使韩王信逃亡匈奴,韩国也就不复存在。同时也使刘邦意识到,初建的西汉还不具备反击匈奴的力量,只好接受娄敬的"和亲"建议,开始了汉匈和亲。

二、汉代国的封立

西汉的政治体制基本上"汉承秦制"。中央政权机构,完全继承了秦朝的制度,在皇帝之下,设三公九卿。地方政权机构,虽然名义上亦实行郡县制,但实际上是郡国并行制。

刘邦在总结秦王朝灭亡的教训时,错误地认为秦朝的迅速灭亡是因为没有分封子弟拱卫王室,因此,在铲除异姓王之后,分封刘姓子弟为王,以为这是"天下一家",是维护朝廷的可靠保证。他还规定:"非刘氏而王者,天下共击之"。汉高祖七年(前200),刘邦的次兄刘仲被封为代王②。次年,匈奴大举攻代,代王刘仲弃国逃归洛阳。刘邦让陈豨驻守代地,不久,陈豨叛汉,自立为代王,被汉剿灭。汉高祖十一年(前196),刘邦又立第4子刘恒为代王,其封地领有太原郡、雁门郡、代郡,共辖53县。初都晋阳,后徙都中都(今山西省晋中市榆次区)。

刘恒在代王位17年,他"仁孝宽厚",励精图治,对繁荣边地、阻挡匈奴南下、巩固汉朝北部边陲发挥了重要的作用。

高后八年(前180),吕后死,丞相陈平、太尉周勃、朱虚侯刘章等大臣在诛灭诸吕势力之后,一致主张迎立代王刘恒为帝,对这从天而降的皇冠刘恒及其臣僚不敢相信。郎中令张武认为帝位垂手可得,恐中有诈,建议称病不往,以观时变。中尉宋昌认为帝位非代王莫属,力主入朝。

---

① 《史记》卷110《匈奴列传》。
② 《史记》卷106《吴王濞列传》。

刘恒又与母亲薄太后商议,太后亦犹豫不决,最后以占卜定乾坤。占卜,得吉兆后,为了万无一失,刘恒又派其舅薄昭到京城探听虚实,得知拥立是真之后,刘恒才赴京即位,是为汉文帝。文帝在位23年,继续执行"与民休息"的政策,轻徭薄赋,约法省禁,使社会稳定,生产发展,形成了"文景之治"的繁荣景象。

山西不仅是汉文帝的发迹之地,也是保卫京师的边陲要地,汉文帝在他在位的23年时间里,曾先后4次巡游山西。汉文帝前元三年(前177),文帝出京东巡,在太原居留十余天,召见代国旧臣,给予丰厚赏赐,还免除晋阳、中都百姓三年租税。此后,前元十一年(前169)、后元三年(前161)、后元五年(前159)又三次故地重游。这四次巡视,对于显示皇恩、鼓舞民心、稳定社会都具有积极的意义。

汉文帝在称帝的第二年(前178),封子刘武为代王,刘参为太原王,把代国一分为二。三年后,徙封刘武为淮阳王,刘参为代王,兼有太原郡,都晋阳。汉武帝时,存在了80余年的汉代国随着削藩策略的推行亦被取消。

刘邦在分封王国的同时,还封功臣、亲属、外戚140多人为列侯,封到今山西地区的有数十个侯国,平阳侯曹参、绛侯周勃、汾阴侯周昌等,侯与王不同,封国只是侯的食邑,并无治民的权利,要受所在郡的管辖监督。

汉武帝元封五年(前106),分全国为十三部(州),山西属并州刺史部,分监9郡:太原、上党、雁门、朔方、五原、云中、定襄、上郡、代郡[①]。河东郡属司隶校尉部。

三、卫青、霍去病反击匈奴

秦、汉之际,我国北方的匈奴在冒顿单于的统率下,乘中原战乱之机,不断向外扩张,东败东胡,西逐月氏,北征丁零,南并楼烦、白羊(今内蒙古南部),重新占据河套地区,控制了东至辽河,西逾葱岭,北抵贝加尔湖,南界长城的广大区域,成为我国北方最强大的少数民族,也对汉朝北

---

① 《汉书》卷6《武帝纪》。

部边境形成了严重的威胁。

　　"白登之围"迫使刘邦放弃了进击匈奴的计划,采用娄敬建议的"和亲"政策,之后的惠帝、吕后、文帝、景帝四代,都致力于经济的发展和地方割据势力的消除,对匈奴也一直奉行着和亲的政策,然而这并未阻止匈奴的侵扰。汉武帝刘彻即位后,汉朝经过几代人的励精图治,休养生息,中央集权大大加强,经济实力空前雄厚,反击匈奴的条件已完全成熟,汉武帝决定抛弃"和亲"政策,展开对匈奴的大规模反击。反击匈奴战争的序幕是从山西拉开的。

　　1.马邑之谋　西汉元光二年(前133),雁门马邑(今山西朔州市朔城区)人聂壹通过大行王恢向汉武帝献策说:"匈奴初和亲,亲信边,可诱以利。"①趁汉匈和亲,匈奴不备,可诱之入界,布置好伏兵,出其不意,定能大破匈奴。汉武帝召集群臣商议,御史大夫韩安国以"利不十者不易业,功不百者不变常"的古训坚决反对军事冒险②,王恢与此展开了针锋相对的争辩,汉武帝最终还是采纳了王恢的建议,在马邑安排好30万伏兵之后,派聂壹前去引诱匈奴。聂壹以马邑城为诱饵,引诱匈奴军臣单于率10万骑兵南下,当进入武州塞(今山西左云),在距马邑城百里的地方,见牲畜遍野,却无人放牧,单于看到这一非常奇怪的现象顿生疑窦,就近攻打一所亭堡以探虚实,结果从俘获的汉兵口中得知伏击匈奴的计划,军臣单于慌忙撤兵,汉军全线出击也未追上,30万大军伏击匈奴的计划落空,王恢也因此被逼自杀。马邑之谋败露后,匈奴与汉断绝和亲关系,经常骚扰汉的边塞,汉王朝也在为反击匈奴积极地做准备。汉匈剑拔弩张,大战即将爆发。

　　2.卫青、霍去病击匈奴　马邑之谋掀开了反击匈奴大战的序幕,在汉匈战争中,为西汉王朝立下汗马功劳的将军就是河东人卫青、霍去病。

　　卫青,西汉河东郡平阳(今山西临汾)人。父亲郑季曾是平阳县小吏,母亲卫媪是平阳公主(汉武帝的姐姐,原封阳信长公主,因嫁平阳侯曹寿,改称平阳公主)家的奴婢。卫青还有异父同母兄姊,两兄三姊,都

---

　　①　《史记》卷108《韩长孺列传》。

　　②　《汉书》卷52《窦田灌韩传》。

从母姓,其中二姐是卫少儿,三姐是卫子夫。卫青幼年时,曾回到生父家,因不堪异母的歧视凌辱又返回平阳侯家。年龄稍长,因善骑射为平阳公主的骑奴,常侍从平阳公主出游。卫青的幼年生活历尽艰辛,备尝人间苦难。

卫青的三姐卫子夫是平阳侯家的歌女。建元二年(前139),汉武帝出游,路过平阳,住进他姐姐的府邸。在平阳公主的招待宴会上,汉武帝看中了貌美善舞的卫子夫,并把她带进皇宫立为夫人,后立为皇后。随着卫子夫地位的变化,卫氏家人的命运也发生了转变。卫青入京后先在建章宫当差,不久被任为建章宫监,加官侍中。卫青是随着他姐姐地位的变化才有了施展才能的机会,但他本人绝非无能之辈,他能征善战,大破匈奴,为西汉北部疆域的开拓做出过重大贡献,是中国历史上为人熟知的常胜将军。

元封五年(前106),卫青病逝,谥长平烈侯,葬茂陵附近。

霍去病,河东平阳人。父亲霍仲孺,原是平阳县小吏,母亲就是卫青的二姐卫少儿,生霍去病后,霍仲孺归家娶妻,霍去病随母生活。元狩二年(前121),霍去病再次北征匈奴路过平阳时,派官吏迎接父亲至官舍相认,为其父大买田宅奴婢,出征归来,将10岁的异母弟霍光带回于长安。霍去病没有经历舅父卫青少年时的坎坷,18岁就为侍中,出入禁宫,侍从武帝,因在抗击匈奴战争中屡立战功,官至大司马、骠骑将军,也是中国历史上屈指可数的名将之一。

元狩六年(前117),年仅24岁的霍去病英年早逝,汉武帝为之深深悼痛,下葬之日,自长安至茂陵(今陕西兴平东)百余里间以军阵为其送葬,并依照祁连山的形势为他建造墓冢,以象征他开辟河西走廊之功。霍去病“匈奴未灭,无以为家”的豪言壮语①,也成为鼓舞仁人志士为民族事业而奋斗的座右铭。

汉匈之间的战争先后打了十几仗,其中决定性的大规模战役有三次。

第一次战役是在元朔二年(前127),匈奴侵上谷(今河北怀来)、渔

---

① 《汉书》卷55《卫青霍去病传》。

阳(今北京密云),杀戮吏民千余人。汉武帝派将军卫青、李息率兵出云中(今内蒙古托克托县),沿黄河北岸西进,迂回到陇西,包围河套及其以南的匈奴军,大破匈奴楼烦王、白羊王的军队,一举收复了河南之地,解除了匈奴对京师长安的威胁。西汉在这里设置了朔方郡(今内蒙古杭锦旗)、五原郡(今内蒙古包头五原区)。这是建汉以来对匈奴作战取得的第一个大胜利,汉武帝以3800户封卫青为长平侯。元朔五年(前124)卫青与匈奴战于雁门、代郡一带,大获全胜,武帝派使臣持大将军印赶至边关,拜卫青为大将军,命他统率所有的抗匈部队,并增封食邑8700户,连卫青的三个儿子都被封为列侯①。

第二次大战是在元狩二年(前121),匈奴虽然失败,但仍然凭借河西走廊控制着西域,还不时地侵扰汉朝边境,汉武帝决定发起向匈奴争夺河西走廊的战争。年仅20岁的霍去病被任命为骠骑将军,率骑兵出陇西,越过焉支山(今甘肃山丹县东南胭脂山),深入匈奴境地千余里,与匈奴短兵相接,大获全胜,俘虏了浑邪王的儿子及相国、都尉等,缴获休屠王的祭天金人。同年夏天,霍去病第二次西征,一直攻到祁连山下,斩获匈奴3万余人,俘5王。匈奴失去祁连、焉支后悲哀作歌:"失我祁连山,使我六畜不蕃息!失我焉支山,使我妇女无颜色!"②可见河西战役匈奴损失的惨重。

匈奴西部地区一年之中连续两次遭受重创,浑邪王、休屠王已无法继续控制西部地区,又由于单于的斥责,二王商议降汉。汉武帝命霍去病率军受降,休屠王反悔,浑邪王杀了休屠王,率4万人降汉,汉政府把他们安置在陇西、北地、上郡、朔方、云中五郡,称为"五属国"。汉先后在河西走廊设置了武威、酒泉、张掖、敦煌四郡,史称"河西四郡"。此后,"金城、河西并南山(祁连山)至盐泽(罗布泊),空无匈奴"③。汉夺得河西走廊,不仅开辟了汉通往西域的通道,加强了汉与西域各国的经济、文化交流,也切断了匈奴与羌人的联系。

---

① 《汉书》卷55《卫青霍去病传》。
② 《太平御览·服用部·燕支》。
③ 《汉书》卷61《张骞李广利传》。

第三次大战在元狩四年(前119),这是汉匈之间规模最大的一次战役,也是彻底击溃匈奴的一次重要战役。汉武帝命卫青和霍去病各率5万骑兵,数十万步兵紧随其后。卫青为西路军,出定襄(今内蒙古和林格尔),到达漠北,与伊稚斜单于的部队相遇,战至黄昏,突然狂风大作,飞沙扑面,卫青乘机对匈奴进行包围,两军激战至深夜,除单于带几百壮骑逃走之外,余众全部被俘获,匈奴的主力被歼灭,汉军直追至赵信城(今蒙古杭爱山下)。霍去病为东路军,从代郡出兵,深入大漠两千余里,大败匈奴左贤王,歼敌7万多,追击到狼居胥山(今蒙古肯特山)而还。漠北战役给匈奴贵族以致命打击,从根本上解除了匈奴对西汉的威胁,"是后匈奴远遁,而幕南无王庭"①。

汉武帝反击匈奴的战争取得了决定性胜利,不仅解除了自汉初以来匈奴对西汉王朝所形成的威胁,给边境带来了数十年的和平与繁荣,而且也大大拓展了西汉的版图,加强了中原与西域的联系,这些都与卫青、霍去病甥舅所做的贡献是分不开的。

四、霍光辅政

霍光,字子孟,西汉河东郡平阳人。他是霍去病的异母弟弟,由于霍去病的提携,他10岁就进入宫中,初为郎官、侍中,霍去病去世后,他为奉车都尉、光禄大夫,侍从汉武帝左右,"出则奉车,入侍左右"②,成为皇帝的近臣。在跟随汉武帝的20余年中,他谨慎小心,竭诚做事,受到汉武帝的极大信任,同时,在错综复杂的宫廷斗争中也锻炼了他的治国才能,为他日后主持政务奠定了基础。

1.辅弼幼主,不负重望 汉武帝末年,围绕继承人的问题展开了一场明争暗斗。征和二年(前91),因巫蛊之祸迫使太子刘据(卫子夫的儿子)自杀后,汉武帝欲立他最宠爱的小儿子刘弗陵为太子,就送霍光一幅周公负成王朝诸侯图,示意霍光将成为未来小皇帝的辅政大臣。后元二年(前87),汉武帝病重,霍光问嗣,汉武帝才说出当初送霍光画的真正含

---

① 《汉书》卷84上《匈奴传》。
② 《汉书》卷68《霍光传》。

义。同年,汉武帝病逝,年仅 8 岁的刘弗陵即位,是为昭帝。霍光以大司马、大将军的身份成了汉昭帝的辅命大臣,掌握了汉王朝的最高权力,"帝年八岁,政事一决于光"①。同时辅政的还有车骑将军金日磾、左将军上官桀和御史大夫桑弘羊。

霍光不负先君的嘱托,粉碎了一场篡夺帝位的阴谋政变,巩固了昭帝的帝位。昭帝即位当年金日磾去世,霍光与其他两位辅政大臣和睦相处,共同辅佐皇上,他还和上官桀成为儿女亲家。霍光的大女儿嫁与上官桀的儿子上官安为妻,生了个女儿,和昭帝的年龄相般配,上官安打算通过霍光把女儿嫁给昭帝,霍光觉得他们年龄太小,没有答应。于是上官安便转求昭帝的大姐长公主促成此事,上官安的女儿入宫为婕妤,数月后立为皇后。皇后父上官安也升任骠骑将军、桑乐侯。上官桀父子权位日隆,非常感激长公主,就为长公主的姘夫丁外人请求封爵,两次都遭到霍光的拒绝,致使长公主、上官桀父子与霍光结怨。御史大夫桑弘羊因创立盐铁官营和酒类专卖,为国家获得了大量财富,自矜其功,要为自己的子弟求得官职,霍光不许,也怨恨霍光。燕王刘旦自认为是昭帝的兄长而没能立为皇帝,心怀怨恨。所以上官桀父子、长公主、桑弘羊就与刘旦同谋,打算除掉霍光。他们与其他大臣联名以霍光"专权自恣,疑有非常"的罪名上书昭帝,昭帝知其阴谋,在朝堂上发怒曰:"大将军忠臣,先帝所属以辅朕身,敢有毁者,坐之。"②他们的计谋没有得逞,就准备暗杀霍光,废掉昭帝,立燕王旦。

元凤元年(前 80),上官桀密谋由长公主置酒宴请霍光,伏兵杀之。因阴谋泄漏,上官父子、桑弘羊、丁外人被灭族,长公主和刘旦自杀。由于霍光的主政,使汉王朝避免了一场宫廷政变。

2.废黜昌邑王,拥立宣帝　元平元年(前 74),汉昭帝去世,时年 21 岁,没有子嗣,霍光又面临奉立帝王的大事。汉武帝六男,唯有广陵王刘胥在世,因其品行不端,当初就没有被武帝选中为嗣,因此决定立武帝孙子、昌邑王刘贺为帝。刘贺狂妄骄纵,荒淫无度,霍光对此深感忧虑,在

①　《汉书》卷68《霍光传》。
②　《汉书》卷68《霍光传》。

与大司农田延年商议之后,召集群臣联名上奏太后,将在位仅有27天的刘贺废黜。霍光又立武帝曾孙、戾太子(刘据)之孙刘询为宣帝,实现了西汉王朝帝位的平稳过渡。

3.召开盐铁会议 汉昭帝始元六年(前81),霍光以昭帝名义,命丞相田千秋召集贤良文学60多人到长安参加盐铁会议,与御史大夫桑弘羊等围绕盐铁专卖等政策进行辩论。贤良文学提出盐铁官营和平准、均输等经济政策是民间疾苦的原因,力主罢盐铁专营、酒榷、均输官,桑弘羊进行了针锋相对的回答,这就是有名的盐铁会议,会议记录由宣帝时庐江太守桓宽整理撰成《盐铁论》一书。会后,在霍光主持下,罢除酒榷和关内铁官,其余盐铁等政策,仍遵武帝之旧。汉武帝的盐铁官营、酒榷、均输等经济政策,促进了经济的发展,但又把财富集中于少数大官僚、大商人手中,改革这项制度,抑制大地主、大商人的利益,在一定程度上缓和了社会矛盾,调整了阶级关系,使西汉经济又走上了发展之路。

霍光辅佐武、昭、宣三帝,执政20余年。为政期间,实行与民休息的政策,减免田赋,减少徭役,发展生产,重视吏治,平理刑狱,使"百姓充实,四夷宾服",为汉室的安定和中兴建立了不朽的功勋,是西汉历史发展中的重要政治人物。

宣帝地节二年(前68),霍光病逝,宣帝才开始亲政。三年后,因霍氏家族骄纵不法,霍光妻毒死宣帝许皇后事发,霍光儿子霍禹、侄孙霍山等图谋废黜宣帝,霍氏家族被夷灭。

第三节　东汉时期

一、东汉平定山西

刘秀于更始三年(25)六月在鄗(今河北高邑)称帝,改元建武,东汉政权建立。十月,刘秀招降更始政权留守洛阳的大将朱鲔,建都洛阳。

东汉建立之初,所辖地域只限于河北一地,当时全国还处于农民起义军与地方豪强割据势力犬牙交错的形势,为恢复全国的统一,刘秀从建武元年至十六年(25—40),进行了为期15年的统一战争。山西是个战略要地,要占领关中,必先拥有河东,因此,在刘秀占据河北的时候,就开始了对山西的经略。

1.邓禹攻占河东　更始二年(24)春,更始帝刘玄由洛阳迁都长安,面对天下分裂的混乱局面,更始政权没有做出任何决策,反而大封宗室功臣,日夜饮酒作乐。百姓对他们大失所望,赤眉军却看到了与之争夺天下的希望,樊崇决计西攻长安。更始帝派定国上公王匡、襄邑王成丹、抗威将军刘均等将领驻军河东、弘农(今河南灵宝),以拒赤眉军的西进。樊崇率一路军攻打武关,徐宣等率一路军进攻陆浑关。更始三年(25)春,两路军会师弘农,连败刘玄军。

建武元年(25)正月,刘秀趁绿林、赤眉两支农民起义军相互残杀之机,派大将邓禹也来争夺河东。

邓禹,南阳新野(今河南南阳新野)人,追随刘秀于河北,有远谋,是刘秀的股肱之臣。刘秀以"禹沉深有大度,故授以西讨之略,乃拜为前将军持节,中分麾下精兵二万人遣西入关"①。邓禹帅兵西进河东,行至箕关(今河南济源西),与河东都尉进行了10天的激战,才攻破箕关,进入河东,包围河东郡治安邑数月,未能攻下。六月,更始大将军樊参率军数万北渡黄河,由大阳(今山西平陆南)进攻邓禹。邓禹在解(今山西临猗)大败樊参,王匡、成丹、刘均又纠集十余万兵力围击邓禹,初战邓禹失利。形势对邓禹非常不利,甚至邓禹的部下都提出了退兵的请求,如果王匡乘胜追击,也许能够大破邓禹。但因为第二天是癸亥日,王匡以"六甲穷日"不宜作战而休战一天,使邓禹获得了休整的机会。当第三天王匡发动进攻时,邓禹军一鼓作气,大破更始军,王匡弃军而逃,刘均及河东郡守杨宝、中郎将弭强皆被俘获斩首,河东归属东汉,任将军李文为河东郡守,对更始帝所任诸县长官更换重新任命。

2.并州鲍永的归降　更始二年(24),更始帝刘玄命上党屯留(今山西长子鲍店)人鲍永为尚书仆射,行大将军事,领兵攻占河东、并州。鲍永任上党潞城人冯衍为立汉将军,领狼孟(今山西太原阳曲)县长,屯守太原,与上党郡守田邑联手,共同捍卫并州。

_____

① 《后汉书》卷16《邓禹传》。

东汉建立后,刘秀派宗正刘延攻打上党天井关(今山西晋城),数战不克,刘延设法拘留田邑的母、弟、妻、子作为人质,以诱降田邑。更始政权立三年而亡,田邑听到消息,就遣使以宝璧、名马赴洛阳归降刘秀,上党郡归汉,刘秀仍命田邑为上党郡守。

田邑识时务,发书劝鲍永和冯衍降汉,可二人不相信更始政权的覆灭,还以"大丈夫动则思礼、行则思义"来痛斥田邑的负义行为①,并派兵驻军界休(今山西介休),以阻止上党汉军北上。鲍永又遣弟鲍升和女婿张舒赴上党诱降官吏,田邑抓张舒家眷以为人质,再次发书劝降。鲍永听到更始政权确实覆亡的消息后,立即以并州降汉,并州归属东汉。

3.晋北卢芳势力的消灭　卢芳,安定三水(今甘肃泾川)人。"王莽时,天下咸思汉德,芳由是诈,自称武帝曾孙刘文伯"②,骗取了安定民众的信任。王莽末年,卢芳与三水羌胡起兵,更始政权为了争取卢芳的支持,任其为骑都尉,使镇抚安定以西。更始败亡,三水豪杰以卢芳为刘氏子孙,乃共立其为上将军、西平王。卢芳与匈奴通好,被匈奴立为汉帝。

建武四年(28),匈奴单于为了让卢芳归还汉地,就与五原郡的割据势力李兴等人和亲。建武五年(29),李兴等人到匈奴单于庭去迎接卢芳入塞,都九原,占有五原、朔方、云中、定襄、雁门五郡,并置郡守县令。卢芳在匈奴的支持之下,统领了山西北部地区,俨然以一位汉王自居。匈奴和卢芳勾结,经常联兵南下侵扰,成为东汉北部边境最大的隐患。

东汉为了孤立卢芳的势力,曾采取措施与匈奴通好,但这并未使匈奴改变态度,侵扰依然如故。从建武七年(31)开始,东汉积极备战,大举讨伐卢芳。由于卢芳有匈奴、乌桓的支持,致使战争进行得非常艰难,东汉多次大败。为了争取民众的支持,激励将士英勇作战,光武帝以大量金帛缯絮赏赐边境军民。同时,也以对卢芳的降兵封官赐爵的措施来瓦解削弱卢芳的势力,卢芳的大将隋昱降东汉后,被命为五原郡守,封镌胡侯。由此卢芳将领城邑多有降者,有效地分化瓦解了卢芳的势力。在东汉骠骑将军杜茂、雁门郡守郭凉的有力打击下,卢芳终不能支撑,于建武

---

①　《后汉书》卷28《冯衍传》。

②　《后汉书》卷12《卢芳传》。

十六年(40)遣使请降,刘秀立卢芳为代王,辖雁门、代、定襄、五原、朔方、云中等郡。次年,卢芳入朝,走到半路接到禁止他入京的诏令,卢芳恐惧,归国复叛,匈奴接卢芳出塞,居匈奴十余年病死。建武二十三年(47),晋北诸郡归属东汉。

东汉在山西设立的政区仍依西汉,建武十一年(35),省朔方州,其地归属并州刺史部,治所晋阳,领九郡:太原、上党、雁门、定襄、云中、五原、朔方、上郡、西河,河东郡仍属司隶校尉,代郡仍属幽州。

二、山西境内的少数民族

山西因其特殊的地理位置,使之成为北方游牧民族南下的主要居住地和争战场所,两汉时期活动于山西的少数民族主要有匈奴、乌桓、鲜卑和羌族。

1.南匈奴入居并州　匈奴在建武二十四年(48)发生了一个很大的变化,就是分裂为南、北二部,南部归附于汉,入居塞内,北部继续留在漠北,最后西迁。

呼韩邪单于之孙,乌珠留单于之子比,在其叔父呼都而尸道皋若鞮舆单于即位时,被封为右薁鞬日逐王,驻牧于匈奴之南,管领南边八部及乌桓之众,部属计有四五万人。单于舆死后,舆子及弟相继即位,日逐王比不得立,心生怨恨,遂于建武二十四年(48)自立为单于,因其祖父曾依汉得安,故袭其称号,亦称"呼韩邪单于"。同时,为了同北匈奴对抗,南匈奴需要东汉的支持与庇护,比遂遣使至五原塞向东汉表示"愿永为藩蔽,捍御北虏"[①]。汉廷也苦于自开国以来,匈奴连年入侵,穷于应付,想利用南匈奴的力量保卫边塞,就接受了比的请求,比率所属八部到五原塞归汉,东汉朝廷把他们安置在今山西、陕西北部和内蒙古南部,又给予丰厚的财物资助,南匈奴在东汉的支持下日益强大,北部边患也因之而暂时停息。

南单于附汉后,列置诸部王侯帮助东汉守御边境,使"韩氏骨都侯屯北地,右贤王屯朔方,当于骨都侯屯五原,呼衍骨都侯屯云中,郎氏骨都

---

①　《后汉书》卷119《南匈奴传》。

侯屯定襄,左南将军屯雁门,栗籍骨都侯屯代郡"①,皆领部众为所在郡县
巡守防卫,边境安宁,原来内徙的边郡居民,多陆续回归本郡,沿边诸郡
的生产逐渐恢复。

北匈奴的存在始终是东汉朝廷的忧患,随着汉朝国力的加强,在南
匈奴的积极配合下,东汉于明帝永平十六年(73)开始了对北匈奴长达17
年的军事进攻。北匈奴在与东汉的战争中连连失利,致使内部分裂,其
部下纷纷南下归汉。章帝建初八年(83),有3.8万人至五原塞附汉,元和
二年(85),有73部先后入塞归附,章和元年(87),鲜卑大破北匈奴,斩优
留单于,又有58部20余万人南下到云中、五原、朔方等地附汉,北匈奴势
力大大削弱,并州的匈奴人数急剧增长,也逐步地南迁,曹魏时已达山西
南部。

随着匈奴人口的增长和东汉后期朝政的腐败,匈奴也多次发生反
叛。从安帝永初三年(109),南匈奴开始攻击东汉郡县,使并州再次陷入
战乱。顺帝永和五年(140),南匈奴左部句龙吾斯等立句龙王车纽为单
于,东引乌桓,西收羌戎及诸胡等数万人寇掠并、凉、幽、冀四州,东汉被
迫徙西河郡治于离石(今山西离石),南单于庭也由美稷(今内蒙古准格
尔旗北)徙往离石。同年十二月,东汉于马邑击败南匈奴叛众。桓帝延
熹元年(158),南匈奴与乌桓、鲜卑联兵侵扰代郡、雁门等沿边9郡。灵
帝中平六年(189),南匈奴还与白波农民起义军合兵侵扰并州,后驻屯于
平阳,献帝兴平二年(195),曹操使司隶校尉钟繇围南单于于平阳,南单
于归附曹操。

2.乌桓居晋北　乌桓,是东胡族的分支,西汉初年,匈奴冒顿单于灭
东胡,其余部退居乌桓山,因以为族号,遂称乌桓。乌桓"俗善骑射,弋猎
禽兽为事,随水草放牧,居无常处"②。汉武帝时,反击匈奴的战争取得了
一连串的胜利,乌桓请求内附,西汉设乌桓校尉进行管理。

乌桓与汉王朝的关系是时敌时友。东汉初,乌桓曾与匈奴联兵侵扰
代郡以东。建武二十二年(46),匈奴国乱,乌桓趁弱击破之,光武帝因以

---

① 《后汉书》卷119《南匈奴传》。
② 《后汉书》卷120《乌桓鲜卑列传》。

币帛赂乌桓。建武二十五年(49),辽西乌桓大人郝旦等922人请求内附,于是,光武"封其渠帅为侯王君长者八十一人,皆居塞内,布于缘边诸郡,令招来种人,给其衣食,遂为汉侦候,助击匈奴、鲜卑"①。乌桓入塞,主要分布于雁门郡和代郡,帮助东汉防守边境,维护了明、章、和三帝60多年北部边境的安宁与稳定。安帝以后,汉室衰微,朝政腐败,乌桓又与东汉为敌。安帝永初三年(109),乌桓与鲜卑、匈奴联兵内侵。顺帝阳嘉四年(135),乌桓侵扰云中,劫掠汉商贾牛车千余辆。顺帝永和四年(139),乌桓又击马邑,攻略沿边诸郡。直到献帝建安十二年(207),曹操征乌桓,俘20余万人,乌桓才又一次归附。建安二十一年(216),代郡的乌桓反叛,曹操任裴潜为代郡太守,使代郡政平人和,乌桓俯首,裴潜调任几十天后,乌桓又复反,曹操令子曹彰率兵平叛,曹彰英勇善战,身先士卒,大破乌桓,北方又复归安定。

3.鲜卑对并州的攻扰　鲜卑,也是东胡族的分支,西汉初年,匈奴冒顿单于灭东胡,其退居大兴安岭北段的鲜卑山,因以为族号,遂称鲜卑。东汉初,匈奴强盛,鲜卑依附匈奴,匈奴分裂,南匈奴入塞,北匈奴被打败退出漠北地区后,鲜卑族占据了匈奴故地,匈奴余部也归属鲜卑,鲜卑由此强盛,随之对并州等地的侵扰也更加频繁。安帝元初五年(118),鲜卑入寇代郡,烧杀掳掠,代郡太守亦被杀。安帝延光元年(122),鲜卑复入并州,寇代、雁门、定襄、太原诸郡。以后还多次入寇,给并州百姓的生产和生活带来了极大的破坏。

桓帝年间,鲜卑各部共推檀石槐为大人,建立起强大的军事联盟,王庭设在距高柳(今山西阳高)仅300里的地方。在檀石槐的领导下,鲜卑族勃然崛起,四面出击,"南抄缘边,北拒丁零,东却夫余,西击乌孙,尽据匈奴故地,东西万四千余里"②,成为北方最强大的一个民族。强盛的鲜卑经常入寇晋北,桓帝曾欲以封王与之和亲,以此来平息鲜卑的侵扰,遭檀石槐拒绝,于是,鲜卑无岁不寇汉边郡。献帝建安二十三年(218),曹彰大破乌桓后,鲜卑大人轲比能自感不能与汉抗衡,遂归附东汉。

① 《后汉书》卷120《乌桓鲜卑列传》。
② 《后汉书》卷120《乌桓鲜卑列传》。

　　迁居山西的少数民族还有羌人,主要活动于上党、河东、西河等郡。这些内迁的少数民族,虽然经常攻掠晋地,给人民的生产和生活带来了极大的破坏,但是,在汉朝廷强盛或民族政策得宜的情况下,他们也对边地的开发和稳定做出过一定的贡献。他们与汉人的杂居和交往,也促使其生产和生活方式逐步转向定居和农耕。山西由于特殊的地理条件,从汉代起,就是民族斗争与融合的主要基地。

三、白波起义

　　东汉末年黄巾大起义被镇压之后,黄巾军的余部仍在全国各地继续坚持斗争。汉灵帝中平五年(188)二月,黄巾军余部郭太等人在西河白波谷(今山西襄汾永固镇)重新发动起义,称白波军,有10余万众。中平六年(189)十月,白波军与南匈奴合兵进驻河东,董卓令其女婿中郎将牛辅率军镇压,被白波军击败。后来郭太战死,部将杨奉投降,其余部将李乐、韩暹、胡才仍在河东一带活动。

　　献帝兴平二年(195)十月,因董卓死后诸将争权,长安成为军阀厮杀拼斗的战场,汉献帝在杨奉的护卫下被迫流亡河东,途中遭到董卓部将李傕、郭汜的追截。杨奉归降李傕后并未断绝与白波军的往来,便暗中约李乐、韩暹、胡才救驾,在白波军的合力勤王之下,历经千难万险的汉献帝逃到河东,驻跸安邑(今山西夏县禹王城),8个月后,即献帝建安元年(196)六月启程返回洛阳。白波军因护驾勤王有功,汉献帝回到洛阳后就封杨奉为车骑将军,河内太守张扬为大司马,韩暹为大将军,领司隶校尉。曹操以洛阳破败荒芜为由,挟持汉献帝于许(今河南许昌),取得了挟天子以令诸侯的有利地位,逐个击败杨奉、韩暹,迫使二人投奔袁术,次年,二人相继被杀。胡才、李乐继续留在河东,建安二年(197),胡才被仇家所杀,李乐病死。

　　白波农民起义,虽然后来与官府合流为其所用,最终被曹操等军阀所吞并,但在起义斗争中所表现出的不畏强暴、顽强战斗的英雄气概对历史还是产生了巨大的影响和作用。

第四节　秦汉时期山西的经济与文化

一、经济的发展

秦汉时期山西的经济地位非常重要,农业一直处于全国的领先水平。铁器和牛耕的普遍使用,使得耕作技术、农作物的品种及产量都有了大幅度的提高。1959年在平陆县枣园村汉墓内,发现绘有牛耕(二牛一人)、耧种的壁画①,说明当时的耕种技术已达到一定的水平,特别是壁画中的耧车图形,为研究汉代耧车和播种技术提供了重要的资料。两汉时期,在山西兴建有较大的水利工程,最早的是汉武帝时期修建的番系渠。汉武帝接受河东郡太守番系的建议,引汾河、黄河水灌溉皮氏(今山西河津)、汾阴(今山西万荣)和蒲坂(今山西永济)三县之田,既沟通了渭水、黄河和汾水,又把沿岸50万亩土地改造成水田,促进了当地农业生产的发展,收到了很好的经济效益。后来因黄河改道,这项水利工程遭到破坏,经济效益大为降低。两汉时期的晋北是一个重要的畜牧基地,这里有适宜畜牧业发展的自然环境和历史传统,汉政府在这里设官苑养马,以备军用。还出现了一些依靠畜牧业而致富的豪强大族,如班固的祖先班壹。

手工业的发展水平也是空前的。河东盐业历史悠久,在春秋时期就名扬天下。河东盐池的盐从一问世,其晒制方式就很独特,其特征是天日曝晒,自然结晶,集工捞采,就是在晒制过程中,不假人力,坐收自然之利。李唐以后,垦畦浇晒法的出现,才改变了这种"天然印成"的原始方法。河东的盐,颜色洁白,质味纯正,汉代已远销豫、鲁、冀、甘、陕等地,是国家赋税的重要来源,被誉为"国之大宝"。汉武帝时盐铁官营,在安邑、太原、楼烦等地设置盐官,负责盐的生产和销售等事务。河东是秦汉时期重要的冶铁基地,据《汉书·地理志》和《后汉书·郡国志》载,两汉在全国设置铁官的县有四十多个,山西就有五县,河东郡的安邑、皮氏、

---

①　山西省文物管理委员会:《山西平陆枣园村壁画汉墓》,《考古》1959年第9期。

平阳、绛县和太原郡的大陵县。由于冶铁技术和产量的提高,铁器已普遍用于人们的生产和生活,这无疑也促进了社会经济的迅速发展。

秦汉虽然抑制商业的发展,但商人的活动依然十分活跃。商业繁荣的标志是城市的兴起,晋阳、平阳、杨(今山西洪洞)等城市的建设与发展,使之成为商业中心枢纽区。汉初与匈奴和亲,"通关市",使匈奴的牲畜及皮货得以和汉人的手工业品进行交换,"匈奴贪尚乐关市,嗜汉财物,汉亦尚关市不绝以中之"①,贸易区主要在晋北。西汉末王莽时,竟有西域贾胡活动在灵石一带,清末有人在灵石发掘出古罗马古铜钱16枚,属罗马皇帝梯拜流斯时期,相当于王莽天凤元年(14)至东汉光武帝十三年(37)②。灵石县位于晋阳往平阳、长安的交通线上,为商业贸易者所必经之地,而"西域贾胡,到一处辄止"③。隋代灵石县就有"贾胡堡"地名。外域商人到山西经商,可见山西商业之繁荣。

二、一代才女班婕妤

班婕妤,生卒年不详(或前48—前2),楼烦(今山西忻州宁武)人,是西汉著名的女文学家,也是宫廷正统妇德、妇容、妇才、妇工的典范。

班氏的祖先是楚国令尹子文的儿子斗班的后裔,秦灭楚时班壹迁居山西北部,定居楼烦,靠畜牧而富甲天下。五传到班况,官左曹越骑校尉,班婕妤是班况的女儿,史学家班彪(父班稚)的姑母,班固、班超、班昭的祖姑。汉成帝初年,被选入宫,为婕妤。班婕妤美丽聪慧,善诗赋,有文采,又谨守礼教,不干预朝政,很得汉成帝宠爱。有一次汉成帝要她同车出游,她婉言拒绝道:"观古图画,圣贤之君皆有名臣在侧,三代末主乃有嬖女,今欲同辇,得无近似之乎!"汉成帝深为班婕妤的见解而折服,就连王太后都称赞她:"古有樊姬,今有班婕妤。"④后来赵飞燕姐妹得宠,向成帝进谗言,许皇后被废,明智的班婕妤主动要求侍奉皇太后,成帝死

①　《史记》卷100《匈奴列传》。
②　张星烺:《中国交通史料汇编》第1册27页。转引自山西省史志研究院:《山西通史·秦汉魏晋南北朝卷》第387页,山西人民出版社,2001年。
③　《后汉书》卷54《马援传》。
④　《汉书》卷97下《外戚列传下》。

后,她又到成帝陵寝中看守陵园,死后,就葬在成帝陵中。

班婕妤是中国辞赋发展史上极少的女作家之一,也是五言诗的创造者之一。她的作品大多已佚失,现存仅3篇,赋有见于《汉书》的《自伤赋》和见于《古文苑》的《捣素赋》,诗有《怨歌行》,也称《团扇诗》。这些诗赋叙述了她由得宠到失宠的过程以及心理活动,是在长夜寂寞的宫中对自己不平命运发自内心的怨恨。班婕妤流传下来的作品虽不多,但由于她特殊的身世,杰出的才华,优美的诗句,使得她在文学史上,特别是女性文学史占有一席之地。

三、博士范升

范升,字辩卿,代郡(今山西阳高)人。幼年父母双亡,长于外祖家。自幼喜好读书,9岁能通《论语》《孝经》,长大后,专攻《易经》《老子》,他所研究的《易经》,是西汉宣帝时梁丘贺所传,所以称为《梁丘易》。他以教授为业,从学者数百人,名弟子京兆杨政,亦以善讲经书闻名。

王莽新朝时,范升被大司空王邑召为议曹史,范升分析时弊,尖锐地指出"胡、貊守关,青、徐之寇在于帷帐矣"①。这就是说当时的社会危机不只来自外族,主要是来自内部,他奉劝王莽政权迅速改弦更张,并急切地想见王莽,向他面陈自己的意见。他的话虽切中时弊,但王邑不会采纳,他被派往上党,至上党就投奔了刘秀。

因为范升有一定的学术声望,又关心时政,东汉建立后他就被立为《易经》博士,刘秀"每有大议,辄见访问"。东汉谶纬神学盛行,尚书令韩歆上疏,欲为《费氏易》《左氏春秋》设立博士,刘秀背后支持,为此于建武四年(28)正月,下诏公卿大夫、博士进行讨论。所谓《费氏易》,是指西汉齐人费直所传的易经,是以《易经》来占卜筮问的专门学问;至于《左氏春秋》,当时亦有人把它当做占验政治变动的专学。光武帝专门征求范升的意见,"范博士可前平说",范升坚决反对,与韩歆、太中大夫许淑等人展开激烈辩论,至"日中乃罢"。

范升从严肃官学、统一思想的角度出发,认为"左氏不祖孔子,而出

① 《后汉书》卷66《范升传》。

于丘明;师徒相传,又无其人,且非先帝所存,无因得立"①。在他看来,《左传》是左丘明对于春秋事件的解释,违背了孔子褒贬之大义,并列举其中14处错误,因而不能当做经典来看待。至于《费氏易》之类,则更属经学异端,不可登大雅之堂。要光武帝向汉武帝学习,"疑先帝之所疑,信先帝之所信",方可治理万事。他的劝告,终于使刘秀放弃了广立经学博士的打算。范升清醒的头脑和敏锐的见识,是他能够受到刘秀重视和礼遇的重要原因。

范升毕竟是一位儒生,他大概明于辨事,而不谙时事。汉明帝永平年间,他曾出任聊城县(今山东聊城)县令,很快就被免职。不久,死于家中。但在中国儒学发展史上,他还有一定的地位。

四、清流名士郭泰

郭泰(127—169),字林宗,东汉太原郡介休人,人称有道先生。他家世贫穷,幼年丧父,与母相依为命,惨淡度日。成人后,求学于河南成皋(今河南温县南)屈伯彦门下,经过三年的刻苦学习,博通《三坟》《五典》等古籍,并"善谈论,美音制"。学成后,游学于京师洛阳,名士符融以郭泰是"海之明珠,未耀其光。鸟之凤凰,羽仪未翔"②,把他介绍给河南尹李膺。李膺非常欣赏郭泰的人品才学,待以师友之礼,郭泰借助于李膺而名噪京师,再加上他"身长八尺,容貌魁伟"的外貌,众儒生对他刮目相看,"天下无人不识君"。相传,郭泰行路遇雨,头巾被淋湿,一角下垂,人们见他戴的头巾两角高低不一,也争相效仿,一时竟被誉为"林宗巾"。后来,郭泰离洛阳返太原时,赶来为他送行的车辆竟达千乘之多。

东汉桓帝、灵帝时期,由于外戚宦官的黑暗统治,加重了东汉社会的政治危机,引起了正直官吏和太学生的反宦官斗争,他们扬清激浊,褒贬朝政,郭泰是当时清议的重要人物之一。他最善于评论人物,据说"泰之所名,人品乃定。先言后验,众皆服之"③。党锢之祸后,郭泰罢游归家,

① 《后汉书》卷66《范升传》。
② 《后汉书》补遗卷11。
③ 《后汉书》补遗卷11。

闭门教书,弟子数千人,42 岁死于家中,四方之士赶来送葬者千余人。大学士蔡邕亲自为他撰写碑文,并说"吾为碑铭多矣,皆有惭德,唯郭有道无愧色耳"①,于是后人称此碑为"无愧碑"。据《元和郡县志》卷十七记载:"周武帝时除天下碑,惟林宗碑诏特留。"

---

① 《后汉书》卷 98《郭太传》。

第五章　魏晋南北朝动荡局势中的山西

　　魏晋南北朝时期从公元 189—581 年,近 400 年的时间,是我国早期封建社会发展的又一个重要时期。这一时期的两大特点,一是社会的大动荡、大分裂,二是民族的大融合,这两大特点在山西表现得尤为突出。山西因其特殊的地理环境和战略位置,成为各种力量、各种政权角逐聚合的交汇地,呈现出军阀混战、胡族政权频繁更替的交织状态。同时,山西又是少数民族内迁的前沿阵地,南匈奴、鲜卑、羯等胡族入住中原后,主要聚集在山西的中、北部地区,各族人民错居杂处,加强了相互之间的接触和交往,使山西又成为民族融合的大基地。在将近 400 年的治与乱、兴与衰的过程中,山西也出现过相对稳定的局面,曹魏、西晋、北魏、尔朱氏和高欢等政权,为了维护统治,扩大势力范围,在各方面都采取过积极有益的改革措施,在客观上促进和发展了山西的经济文化事业。

第一节　魏晋时期

一、曹魏对河东、并州的平定与治理

　　1.曹操平定河东、并州　东汉末年,军阀混战,五胡内迁,这一特点在山西表现得尤为明显。匈奴、鲜卑、乌桓等少数民族长驱入境,董卓、袁绍、曹操等官僚军阀势力争斗其间,张扬、丁原、张懿等地方军阀势力盘根错节,同时还有白波黄巾军的活动,各种力量犬牙交错,相互争并,形

成十分复杂的局面。

　　黄巾起义被镇压以后，其余部白波军仍在并州坚持斗争。汉灵帝中平五年(188)，白波军攻略太原、河东，杀死并州刺史张懿，次年，董卓为并州刺史，驻河东，并州、河东归他统辖。董卓之乱后，袁绍乘机攫取并州，并任他的外甥高干为并州刺史。袁绍于建安四年(199)消灭了公孙瓒后，就拥有青、冀、幽、并四州之地，成为北方最大的军阀。他想乘消灭公孙瓒的余威率兵南下，一举消灭曹操，进而把黄河中下游地区全部纳入他的统治之下，于是，建安五年(200)就与曹操大战于官渡(今河南中牟)，曹操以少胜多，乘胜追击，北渡黄河，与袁绍争夺并州、河东之地。经过几年的征战，到建安十一年(206)，曹操征服高干后，全部占领河东、并州之地，结束了自董卓之乱以来，河东、并州地区的军阀混战局面，曹操任杜畿为河东太守，梁习为并州刺史，从而使山西进入了一个相对稳定的发展时期。

　　2.杜畿治理河东　杜畿，字伯侯，京兆杜陵(今陕西西安)人。20岁为京兆郡功曹，后迁郑县县令、汉中府丞。汉末大乱，他弃官旅居荆州，建安年间回到故乡。由于荀彧的推荐，曹操任他为司空司直，又升任护羌校尉，领西平太守。

　　建安七年(202)，司隶校尉钟繇讨灭袁尚所属河东太守郭援，曹操为选择河东郡守的人选征求荀彧的意见："河东被山带河，四邻多变，当今天下之要地也，君为我举萧何、寇恂以镇之。"①荀彧推荐了杜畿，于是，曹操任杜畿为河东太守。

　　原河东太守王邑被迫离开河东，其旧部卫固、范先集结兵力数千把守陕津(今山西平陆县茅津渡)，以拒绝杜畿进入河东。曹操欲派大军护送，杜畿为避免两军对阵祸害河东百姓，决定单骑赴任。他隐秘地从郖津(今山西芮城陌南)渡河，出其不意地来到河东郡治安邑。范先连续杀掉郡中主簿以下官吏30多人，以向杜畿示威。杜畿镇定自如，毫不畏惧，为了安抚利用他们，杜畿任用卫固为都督，兼任郡丞，又代理功曹；使范先统领将、校、吏、兵三千多人，卫固、范先很高兴，表面上服从了杜畿。

---

①　《三国志·魏志》卷16《杜畿传》。

当上党、弘农等郡叛乱四起之时,卫固等人也秘密集结兵力乘机叛变,并与高干、张晟联手攻打杜畿,久攻不下,曹操派议郎张既联合关中的马腾共击叛军,高干、张晟败逃,卫固被杀,其余党被赦免归家,河东彻底平定。

杜畿治理河东,推崇宽松惠民、以德化民的政策。百姓打官司争讼,杜畿亲自为双方陈说大义,晓之以理,并让他们认真思索,自我反省,如果还有想不通的,再来太守府中找他,为此,河东词讼大为减少。郡中下属各县,推举出孝子、贞妇、顺孙,杜畿都能免除他们的徭役,行赏勉励。在杜畿的感召下,河东风化大行,社会安定。其次,他关心社会经济的发展,亲自制定生产措施,鼓励百姓勤劳耕作,甚至对牛、马、鸡、豚、犬、豕的畜养和管理都立有章程,河东经济迅速发展,百姓家家丰厚殷实。再次,兴办教育。杜畿说:“民富矣,不可不教也”,冬季整备戎装,讲习武艺。又开设学宫,亲自执经讲授,河东文学大盛,英才辈出。

杜畿在河东 16 年,他的治绩在全国是最好的,“常为天下最”,被曹操誉为股肱郡、模范郡,为曹操统一北方的大业做出了巨大的贡献。汉献帝建安十六年(211),关中韩遂、马超反叛,弘农、冯翊两郡县邑多起兵响应,河东郡虽然同敌境相连,百姓却没有二心,还积极筹措粮食供给曹操,“军食一仰河东”,等到叛乱平定,储备的粮食还有 20 多万斛。曹操嘉奖杜畿说:“河东太守杜畿,孔子所谓‘禹,吾无间然矣’”,增秩二千石。当曹操征伐汉中张鲁时,杜畿遣 5000 人运输军资,这些人自动相互勉励:“人生有一死,不可负我府君。”始终无一人逃亡,战后,曹操特发诏令嘉奖杜畿曰:“昔萧何定关中,寇恂平河内,卿有其功。”本想提升重用,但又“顾念河东吾股肱郡,充实之所足以制天下,故且烦卿卧镇之。”①

文帝曹丕即位后,赐爵杜畿关内侯,又晋封为丰乐亭侯,迁职为司隶校尉。文帝征伐吴国,任命杜畿为尚书仆射,留在朝中掌管国家大事。

黄初末,文帝派杜畿试作御楼船,在陶河(今山东定陶)试船,遇大风不幸船沉人亡,文帝非常惋惜,为之下诏曰:“昔冥勤其官而水死,稷勤百

---

① 《三国志·魏志》卷 16《杜畿传》。

谷而山死,故尚书仆射杜畿,于孟津试船遂至覆没,忠之至也。"①追赠杜畿为太仆,谥号为戴侯。

3.梁习治理并州　梁习,字子虞,陈郡柘(今河南柘城县)人。先后被曹操任命为漳(今河北故城)、乘氏(今山东巨野)、海西(今江苏东海)、下邳(今江苏睢宁)令,治绩卓著。建安十一年(206),并州平定后,梁习以别部司马领并州刺史,"时承高干荒乱之余,胡狄在界,张雄跋扈,吏民亡叛,入其部落;兵家拥众,作为寇害,更相扇动,往往棋跱"②。并州的形势非常严峻,他到任后,针对各种势力的特点采取了不同的制服措施。

对豪强部族采取威柔相济的办法,梁习对愿意归附、配合的豪强任以官职,为己所用,大大地分化瓦解了敌对势力;再把豪强的部族、部曲加以改编,随军出征,为了有效地控制这些人,把他们的家属作为人质迁往邺(今河北磁县南),前后迁邺者数万口;对一些拒不从命者兴兵致讨,斩首千数,降附者万计。通过这些措施,基本上镇抚了境内的豪强势力,社会秩序开始好转。

对于匈奴、鲜卑等少数民族,梁习主要采取怀柔抚慰的办法感召他们,以减轻边界的忧患。鲜卑大人育延主动要求互市,梁习特辟商城供其贸易。但在交易中,鲜卑人蛮横无理,破坏市场秩序,被官吏收缚。鲜卑众人闻讯包围梁习,气势逼人,要求释放罪犯。梁习沉着稳定,严厉斥责,育延理屈词穷,其后鲜卑不敢轻举妄动。太原乌桓王鲁昔率部反叛,梁习使鲜卑骑兵追击射杀之,其后,匈奴诸权贵服事供职,同于编户。

梁习还为朝廷举荐了不少名士,如常林、杨俊、王凌、王象、荀纬等,曹操"皆以为县长"③。

梁习治并州,"边境肃清,百姓布野,勤劝农桑,令行禁止"。梁习以功封关内侯,并州老者称"自所闻识,刺史未有及习者"④。

---

①　《三国志·魏志》卷16《杜畿传》。
②　《三国志·魏志》卷15《梁习传》。
③　《三国志·魏志》卷23《常林传》。
④　《三国志·魏志》卷15《梁习传》。

建安十八年(213),并州并属冀州,梁习更拜议郎、西部都督从事,统属冀州。魏文帝继位,复置并州,梁习复为并州刺史,晋封申门亭侯,其政绩常为天下州郡之最。明帝太和二年(228),梁习调迁,出任大司农。

梁习在并州20余年,虽拜官封侯,治绩显著,但他为官清廉,家无珍玩,生活清贫,明帝都为之而感动。梁习和杜畿一样,都是著名的治世能臣,他们任职期间,是魏晋时期山西发展最稳定的时期,他们的治绩受到当时河东、并州人民的交口称道。

曹魏政区基本沿袭东汉,魏齐王正始八年(247),河东郡分为河东、平阳两郡,属司州。并州领六郡:太原、上党、乐平、西河、雁门、新兴。代郡仍属幽州。

二、西晋政治与山西

西晋时山西的政区,河东、平阳两郡仍属司州。并州领有两国四郡:太原国、西河国及上党、乐平、雁门、新兴郡。代郡仍属幽州。

西晋是由晋王司马炎废魏而建的。山西,不仅是司马氏政权的策源地,而且山西的士人在西晋政权的建立、发展和衰亡过程中都起了重要的作用。"贾、裴、王,乱纪纲。王、裴、贾,济天下"[1],正是这种情况的真实写照。

1.司马昭受封晋王 魏明帝时,曹魏政治日益腐败,之后政局发生重大变化,世家大族的代表司马懿和他的儿子司马师、司马昭逐渐控制了西晋的军政大权。

司马懿,字仲达,河内温县(今河南温县)的著名士族,世代历任高官。始被起用于曹操,文帝曹丕时,地位逐渐显要。文帝死,司马懿为托孤大臣,与曹真、陈群共同辅佐明帝。明帝死,又与曹真之子曹爽共同辅佐年仅8岁的幼主齐王曹芳。高平陵事变,司马懿把曹爽集团一网打尽,从此,司马懿独揽魏国大权,政由己出。

嘉平三年(251),司马懿死,子司马师以大将军、侍中等职继续当政。嘉平六年(254),司马师因帝曹芳与中书令李丰、张皇后父亲张辑谋以夏

---

① 《晋书》卷40《贾充传》。

侯玄代他为政,杀李丰、夏侯玄,废曹芳,另立高贵乡公曹髦为帝。次年司马师死,弟司马昭当政。

甘露三年(258),司马昭为相国,封晋公,食邑八郡,皆在并州和河东。灭蜀后,又被晋封为晋王,封邑"以并州之太原、上党、西河、乐平、新兴、雁门,司州之河东、平阳、弘农,雍州之冯翊,凡十郡。南至于华(今陕西华山),北至于陉(今山西代县北句注陉,时曹魏以句注陉为北部疆界,陉北为鲜卑族占有),东至于壶口(今山西黎城王侯岭),西逾于河(黄河),提封之数方七百里,皆晋之故壤,唐叔受之,世作盟主,实纪纲诸夏"①。司马昭所封之地,基本上都在今山西地区,"开国光宅,显兹太原"②。后又增封为20郡,司马氏的权势更盛,并州之地亦成为司马氏统治的腹心之地。

2.贾、裴、王助晋代魏 平阳贾氏、河东裴氏、太原王氏是魏晋时期山西的名门望族,魏、晋之际,这三个家族的代表人物分别是贾充、裴秀和王沈,他们在魏晋政权的禅代中起了举足轻重的作用。

甘露五年(260),年仅20岁的魏帝曹髦,不甘当傀偏皇帝,就秘密召见侍中王沈、尚书王经、散骑常侍王业说:"司马昭之心,路人所知也。吾不能坐受废辱,今日当与卿自出讨之。"③魏帝把王沈等人当作心腹与之密谋,而王沈见曹魏大势已去,则与王业密告司马昭。当曹髦亲率宫中兵士僮仆数百讨伐司马昭时,司马昭早已做好准备,令贾充率军迎击,帝军被击溃,众人不敢伤害皇帝,贾充令勇士成济刺杀曹髦于车中。司马昭另立14岁的陈留王曹奂为帝,从此,曹魏的朝臣"虽复策名魏氏,而乃心皇晋"④。

王沈,字处道,太原人。其父王机,曾为魏东郡太守。王沈历任治书侍御史、秘书监、散骑常侍、侍中等要职。魏帝曹髦,好学而有文才,经常召见王沈、裴秀(今山西闻喜人)研究学问,称王沈为文籍先生,裴秀为儒林丈人。王沈在关键时刻,卖魏投晋,受到世人的非议,"沈既不忠于主,

---

① 《晋书》卷2《景帝纪》。
② 《晋书》卷2《景帝纪》。
③ 《资治通鉴》卷77《魏纪·高贵乡公下》。
④ 《晋书》卷24《职官》。

甚为众论所非"①。

贾充,字公闾,平阳襄陵(今山西襄汾)人。父贾逵,官至豫州刺史,因政绩卓著,死后,魏文帝、明帝、曹髦三帝皆先后入庙拜祭。贾充袭父爵为侯,从尚书郎累迁黄门侍郎、汲郡典农中郎将等职。贾充指使手下杀了曹髦,为司马氏立了一大功。当朝臣提出"腰斩贾充,以谢天下"时,司马昭却只把成济当成替罪羊,诛灭了全族。

晋王司马昭要立世子,他本想立自己喜爱的次子、已经过继给司马师的司马攸,可是善于审时度势的贾充与裴秀、何曾等人一致推举司马炎。贾充说司马炎"有人君之德,宜奉社稷"②,裴秀说司马炎"人望既茂,天表如此,固非人臣之相也"③,何曾说司马炎"聪明神武,有超世之才"④。在这些人的力荐下,咸熙二年(265)五月,司马炎被立为晋王太子。司马炎对鼎立荐举自己的贾充等人感激不已,立即擢升王沈为御史大夫,贾充为卫将军,裴秀为尚书令。

咸熙二年(265),袭封为晋王的司马炎废曹奂,自立为帝,为晋武帝。代魏后,晋武帝封卫将军贾充为车骑将军、鲁公;尚书令裴秀为巨鹿公;御史大夫王沈为骠骑将军、博陵公;镇北大将军卫瓘为菑阳公。在晋武帝所封的11公中,山西人占四⑤,可见,山西士人在司马氏政权中的地位。

3.贾后乱晋 贾充次妻郭槐生有二女,长女贾南风,次女贾午,泰始八年(272),贾南风入宫为太子妃。同时,贾充前妻所生之女贾荃,亦与晋武帝的亲弟弟司马攸成婚。贾氏与皇室联姻,其地位更加尊贵,势力也大为加强。

晋武帝的太子司马衷从小就愚钝,因他是皇后杨艳所生而被立。晋武帝也担心"太子暗弱,恐后乱国"⑥,他曾对皇后说:"皇太子不堪奉大

---

① 《晋书》卷39《王沈传》。
② 《晋书》卷40《贾充传》。
③ 《晋书》卷35《裴秀传》。
④ 《晋书》卷3《武帝纪》。
⑤ 《晋书》卷3《武帝纪》。
⑥ 《晋书》卷39《荀勖传》。

统",杨后以"立嫡以长不以贤"为由反对①,武帝只好让杨氏后党辅佐他。皇后死后,杨艳的从妹杨芷又为皇后,深受宠爱,杨芷的父亲杨骏也受到重用,升为车骑将军,封临晋侯。他的两个弟弟也受到重用,杨氏兄弟三人势倾天下,被称"杨氏三公",有"三杨"之号。

永熙元年(290),晋武帝死,太子继位,为晋惠帝,贾妃被立为皇后,杨骏以皇帝的外祖、太傅的身份"握大权,辅弱主"。贾后既有政治野心,又阴险毒辣,预谋把大权从杨氏后党手中夺回。元康元年(291),贾后密诏楚王司马玮入京,杀死辅政大臣杨骏,又杀死继杨骏之后辅政的汝南王司马亮和大臣卫瓘,然后又以"矫诏擅杀"的罪名杀死司马玮,从而夺得大权,实行她"专制天下,威服内外"的"女主专政"②。本为后党之间的争斗,由于司马氏宗室的参与而导致八王之乱的最终爆发。

元康六年(296),贾后又召赵王司马伦入京,掌握禁军和朝政,为司马伦的夺权提供了机会。贾后无子,太子司马遹是惠帝谢妃所生,贾后假装怀孕,暗地把她妹妹贾午的儿子抱来,以改立太子。被废的太子幽禁于许昌,司马伦利用贾后与太子之间的矛盾,设计使贾后杀掉太子,然后以替太子报仇为名,杀贾后及其党羽。永康二年(301),司马伦废惠帝自立。

司马伦自称为帝,引起诸王的不满,齐王司马冏、成都王司马颖、河间王司马颙联兵声讨司马伦,至此,宗室方镇多卷入火并。西晋争夺最高统治权的斗争由宫内扩大到宫外,由洛阳扩展到黄河南北,破坏性极大。直到永兴三年(306),东海王司马越毒死惠帝,另立惠帝之弟司马炽为晋怀帝,八王之乱方告结束。

长达十六年之久的八王之乱,是西晋统治集团内部争夺最高统治权的斗争,不仅使各派统治力量在内乱中消耗殆尽,中央朝廷失去对地方特别是对内迁胡族贵族的控制能力,导致西晋迅速走向灭亡,而且也使黄河流域的人民蒙受空前浩劫,经济文化遭受严重破坏。酿成这场内乱的原因可以追溯到晋武帝在世时的举措,优容门阀士族,分封司马氏宗

---

① 《晋书》卷31《后妃上·武元杨皇后传》。
② 《晋书》卷31《后妃上·惠贾皇后传》。

室,尤其是以诸王出任地方重镇,既领军又执政,拥兵跋扈,形成外重内轻,尾大不掉之势,因而,西晋的灭亡是必然的,而贾后在这个过程中充当了导火线的角色。

三、刘渊建汉灭晋

东汉以来,汉族统治者为了加强对少数民族的控制,补充劳动力和充实军队,经常实施迁徙政策,强迫他们迁居内地。此外,东汉以后,我国天气有渐趋寒冷的趋势①,少数民族逐水草而居,逐渐南下。中原地区战乱频仍,也给少数民族的迁入提供了可乘之机。在各族之间的互动影响下,少数民族大规模内迁,构成了魏晋南北朝时期中国社会的一个显著特征。

少数民族内迁后,趁着中原王朝的分崩离析和军阀混战的机会,纷纷建立了政权,刘渊建立于山西的汉国,是少数民族建立的第一个政权,由此开启了十六国政权频繁更立的先声。富有意味的是,结束十六国动乱,统一北方的北魏政权,依然是建立在山西。这就是说,十六国的开始和结束都是在山西。

1.刘渊称帝　匈奴是当时少数民族中力量最强大的一支,因而曹操在处理匈奴的问题上比较谨慎。为了打破匈奴原有的政治结构,达到分而治之的目的,曹操把并州匈奴分为五部:左部兹氏(今山西汾阳)、右部祁(今山西祁县)、南部蒲子(今山西隰县)、北部新兴(今山西忻州)、中部大陵(今山西文水),分五地安置匈奴,以匈奴贵族为五部帅,派汉人作五部司马进行监督。这在一定程度上打破了匈奴族居的状态,废除了匈奴的单于王侯系统,改变了单于部落军事贵族首领的性质,从而使匈奴"自诸王侯,降同编户"。

西晋末年的腐朽统治,以及自然灾害的频繁发生,致使各地流民起义风起云涌,少数民族贵族也抓住时机,起兵反晋,其中刘渊、石勒是最早的。

刘渊,字元海,为匈奴五部之左部帅刘豹之子。匈奴刘姓,是因"汉

---

① 竺可桢:《中国近五千年来气候变迁的初步研究》,《考古学报》1972年第1期。

高祖以宗女为公主,以妻冒顿,约为兄弟,故其子孙遂冒姓刘氏"①。刘渊很爱读书,幼年曾以上党人崔游为师,学习经史百家和孙子兵法,后以"任子"身份留居洛阳,汉化程度较深。刘豹死后,刘渊代为左部帅,惠帝时升为五部大都督。当李特、张昌先后举兵反晋,宗室诸王混战于北方之际,匈奴贵族认为"兴邦复业"的时机已到,北部都尉左贤王刘宣说:"自汉亡以来,魏晋代兴,我单于虽有虚号,无复尺土之业,自诸王侯,降同编户。今司马氏骨肉相残,四海鼎沸,兴邦复业,此其时矣。"他的建议得到五部的响应,因刘渊"明刑法,禁奸邪,轻财好施,推诚接物,五部俊杰无不至者。幽、冀名儒,后门秀士,不远千里,亦皆游焉"②,各部共推刘渊为大单于,准备起事。当时的刘渊还在邺城(今河北临漳),永兴元年(304),刘渊声称回并州招募匈奴五部人马作为司马颖的后援,从邺城回到左国城(今山西离石),刘渊改称汉王,国号汉,定都左国城。

匈奴汉国建立,并州刺史司马腾派部将聂玄率兵镇压,与刘渊大战于大陵,聂玄大败,刘渊继续攻城略地,相继攻占泫氏(今山西高平)、屯留(今山西屯留)、长子(今山西长子)、中都(今山西平遥)、介休(今山西介休)等地。匈奴汉国声势越来越大,不久,东莱(今山东莱州)士族王弥、上党武乡羯人石勒领导的义军也来投附刘渊,他的势力更加强大。永嘉二年(308),刘渊在攻占平阳、河东二郡后正式称帝,迁都平阳(今山西临汾)。

刘汉政权的建制也承袭汉制,国号为汉,官制设丞相、太尉、司马、司徒、司空,地方建制为郡县制,这些都说明,匈奴的汉化程度已很高。

2.刘聪灭西晋 永嘉四年(310),刘渊死,太子刘和继位,刘渊第四子刘聪杀刘和自立为帝。永嘉五年四月,石勒在苦县(今河南鹿邑)宁平城消灭太尉王衍率领的晋军十余万人,晋军元气大伤。六月,王弥与刘聪族弟刘曜等率军攻入洛阳,杀王公以下3万余人,俘获晋怀帝,洛阳城被洗劫一空,史称"永嘉之乱"。八月,刘聪之子刘粲又攻下长安。西晋雍州刺史贾疋等在关中汉人的支持下夺回长安,拥立宗室司马邺为帝,

---

① 《晋书》卷101《刘元海载记》。
② 《晋书》卷101《刘元海载记》。

是为愍帝。建兴四年(316),刘曜再次攻陷长安,愍帝出降,西晋灭亡。

刘聪灭西晋后,汉国控制了黄河中下游的广大地区,并把各族人民大批地迁到平阳,加强控制。刘聪是一个残暴荒淫的国君,在他的统治下,汉国吏治败坏,纲纪不整,对各族人民进行残酷的掠夺和压迫,再加上连年的自然灾害,阶级矛盾和民族矛盾十分尖锐,刘汉政权已处于极度的危机之中。

318 年,刘聪死,子刘粲继位。刘粲的荒淫与残暴比起其父更是有过之而无不及,名义上尊靳准之女为皇太后,实则以靳氏为妻,靳准也因此而受宠,被刘粲任为大司空、司隶校尉,军门之事,一决于靳准。靳准借机扩充势力,排除异己,发动叛乱,杀了刘粲,尽诛刘聪之子孙,自号大将军、汉天王,称藩于东晋。靳准事变发生后,一些大臣逃出平阳,拥立坐镇长安的刘曜为帝。刘曜遣兵至平阳,族灭靳氏,319 年,迁都长安,改国号为赵,史称前赵。

自 304 年刘渊建汉,到 319 年刘曜改国号称赵,匈奴汉国历 15 年,其都城及主要统治区都在今山西地区,在今山西地区设立的政区有:314年,设左、右司隶,右司隶部治平阳,领平阳、河东 2 郡。并州所属太原、上党、新兴、乐平 4 郡,幽州所属代郡。

第二节　十六国时期

魏晋时期少数民族不断地进入中原,改变了北方的政治格局,自刘渊建汉以后,羯、鲜卑、氐、羌等少数民族纷纷建立政权,史称十六国。汉族政权被迫苟安于江南一隅,从东晋到隋统一,形成了近三个世纪的南北对峙局面。淝水之战前,山西先后为前赵、后赵、前燕、前秦所统治;淝水之战后,山西中南部又先后为西燕、后燕、后秦、夏所攻占。直到 439年,山西全境才由北魏所统一。

一、后赵

后赵政权为羯人石勒所建,最强盛时据有今山西全境,设有司州所属平阳郡,洛州所属河东郡,并州所属太原、上党、武乡、永石、雁门、新兴、乐平七郡,幽州所属代郡。

　　石勒,字世龙,羯族,上党武乡(今山西榆社北)人。八王混战时,并州刺史司马腾掳掠各少数民族人民,两人一枷,押到山东出卖,得钱以充军费。石勒也在其中,被卖给山东茌平人师欢为奴,与马牧率汲桑为邻,石勒这个名字也是汲桑起的。刘渊建汉时,石勒与汲桑带领百余骑投靠司马颖故将公师藩,在攻打河北邺城时,公师藩战死,石勒与汲桑招集逃亡山泽的人民,释放囚徒,扩充队伍,攻下邺城,杀司马腾和晋军万余人。后来与司马越部将苟晞作战,数月间,大小30余战,汲桑战死,石勒投奔了刘渊。刘渊封石勒为辅汉将军、平晋王,统领上党兵众。

　　由于石勒受过汉族官僚的残酷压迫,所以在起兵的初期,滥杀汉族的降卒和百姓,尤其是抓到晋二千石以上的官吏往往杀掉。但汉人的抵抗也给石勒以沉重的打击,同时也使他逐渐意识到拉拢汉族士人的重要性,因此,在以后的发展中,石勒滥肆杀掠的政策有所转变。他用汉族士大夫张宾为谋主,委以重任。在攻陷冀州后,又搜罗当地的"衣冠人物,集为君子营"①,成为其智囊团。这些汉族士人对石勒事业的发展起了不小的作用。

　　石勒的势力发展迅猛,不仅对西晋王朝形成了严重的威胁,而且汉帝刘聪也奈何他不得。永嘉五年(311),石勒被刘聪任为镇东大将军,督并、幽二州诸军事,领并州刺史、持节、征讨都督、开府、幽州牧,让石勒征讨西晋的幽州刺史王浚和并州刺史刘琨。

　　王浚势力强盛,石勒不能硬攻,遂采取张宾的建议,派人致书王浚,愿其称帝,并表示自己愿意臣服于王浚。王浚见书大喜,放松了对石勒的防范。石勒计谋得逞,又修书与刘琨讲和,暂时缓解了刘琨对他的压力。愍帝建兴二年(314),石勒率大军讨伐王浚,陈兵易水,王浚督护孙纬等劝王浚整兵拒敌,王浚不但不听,反而设宴款待石勒。当石勒走进王浚的大堂,即刻令将士拿下王浚,并命将领王洛生以500骑押送王浚回襄国。王浚自投于水,被拖出后斩于襄国。王浚利令智昏,轻信石勒,自取灭亡,石勒占领了幽州之地。不久,青、豫、兖三州也尽为石勒攻占,

_____
　　① 《晋书》卷104《石勒载记》。

并州成为西晋在北方的最后一个堡垒。

愍帝建兴四年(316),石勒开始了讨灭刘琨的军事行动。石勒首先围攻刘琨所署的乐平(今山西昔阳)太守韩据,韩据向刘琨求救,刘琨率军出击,走进石勒的埋伏圈,遭前后夹击,刘琨大败。韩据弃城逃走。十二月,刘琨长史李弘以并州降石勒,刘琨走投无路,只好投奔鲜卑段匹磾。次年,被段匹磾杀害。

并州归属石勒后,石勒的势力更加强大,灭汉的信心也与日俱增,他拒绝汉命,公开与汉为敌。318年,刘聪去世前,曾诏石勒为辅政大臣,被石勒当即拒绝。靳准事变后,石勒率兵5万声称要和刘曜共讨靳准,实际上按兵不动。当刘曜于赤壁(今山西河津)即帝位,署石勒为大司马、大将军,晋封赵公时,被石勒拒绝。不久,石勒攻克平阳。

319年,即刘曜称帝的第二年,石勒在河北也自立为帝,都襄国(今河北邢台),史称后赵,控制了黄河中下游地区。

石勒统治时期,后赵在张宾的辅佐下,实行了一系列有利于政治、经济、文化发展的措施,如恢复九品中正制,选拔汉人为官;劝课农桑,制定租调制度,减轻赋役;设立学校,传授儒学,使后赵政权出现了明显的汉化趋势,与前赵政权相比,统治比较稳定,民族矛盾较为缓和。

328年,石勒与刘曜大战于洛阳,刘曜兵败被杀。次年,石勒派兵攻入长安,前赵灭亡。

333年,石勒死,子石弘继位。335年,石勒的侄子石虎尽杀石弘及其兄弟,自立为帝,迁都于邺。石虎施政极其残暴,在他统治的15年中,苛役繁兴,军旅不息,民不聊生。349年,石虎死后,诸子争立,骨肉相残,第二年,石虎的养孙汉人冉闵乘机夺取政权,自立为帝,改国号魏,史称冉魏。

二、前燕

前燕政权是鲜卑慕容氏所建。337年,慕容皝称燕王,建立前燕,以龙城(今辽宁朝阳)为都。352年,子慕容儁灭冉魏,称帝于中山(今河北定州),后迁都邺。370年,前燕被前秦所灭。前燕曾控制今山西大部,在这里设政区:中州所属平阳郡,洛州所属河东郡,并州所属太原、上党、武乡、乐平、雁门、新兴、西河七郡,幽州所属代郡。

后赵后期,国内大乱,前燕、前秦都想取而代之,而后赵的将领也在寻找新的靠山和出路。351年,后赵并州刺史张平遣使降前秦,秦王苻坚命张平为大将军、冀州牧;后赵上党守将降前燕;后赵羌酋姚弋仲则遣使降晋,被东晋任命为车骑大将军,其子姚襄被命为并州刺史,几股势力在今山西之地展开了激烈的争夺①。

357年,张平又叛秦降晋,被东晋命为并州刺史,以新兴、雁门、西河、上党、上郡等地,与前燕、前秦相抗衡。前秦王苻坚任命晋公苻柳为都督并、冀州诸军事,加并州牧,镇守蒲坂,以防御张平。358年,苻坚亲率大军征讨张平,相持半月,张平溃败后,又降于前秦。不久,前燕帝慕容儁命司徒慕容评讨伐张平于并州,张平下属降前燕,张平因反复无常而被前秦所灭,前燕占据并州。同年,前燕又讨平上党割据势力冯鸯。

慕容儁在位(349—359)的十余年是前燕发展的鼎盛时期,前燕灭冉魏,服拓跋,拒前秦,图东晋,声势浩大,独霸中原。

三、前秦

前秦是氐族苻氏建立的政权。苻氏世居略阳临渭(今甘肃秦安),为部落小帅。350年,苻洪自称三秦王,同年死,其子苻健继位,西入关中,进据长安。351年,苻健称天王,都长安,国号秦,史称前秦。357年,苻健之侄苻坚杀苻健之子苻生自立为君。苻坚博学多才,重用汉人王猛治理国家,劝课农桑,提倡儒学,兵强国富,百姓安乐,治绩在十六国中为第一。国势的迅猛强盛,使前秦几年内先后灭了前燕、前凉和鲜卑拓跋氏的代国,实现了西晋灭亡以来北方最大的统一,曾一度控制今山西全部,在这里设政区:雍州所属河东、平阳两郡,并州所属太原、上党、武乡、西河、雁门、五原、新兴、乐平八郡,幽州所属代郡。

352年,前秦大败羌酋姚襄,任姚襄之降将尹赤为并州刺史,令镇蒲坂(今山西永济),权以蒲坂为并州治,开始与前燕争夺山西。

353年,西域胡刘康诈称前赵帝刘曜子,聚众于平阳,自称晋王,被前

①　《资治通鉴》卷99《晋纪二十一》。

秦将苻飞讨灭,前秦占据河东、平阳。次年,前秦以王叔父苻安为大司马、并州刺史,镇守蒲坂,捍卫河东、平阳两郡。355 年,苻健死,苻生立,以晋王苻柳为征东大将军、并州牧,镇蒲坂,击败了谋袭河东的前燕军。357 年,苻坚大败羌酋姚襄于平阳,姚襄战败身死,余众尽降前秦。继而在讨平屡叛屡降的张平之后,苻坚亲临河东,祠汾阴(今山西万荣庙前村)后土。

苻坚在位期间,重用汉族名士,尤其是王猛,王猛不仅主持了苻坚在政治、经济、思想等方面的一系列改革,使前秦繁荣强盛,而且在前秦的兼并战争中也立下了汗马功劳。368 年,王猛、邓羌平定了前秦晋公苻柳在蒲坂的反叛。370 年,王猛率军 6 万大举伐前燕,在攻克壶关、晋阳之后,与前燕决战于潞川(今山西长治市潞城区漳河边)。

前燕太傅慕容评率军 40 万与王猛对峙于潞水东岸,他以为王猛孤军深入,计在速战,便决计以持久战拖垮前秦兵。王猛令游击将军郭庆率 5000 人,乘夜从小路绕到前燕军背后,放火烧毁前燕军辎重,火光冲天,在前燕都城邺城竟可看见火光。前燕主慕容㬂惊恐万分,急令慕容评出击。慕容评为人贪鄙,为前燕将士所痛恨,军无斗志,在王猛、邓羌的奋力反击下,前燕军大败,苻坚乘胜攻克邺城,前燕灭亡[①]。前秦取代了前燕中原霸主的地位。

前秦武力虽强,但统一时间短,境内民族多,关系复杂,矛盾重重,政局并不稳定,本应认真治理,巩固北方的统一,可惜苻坚急于求成,在 383 年匆匆发兵 90 万南征,企图一举攻灭东晋,完成全国统一大业,结果在淝水之战惨遭失败。苻坚逃回北方后,原来归附他的鲜卑、羌的贵族乘机反叛。385 年,羌族首领姚苌杀苻坚,整个北方又陷入混乱。

四、淝水之战后涉足山西的政权

淝水之战前秦大败后,原先被苻坚征服的各少数民族贵族乘机纷纷复国,北方出现了更为严重的分裂局面,其中涉足山西的政权有:

1.西燕　西燕是前燕贵族慕容冲所建的政权。385 年称帝,都长子,

---

① 《晋书》卷 113《苻坚载记》。

占领晋东南、晋南大部地区,在这里设置了上党、建兴、河东、平阳、太原、新兴、乐平、武乡 8 郡①。394 年,后燕灭西燕。

2.后燕　后燕是前燕贵族慕容垂所建的政权。淝水战后,慕容垂借机脱离前秦,于 384 年在荥阳(今河南荥阳)自称燕王,两年后改称皇帝,定都中山(今河北定州),史称后燕。后燕全盛时占有山西中部、东南部广大地区,设置了并州所属的太原、西河、雁门郡,雍州所属的上党、建兴郡,幽州所属的代郡。

393 年,后燕慕容垂发兵攻打西燕,次年,大败西燕军于台壁(今山西长治黎城),西燕主慕容永被杀,西燕亡国。至此,今山西大部分地域被后燕占领,后燕进入全盛时期。

北魏拓跋氏的发展威胁到后燕的北部地区,395 年,后燕太子慕容宝率兵大举伐北魏,被北魏大败于参合陂(今内蒙古凉城东北),后燕国势随之迅速衰落。396 年,后燕主慕容垂亲率大军偷袭北魏平城,平城守将拓跋虔毫无戒备,战败被杀。慕容垂乘胜至参合陂,见昔日将士残骸如山,悲愤恸哭,以致吐血发病而死。

慕容垂死后,北魏加紧了对后燕的征伐,先是大败后燕于潞川(今山西长治潞城区),接着又攻陷了晋阳,后燕失去晋阳、上党后,其势力被局于东北一隅,与此同时,后燕统治阶级内部的矛盾也逐步激化,409 年,后燕亡于内战。

3.后秦　384 年,羌族首领姚苌在长安称帝,国号大秦,史称后秦。姚苌的儿子姚兴是一个很有才干的君主,即位后,革新内政,发展生产,兴办教育,使后秦成为十六国后期最为强大的政权,不仅控制了整个关中地区,还东征攻占了洛阳和山西的西南部,在山西据有 2 州 3 郡 20 县,即并州(州治今山西永济古蒲州城)所属的河东郡 7 县、河北郡(今山西芮城古魏城)1 县,冀州(州治今山西永济古蒲州城)所属的平阳郡 12 县②。417 年,后秦被东晋刘裕北伐所灭。

---

① 山西省史志研究院:《山西通史·秦汉魏晋南北朝卷》第 244 页,山西人民出版社,2001 年。

② 山西省史志研究院:《山西通史·秦汉魏晋南北朝卷》第 255 页,山西人民出版社,2001 年。

4.夏 407 年,南匈奴左贤王刘卫辰之子赫连勃勃称王,都统万(今陕西横山),自认为是夏后氏的后代,故称国号为夏。夏国曾占据晋西南的河东郡地达 8 年之久,431 年被吐谷浑所灭。

十六国时期有汉、前后赵、前后秦、前西后燕、夏"五胡"9 个政权涉足山西,使山西长期处于军阀混战、政权纷争的动荡状态,也严重地阻碍了山西经济的发展,这种状况直到北魏时才告一段落。

第三节　北魏的统一与兴衰

一、拓跋部的兴起与北魏统一北方

建立北魏的鲜卑拓跋部,最初活动在大兴安岭北部东麓一带,过着逐水草而居的游牧生活。1980 年,在内蒙古呼伦贝尔盟(今呼伦贝尔市)鄂伦春自治旗阿里河镇西北 10 公里的大兴安岭北段顶巅,发现了《魏书·礼志》所记拓跋部先祖祭天的石室(嘎仙洞)和太武帝遣使祭祀的石刻祝文,从而确定这里就是拓跋部的发源地。

东汉时期,拓跋部逐渐南迁,他们经过"九难八阻",走出高山深谷。拓跋力微于 258 年迁居定襄盛乐(今内蒙古和林格尔北),举行祭天大会,统一了各部,势力逐渐强大。力微又与曹魏通好,开始接触先进的汉文化,加快了拓跋部自身的发展。力微死后,内乱不止,诸部离散。西晋末年,力微的孙子拓跋猗卢重新统一各部,拓跋部再度崛起。西晋政权为了利用拓跋部的力量抗击刘聪、石勒,就于晋愍帝建兴三年(315)封猗卢为代王,拓跋氏建国称代。次年,猗卢被其子六脩杀死后,拓跋部又陷于纷扰之中,"部落四散"。

338 年,拓跋什翼犍继代王位。什翼犍曾作为"质子",在后赵襄国(今河北邢台)住了 10 年,受汉化影响较深。他"始置百官,分掌众职"[1],又制定了简略的法律,使国家机构逐步完备。正当拓跋部国家迅速发展的时候,强大的前秦于 376 年消灭了代国,拓跋部的发展暂时

---

[1] 《魏书》卷1《序纪》。

中断。

淝水战后,前秦瓦解,什翼犍之孙拓跋珪于 386 年乘机复国,即位为代王,建元登国。不久改国号为魏,史称"北魏""后魏""拓跋魏""元魏",初都于盛乐,398 年,迁都平城,同年,拓跋珪称帝,为太祖道武帝,改元天兴。

拓跋珪在位期间,剪除内部分裂势力,统一拓跋各部;重视发展社会经济,"分土定居",从事农业生产,由游牧转向农业;重用汉族士大夫,积极学习汉文化,注意改善民族关系。这些措施的实施,使拓跋部迅速强大起来,先后击败库莫奚、高车、贺兰部、纥突部、纥奚部、匈奴刘卫辰等部,使之成为无敌于塞上的强盛大国。北魏的发展势头,必然要与后燕发生冲突,由此导致了曾经帮助拓跋珪平定大漠的慕容垂的反目为仇。登国十年(395),北魏与后燕大战于参合陂,尽歼后燕主力。拓跋珪黄始二年(397),北魏攻占后燕都城中山(今河北定州)后,占据了黄河以北的今山西、河北等地,一跃而为北方最强大的国家。

409 年,拓跋珪子拓跋嗣继立,为明元帝。他继承其父遗志,使北魏逐渐巩固和强盛。424 年,拓跋嗣子拓跋焘立,为太武帝。拓跋焘继位时,十六国后期的政权,经过相互吞并,只剩下北凉、北燕、夏和西秦。431 年,夏灭西秦,同年,吐谷浑灭夏。拓跋焘于太延二年(436)灭北燕,太延五年(439)灭北凉,统一了北方。这样,自 316 年西晋灭亡以来,北方 120 多年的分裂动荡局面结束了,复归统一,与长江流域的南朝各据半壁江山,南北对峙。因此,北魏又是北朝的开始。

鲜卑拓跋部以一个少数民族的政权,竟能统一北部半个中国,而且统治时间长达 100 余年,这在中国历史上还是第一次。

二、北魏前期的统治

北魏自道武帝拓跋珪建国后,经明元帝拓跋嗣,到太武帝拓跋焘,都是以卓绝的武功制服对手,统一北方,这不仅反映出他们强大的军事实力和杰出的指挥才能,也反映出我国古代在"胡人"泛称下的各周边游牧民族强大的生存能力和进取精神。进入中原后,如何对"混一华戎"的北部中国进行统治,虽然他们在一定时间内和一定程度上对中原地区造成了破坏,给各族人民带来了灾难,但同时,他们在接触中原经济、文化的过程中,也在逐步地改变自己的统治方式。所以,北魏初期所采取的一些措施,大多都带有过渡性质,正是这些措施的制定和实施,使北魏的面貌发生着深刻的变化。

政治上,参照汉制立官职,定礼仪。道武帝在迁都平城的当年就正式称"皇帝",表明他已开始以中原之主自视。在皇位继承制上,明元帝接受了崔浩等人的建议,建立了太子监国制。其用意是要废除兄终弟及的旧俗,顺利完成父子皇位交接;同时,太子监国,也便于皇帝率兵外出征战。此制在中原王朝也非定制,乃权宜之计,而明元帝至太武帝两朝却以此为皇权辅助的定制,成为北魏平城时代政治的一大特色。太子监国,使太子"副理万机,总统百揆"①。太子权力日盛,容易对皇权形成威胁,成为祸乱的动因。太武帝太子拓跋晃,监国12年,利用其特权结党营私、培植亲信,在朝中争权夺利,引起了太武帝的不满。正平元年(451),太武帝杀掉太子,废除太子监国制。

北魏的地方行政区划依汉制也分为州、郡、县三级,在山西先后曾设立:恒州(州治今山西大同)领代郡、善无、繁峙、高柳、灵丘、桑干、平齐7郡14县,朔州(州治今内蒙古和林格尔,后寄治今山西寿阳)领太安、神武、广宁、太平、附化5郡13县,云州(旧置朔州,后陷,改称云州,寄治今山西文水)领盛乐、云中、建安、真兴4郡9县,蔚州(寄治今山西介休)领始昌、忠义、附恩3郡7县,显州(寄治今山西孝义)领定戎、建平、真君、武昌4郡4县,并州领太原、上党、武乡、乐平、襄垣5郡26县,肆州(州治今山西忻州)领永安、秀容、雁门3郡11县,晋州(州治今山西临汾)领平阳、北绛、永安(郡治今山西霍州市,肆州之永安郡治在今忻州市)、西河、冀氏、南绛、义宁等12郡31县,建州(州治今山西泽州)领高都、长平、安平、泰宁4郡10县,汾州(州治今山西汾阳)领西河、吐京、五城、定阳4郡10县,东雍州(州治今山西新绛)领邵上、高梁、正平3郡8县,泰州(州治今山西永济蒲州)领河东、北乡2郡7县,陕州领河北郡(郡治今山

---

① 《北史》卷2《魏本纪》。

西平陆)4 县①。

北魏对地方基层的统治实行宗主督护制。北魏在建立基层政权时，却遇到了一个难以征服的势力，就是遍布各州郡的汉族世家大族。这些没有南逃的大地主聚族而居，将宗族、部曲武装起来，修筑坞壁，割据自保，许多逃避战乱的农民相率投奔他们，他们乘机侵占田地，封锢山泽，隐瞒人口。一家世家大族往往拥有成百上千家佃客或部曲，"百室合户，千丁共籍"②。这些世家大族被称作坞主或宗主，宗主以土地所有权、政治军事权以及宗族权对佃客、部曲拥有牢固的统治权和约束力。北魏政府为了取得士族的支持，就笼络、勾结他们，承认宗主这种权力的合法性，并利用这现成的统治，作为国家的地方基层政权，代替政府督护百姓。宗主督护制实质上是羁縻汉族地主的一种政策，其目的在于稳定拓跋氏在中原的统治。

经济上，分土定居，发展农业。为了适应对黄河流域的统治，拓跋部需要改变以游牧为主的生活方式，转向以农业为主，此政策在道武帝时即已提出并开始实行。道武帝下令"离散诸部，分土定居，不听迁徙，其君长大人，皆同编户"③。部落组织被解散，按地域定居，同时，为了便于管理，道武帝设立了"八部帅"(又称八部大人)，其职责是"劝课农耕，量校收入"④。同时为了加强平城的农业生产，道武帝在灭燕后，还将"山东六州"的 40 余万吏民、百工迁往平城，并"给内徙新民耕牛，计口授田"⑤。分土定居，促进鲜卑族及其他北方民族转向农业生产，为政府纳贡服役，也为创建皇权专制做准备；同时也造成各族人民的交错杂居，极大地加强了相互之间的接触与交往，使各族人民在经济和文化生活上渐趋一致。

北魏初期实行的租调制度是九品混通，"天下户以九品混通，户调帛

①　山西省史志研究院：《山西通史·秦汉魏晋南北朝卷》第 262—270 页，山西人民出版社，2001 年。

②　《晋书》卷 127《慕容德载记》。

③　《魏书》卷 83 上《贺讷传》。

④　《魏书》卷 110《食货志》。

⑤　《魏书》卷 2《太祖纪》。

二匹、絮二斤、丝一斤、粟二十石;又入帛一匹二丈委之州库,以供调外之费"①。按照国家规定,征收时不是平均分摊给各户,而是先将民户按贫富分为九等,根据户调平均定额算出租调总数,按等级征收。可是在实际执行时,并不按此规定办事,掌握户等评定、征收租调的宗主,往往"纵富督贫,避强侵弱",压低士家大族的户等,提高一般民户的等级,把大部分租调徭役转移到普通民户身上。加之北魏初年,国家未立俸禄制度,官吏全靠贪污和搜刮来维持自己的奢侈生活,甚至公开用大斗、长尺、重秤盘剥农民,或者强逼举借高利贷缴纳租调。此外,北魏临时的赋税征收和徭役调发也是很多的。所以九品混通虽有其名,而流弊极多。

　　思想上,设立太学,大兴儒学。"太祖初定中原,虽日不暇给,始建都邑,便以经术为先,立太学,置五经博士生员千有余人。天兴二年春,增国子太学生员至三千。岂不以天下可马上取之,不可以马上治之。为国之道,文武兼用"。"于是,人多砥尚,儒林转兴"②。道武帝积极倡导学习汉文化,以儒家思想作为安邦治民的根本,以去掉"胡气",建立中原"正朔"的新形象。太武帝也提倡儒学,祭祀孔子,要求王公以下百官,其子弟都要到太学学习儒经。他同时也信奉道教,以道教为国教,并接受寇谦之代表老君授给他的"太平真君皇帝"称号,登坛接受道教符箓。对于佛教,他起初也有所礼敬,太平真君七年(446),他亲征盖吴起义时在长安寺院中发现武器,认为沙门与盖吴通谋,下令诛杀全寺沙门。紧接着在儒生崔浩的怂恿下,制造了全国范围的灭佛事件。文成帝崇信佛教,佛教又开始复兴。北魏统治者在学习和吸取汉族及其他思想文化的过程中,逐步形成一套独特的统治意识,其特点主要表现为儒、道、佛三学并尊,使三学共同为北魏的统治服务。意识形态领域里的这一特点来源于多民族共存,同时又促进着民族融合的进程。

三、太和改制与迁都洛阳

　　北魏自建国以后,经过整整一个世纪的努力,逐渐巩固了对北方的

---

　　①　《魏书》卷110《食货志》。
　　②　《魏书》卷84《儒林列传序》。

统治。随着统一战争的结束,北魏社会发展的重点目标也发生了转移,同时,在战时所实施的一些政策的弊端也表现得越来越明显,如宗主督护制、官吏的俸禄、租调制、土地的授予等,这些问题已经导致阶级矛盾和民族矛盾急剧上升,局部的反抗斗争此起彼伏,绵延不断,太平真君六年(445)陕西爆发的盖吴起义就给北魏统治以重创。这些情况表明,北魏政府必须改弦更张,改变原来的统治制度和办法,以稳定社会,进行有效的统治。这种历史的环境和社会的要求把冯太后、孝文帝推向了变革的前沿。

冯太后是孝文帝的祖母,是汉人,原籍长乐信都(今河北衡市水冀州区)。她的祖父冯弘为北燕末代君主,父亲冯朗任过秦、雍两州刺史,封西郡公。冯氏自幼聪明出众,知书达理,优裕的家庭环境,使她受到良好的教育。还在冯氏幼年的时候,其叔父冯邈征伐柔然,战败投降。按当时的法律,一人投敌,整个家族都要受到株连,因此,冯父被杀,冯氏沦为官奴,因为貌美,被收入后宫,为文成帝拓跋濬贵人,后被立为皇后。文成帝去世后,年幼的献文帝拓跋弘即位,由冯太后临朝称制。六年后(即471),冯太后逼迫献文帝传位给他年仅5岁的儿子拓跋宏,为孝文帝,冯太后以太皇太后的身份再次临朝称制,直到490年去世。冯太后聪明贤达,富有才干,是她把孝文帝抚养长大,又教会他治国方略,培养他汉化思维。孝文帝聪明过人,"雅好读书,手不释卷"①,儒、佛、老百家之学无不涉猎,后来他之所以能成为一个深谋远虑、机智权变的政治家,就得益于汉族先进文化的熏陶。在冯太后和孝文帝的共同推动下,一场轰轰烈烈的平城改制开始了。

改制是分两期进行的。第一期开始于太和八年(484),由冯太后主持,主要改革政治、经济制度。第二期是在太和十八年(494)迁都洛阳以后,由孝文帝主持,着重于改革鲜卑人的生活习俗,实行汉化,促进民族之间的融合。改革的主要内容有:

1.整顿吏治,实行俸禄制　北魏前期,吏制混乱,地方守宰不论治绩好坏,任期都是六年。官吏没有俸禄,致使其任意搜刮民财,中饱私囊,

---

① 《魏书》卷7下《高祖纪下》。

民怨滔天,因此,改革首先从吏治入手。太和八年(484)规定,守宰的任期要按治绩的好坏来定,不固定年限。又制定俸禄制度,俸禄由国家统一筹集,按品级定期发给官吏,不许官吏自筹。为了杜绝贪赃枉法,又制定了惩治官吏贪污的办法,"赃满一匹(帛)者死"①,枉法者无论多少,一律处死。当年秋天,守宰因贪赃有40多人被处死。经过整顿,吏治得到改善。

2.推行均田制　太和九年(485),发布均田诏令,规定:(1)男子15岁以上受露田(只种谷物)40亩,桑田20亩;妇女受露田20亩。露田加倍或加两倍授给,以备休耕。年满70岁,还田于官。桑田为世业,不还官。桑田按照规定,要种一定数量的桑、榆、枣树等。不宜蚕桑地区,改授麻田,男子10亩,妇女5亩。(2)土地不准买卖,但"盈者得卖其盈,不足者得买所不足"②。(3)奴婢受田和农民相同,耕牛一头受田30亩,每户限受4牛之数,不再给桑田。(4)官吏按级别授田,离职时移交下任,不得转卖。均田制在一定时间内和一定程度上,限制了豪强大家兼并土地,有利于招徕流民和豪强大家控制下的荫庇户,开垦荒地,发展生产。自耕农的增多,也有利于国家征收赋税和调发徭役。但均田制同时也把内迁的居民牢牢地束缚在了土地上,使他们的自由迁徙受到很大程度的限制。

3.实行三长制　太和十年(486),下令废除宗主督护制,重新建立地方基层行政机构。规定五家立一邻长,五邻立一里长,五里立一党长。三长要选择本乡能办事又谨守法令的人担任,其职责是检查乡里农户的田地、户口数量、征收赋税、调发徭役、维护治安,用以代替宗主的统治。这项改革所针对的已不仅仅是拓跋部的传统政治模式,而且是直接针对东汉以来形成的豪强地主坞堡组织进行的政治变革,它的直接目的是向汉族世家大族索取基层管理权力。这项制度的颁行标志着北魏政权的成熟和完善。

4.实行定额租调制　太和十年,废除九品混通制,实行定额租调制。

────────────

① 《魏书》卷7上《高祖纪上》。

② 《魏书》卷110《食货志》。

规定一夫一妇每年出帛 1 匹、粟 2 石;15 岁以上的未婚男丁 4 人、从事耕织的奴婢 8 人、耕牛 20 头,其租调分别相当于一夫一妇的数量。新的租调制对于自耕农来说,负担比过去减轻了一些,对于大地主来说,由于户调征收到奴婢和耕牛,虽然比率较低,但毕竟加重了他们的负担,实质是政府与豪强地主调整经济利益的再分配形式。

5.迁都洛阳　太和十四年(490),冯太后去世,孝文帝亲政后的第一件大事就是把都城从平城迁到洛阳。为何要迁都? 一是平城处在贫瘠落后的地区,交通不便,人口日增,粮食供应困难。二是平城为都近百年,存在鲜卑贵族守旧势力的羁绊和干扰,不利于改革的深入。三是平城远离中原,难于有效地全面控制国家。四是北方柔然开始强大,有一定的军事威胁。总之,迁都对能否继续深入改革有重要意义。太和十七年(493),孝文帝克服阻力,演了一场"外示南讨,意在谋迁"的戏①,终于完成了迁都。迁都本身虽不属于制度上的改革,但却是孝文帝改革总体工作中的一个重要环节,此举成功,其他工作就容易进行。

6.改易旧俗　迁都洛阳后,开始第二期改革,改革的重点,是改变鲜卑族原有的生活习俗,促使其汉化。主要内容为:(1)改官制,改变原来鲜、汉官号杂用的旧制,一依汉制。(2)禁胡服,服饰一依汉制。(3)断北语,鲜卑语为"北语",汉语为"正音",下令"断诸北语,一从正音"②。(4)改姓氏,定门第。把鲜卑人的复姓,改为音近的单字姓。拓跋氏为首姓,改姓元,为最高门第。丘穆陵氏改姓穆,步六孤氏改姓陆,贺赖氏改姓贺,独孤氏改姓刘,贺楼氏改姓楼,勿忸于氏改姓于,纥奚氏改姓嵇,尉迟氏改姓尉,这八姓贵族的社会地位,与汉族北方的最高门第崔、卢、李、郑四姓相当。其他稍低一些的贵族姓氏亦改汉姓,其等第与汉族的一般士族相当。积极推行门第相当的胡、汉大族通婚,使胡、汉高门阶层融合起来。

孝文帝的改革主要着眼于巩固北魏政权,但在客观上却产生了重大的意义:改革顺应了社会需要,促进了生产的发展,维持了封建社会上升

① 《魏书》卷 19 中《任城王传》。
② 《北史》卷 19《咸阳王禧传》。

的势头;打击了门阀士族;促进了鲜卑拓跋部的文明与进步,这说明征服了汉族的鲜卑拓跋部,不得不被先进的汉文化所征服;促进了民族的大融合,它以法律的形式肯定了各民族融合的成果,反过来又促进了鲜卑族的封建化和民族大融合的发展,是十六国以来民族融合的大总结、大推进、大飞跃。

孝文帝以罕见的魄力,放弃了狭隘的民族旧俗,冲破重重阻碍,以大义为重,不惜诛杀爱子,毅然坚定地进行改革,实属难能可贵。他锐意推行民族和睦亲善政策,特别是文化上的汉化主张,使其成为中华民族得力的一员,也对华夏文明做出了杰出的贡献。孝文帝不愧为封建时代杰出的政治家。

四、北魏的分裂

孝文帝的改革把北魏社会的发展推向了鼎盛,499 年,其子元恪即位,为宣武帝。宣武帝为政宽纵,致使北魏政治腐败,卖官鬻爵,肆意挥霍,攀比斗富,兼以水旱灾祸,民众难以生存,阶级矛盾日益尖锐,各地人民起义风起云涌,著名的有六镇起义、河北起义、山东起义和关陇起义,北魏也由此而进入衰亡期。

伴随着农民起义的是统治集团内部的混乱,为争夺权力而进行的残酷斗争。515 年,7 岁的元诩即位为孝明帝,其母胡太后专权。武泰元年(528)二月,胡太后毒死了孝明帝,另立 3 岁的幼主元钊为帝,自己掌握大权。山西的契胡酋长尔朱荣以替孝明帝报仇为借口,立即从晋阳起兵,南渡黄河,进军洛阳。四月,尔朱荣立元子攸为帝,为孝庄帝,并以祭天为名,将公卿百官驱赶到洛阳附近的河阴(今河南孟县),沉杀胡太后及元钊于黄河,围杀王公百官 2000 多人,毁灭性地打击了鲜卑贵族,史称"河阴之变"。

尔朱荣,字天宝,秀容(今山西忻州市)人。其高祖尔朱羽健,因登国初率契胡武士 1700 人随道武帝征战晋阳、中山有功,被拜散骑常侍,受封秀容川,封地 300 里。其祖尔朱代勤,因其外甥女为太武帝皇后而受宠,官至宁南将军、肆州(今山西忻州市)刺史。其父尔朱新兴,继承祖业,善于畜牧,牛羊驼马,色别为群。因以战马、粮食资助国家受到孝文帝嘉奖,升任右将军、光禄大夫。尔朱荣承袭父爵,自幼聪明果断,善于骑射,且英俊貌美,在镇压农民起义的过程中屡立战功,官至大都督、加金紫光禄大夫,成为坐镇晋阳的一方霸主。

尔朱荣立孝庄帝后,独揽大权,专横跋扈,不可一世,实际上把北魏的权力中心从洛阳又转移回山西,他坐镇晋阳,遥控洛阳。孝庄帝渐渐有些不能容忍,便对尔朱荣说:"天柱(尔朱荣受封天柱大将军)若不为人臣,朕亦须代,如其犹存臣节,无代天下百官。"尔朱荣听后大怒,曰:"天子由谁得立! 今乃不用我语。"①傀儡皇帝孝庄帝外受制于尔朱荣,内受逼于尔朱皇后(尔朱荣女),被欺凌得忍无可忍,他发誓曰:"吾宁为高贵乡公(三国魏帝曹髦)死,不为常道乡公(曹魏末帝曹奂)生。"永安三年(530),孝庄帝诈称尔朱皇后将分娩,骗得尔朱荣入朝祝贺,尔朱荣弟尔朱世隆匿名书提醒之,但尔朱荣自恃强大,不以为然,遂赴洛阳。孝庄帝利用宴请的机会,亲手杀了尔朱荣。

尔朱荣的侄子尔朱兆为叔父报仇,自并州出兵洛阳,生俘孝庄帝,杀皇子及左右大臣,抢掠财物,洛阳城被洗劫一空。孝庄帝被尔朱兆押归晋阳杀死,另立节闵帝元恭。

原尔朱荣部下大将高欢与宇文泰乘机作乱,各自为政。高欢借匡扶魏室之名,于532年打败尔朱氏,进入洛阳,杀节闵帝,另立孝武帝元修。高欢自为丞相,独揽大权,在晋阳建大丞相府,遥控洛阳,成为尔朱荣之后又一位北魏的实际统治者。洛阳和晋阳的矛盾日益尖锐,534年,孝武帝逃向关中,投靠宇文泰,导致北魏一分为二。

高欢又立元善见为孝静帝,孝静帝只有11岁,不久自洛阳迁都于邺(今河北临漳),史称东魏。高欢居晋阳,在晋阳控制朝政。550年,高欢子高洋废东魏孝静帝而自立,国号齐,史称北齐。北齐于577年被北周武帝宇文邕所灭。

孝武帝投靠宇文泰5个月后被宇文泰杀死,另立元宝炬为帝,以长安为都,史称西魏。宇文泰死后,其子宇文觉于557年废西魏恭帝自立,国号周,史称北周。577年,北周出兵灭北齐,统一了北方。北周于581

---

① 《魏书》卷74《尔朱荣传》。

年被杨坚所灭。

从 4 世纪刘渊起兵,一直到 6 世纪后期北周灭北齐,山西在中国北部的地位一直很重要。平阳、平城、晋阳,先后成为很重要的政治、军事中心,中间间断的时间很少。

第四节　魏晋南北朝时期山西的文化成就

一、三裴与史学

南朝宋齐时期,河东闻喜的裴氏家族出现了著名的"史学三裴",即裴松之、裴骃、裴子野,他们祖孙四代三人,因在史学上的杰出贡献,而在中国史学发展史上享有很高的声誉,也由此形成了裴氏家族文化和家学传统的特色。

1.裴松之　裴松之(372—451),字世期,南朝宋著名的史学家。他从小喜爱读书,8 岁就能学通《论语》《毛诗》,后博览典籍,学识日进。20 岁步入仕途,曾任东晋殿中将军、吴兴郡故鄣县令、尚书祠部郎等职;担任刘宋政权的太子洗马、零陵内史、国子博士、中书侍郎等职。宋文帝刘义隆以陈寿所著的《三国志》过于简略,命裴松之为之作补注。经过三年的辛勤耕耘,他终于完成了《三国志注》这部不朽的历史著作。裴松之还著有《晋纪》《宋元嘉起居注》《裴氏家传》《集注丧服经传》和《裴松之集》等,可惜都已亡佚,只有《三国志注》留存至今。

陈寿"善叙事、有良史之才",但写书时,正当魏、晋之际,天下乱离,资料不全,故内容不够充实,也没有表和志。裴松之在《上三国志注表》中将《三国志注》的内容概括为四项,即补阙、备异、矫妄、论辩。据后世学者的粗略统计,注中所引据的著作多达 200 余种,而且截取史料比较完整,注文条目多,文字总数也超出正文三倍,使许多《三国志》中失载的历史事实得以保存,因而裴注的史料价值极大,已成为研究三国历史不可缺少的资料。《史记》《汉书》注重训释文义,而裴注则重在增补史实。裴注开创了史注新法,发展了历史考证学,开展了史学批评。因此,裴松之被后人列为史学大家。

2.裴骃 裴骃,字龙驹,裴松之之子,曾任南朝宋中郎参军。他继承家学,博览宏识,亦以注史著称于世。

《史记》是我国历史上第一部纪传体通史,裴骃赞赏司马迁广博的历史知识,和"其文直,其事核,不虚美,不隐恶"的写作风格[1],但他在对《史记》的考校中,认为此书也"时有纰缪","甚多疏略,或有抵牾"[2],于是,要为《史记》作注。他以徐广的《史记音义》为本,博取百家之说,兼采先儒之义,凡对作注有所裨益,便广而录之;凡所注引,务必去其浮言游辞,取其精旨要义;如各家说注不同,则兼收并蓄,不肯偏弃;如有未详之处,宁缺不议,不臆想妄说,终于写成《史记集解》80卷不朽之作,成为现存最早的《史记》注本,与唐司马贞《史记索引》、张守节《史记正义》合称"史记三家注"。

司马迁的《史记》被誉为"史家之绝唱,无韵之《离骚》",裴骃也因为《史记》作注而垂名于中国史坛。

3.裴子野 裴子野(469—530),字几原,裴骃之孙,裴松之之曾孙。裴子野聪颖早慧,"少好学,善属文",与兄裴黎、弟裴楷、裴绰以文才誉满天下,号称"四裴"。他曾为齐武陵王国左常侍、江夏王参军,后任梁著作郎、中书通事舍人、鸿胪卿等职。

裴子野受祖辈影响,自幼酷爱史学,精于南朝宋史。他有感于沈约的《宋史》卷帙浩繁,不便阅读,就立志改编宋史,完成编年体《宋略》20卷。《宋略》成书后,受到学界的好评。《梁书》称赞"其叙事评论多善",沈约见后感叹道:"吾弗逮也。"范缜读后说:"弥纶首尾,勒成一代,属辞比事,有足观者。"[3]唐代著名史学评论家刘知幾也说:"世之言宋史者,以裴略为上,沈书次之。"[4]

裴子野的《宋略》不仅善于叙事,而且长于评论。当时的才学之士兰陵王萧琛评论《宋略》可与贾谊的《过秦论》、班彪的《王命论》相媲美。唐代许嵩撰《建康实录》,其中关于刘宋的历史,大都出自《宋略》的记载。

---

[1] 《汉书》卷62《司马迁传》。

[2] 《史记集解序》。

[3] 《梁书》卷30《裴子野传》。

[4] 《事苑体》卷754《军略总注》。

北宋司马光撰《资治通鉴》,其中关于刘宋的历史,也基本取材于《宋略》。《宋略》大约在北宋以后失传,今天我们只有借助于《文苑英华》《建康实录》《资治通鉴》等,了解《宋略》的概貌和裴子野的史学思想。

裴子野一生的著述,除《宋略》外,还有《集注丧服》2 卷,《续裴氏家传》2 卷,《众僧传》20 卷,《百官九品》2 卷,《附益谥法》1 卷,《裴子野文集》20 卷等,可惜都已亡佚。

山西的史学家除了三裴之外,还有王沈、孙盛等人。

王沈(? —266),字处道,太原晋阳人,曹魏时累官中书门下侍郎、治书侍御史,转秘书监。司马氏建晋后,王沈则因告密有功,被封为安平侯,食邑两千户。武帝受禅,以佐命之勋,任王沈为骠骑将军、录尚书事,加散骑常侍,统城外诸军事,成为晋初的名臣。王沈还以才望,显名当世,"好书,善属文",受诏与荀颉、阮籍共同主编《魏书》。《魏书》虽已亡佚,但为陈寿修《三国志》、裴松之注《三国志》都提供了大量的史事资料。

孙盛(302—373),字安国,太原中都(今山西平遥)人,是东晋初期的著名史学家。他 10 岁避难渡江,"及长,博学善言名理",曾任著作郎,职掌修史。孙盛"笃学不倦,自少至老手不释卷"[1],著有《魏氏春秋》《晋阳秋》和《异同评》三部史著。《魏氏春秋》是一部记三国曹魏史事的编年体史书,已亡佚,陶宗仪《说郛》《增订汉魏六朝别集》辑有部分佚文。《晋阳秋》是记载从司马懿至晋哀帝的西晋史事的编年体史书,原名《晋春秋》,因避东晋简文帝母郑太后小名"阿春"之讳而改。《异同评》是对有关三国史事的史著进行评论、补阙、纠误,是一部史评类杂著。孙盛著书因其"词直而理正,咸称良史"[2]。

二、郭璞与训诂学

郭璞(276—324),字景纯,河东闻喜人。东晋著名的文学家、训诂学家,在两晋的作家中,他是一位学识渊博、文名甚高,又富有传奇色彩的人物。

---

① 《晋书》卷 82《孙盛传》。
② 《晋书》卷 82《孙盛传》。

　　郭璞的政治生涯并不显赫，南渡后才开始入仕，当时已经是快 40 岁的人了。他被晋元帝司马睿任命为著作佐郎，因多次上书朝廷，要求减免刑罚、体恤百姓而被提升为尚书郎。郭璞精通五行、天文、卜筮之术，喜好阴阳历算，常常打卦占卜，据说颇能应验。晋明帝太宁二年(324)，王敦图谋叛乱，让郭璞占卜，预测吉凶，郭璞说"无成"，因此王敦怀恨在心。王敦在武昌起兵后，温峤领兵平叛，让郭璞占卜，郭璞说"大吉"。郭璞的话得到应验，这是因为他博学多识，能够把握事物发展的趋向。一天，王敦要郭璞占郭璞自己的岁数，郭璞说"命尽今日日中"，果然王敦于当日中午将郭璞杀害，年仅 49 岁。王敦被平定后，朝廷追赠郭璞为"弘农太守"，故后世称他"郭弘农"①。

　　郭璞死后，人们将他神化、仙化。当时人干宝所著的志怪小说《搜神记》中说，郭璞被殡葬后三天，还和往常一样与人街谈，王敦立即派人打开棺材验看，果然无尸。还传说郭璞成了水仙伯，为人卜筮吉凶。后人还把他当做风水术的鼻祖，有些关于风水术方面的著作亦借其名而行。

　　郭璞的一生是悲剧性的，但他的文化成就和学术贡献是多方面的：

　　第一，他是晋室南渡之际的重要作家。郭璞写有许多赋，《南郊赋》《巫咸山赋》《流寓赋》《盐池赋》《井赋》《蚍蜉赋》《登百尺楼赋》《龟赋》《蜜蜂赋》《江赋》等，从家乡河东到巴蜀到江左，对所生活过的地方的壮丽河山、风土人情，都进行了描写，其中最著名的是《江赋》，把长江的壮丽风光描写得淋漓尽致，这些都是中国文学史上山水文学方面的重要著作。郭璞的诗也很有影响，流传至今的作品有"游仙诗"14 首和其他诗 8 首。"游仙诗"并非写想象中的神仙境界，而是假借游仙来抒发自己的情怀。

　　第二，他是我国神话学研究的鼻祖。他花费了大量的精力，为《楚辞》《山海经》《穆天子传》作注。《山海经》和《穆天子传》是我国古代的两部神话著作，书中涉及的宗教、历史、地理、民族、交通、动物、植物、矿产、医药等内容和知识，郭璞认为都有一定合理性和真实性，从而肯定了两部书的价值。这两部书能流传至今，实有赖于郭璞。

①　《晋书》卷 72《郭璞传》。

第三,他是我国晋代以前训诂学的集大成者,除了给上述带有神话色彩的书作注外,还给《尔雅》《三苍》《方言》等文字学著作作注,其突出的成就是《尔雅注》。

三、河东卫氏与书法

魏晋时期,在河东安邑诞生了一个书法世家卫氏,历经四世,领袖书坛百余年,在中国书法发展史上占有重要的地位,也享有很高的声誉。

1.卫觊　卫觊(? —230),字伯儒,历任茂陵令、尚书郎、司隶校尉、治书侍御史、尚书等职,死后谥敬侯。他是曹魏政权中颇有见识的人物,"与王粲并典制度",作《魏官仪》。他的著述还有10多部,可惜多已亡佚,现保存在《全上古秦汉三国六朝文》里的仅见《魏官仪》和《孝经图》两书的目录。

卫觊是卫氏书法的奠基人,"好古文、鸟篆、隶草,无所不善"[①]。他的孙子卫恒在《四体书势》中称赞他所写的古文《尚书》,竟与当时的大书法家邯郸淳毫无区别,连邯郸淳自己也难以识别,"魏初传古文者出于邯郸淳,恒祖敬侯写淳《尚书》后以示淳,而淳不别"[②]。当时的不少碑文书写都是出自他的手笔,传世的有隶书《受禅表碑》拓本,"此碑用笔极具动感,挺劲爽利,波磔纵逸,雄强紧密。对字方整峻拔,稳实如山"[③]。康有为在《广艺舟双楫》中,专设《传卫》篇,对卫觊书法的地位给予了极高的评价,甚至认为"钟(繇)派盛于南,卫派盛于北","后世之书,皆此二派,只可称为钟、卫"。

2.卫瓘　卫瓘(220—291),字伯玉,卫觊之子,曹魏末年任廷尉,西晋武帝时官至司空、少傅,惠帝初,进位太保。晋武帝还将他的女儿繁昌公主下嫁卫瓘之四子卫宣。卫瓘一生,军功卓著,善于谋略,为政清简,甚得朝野声誉,为西晋代魏和统一全国做出了重要的贡献。晋惠帝司马衷即位后,作为皇帝的老师,卫瓘的殊荣达到了极盛,因皇后贾南风的嫉

---

① 《三国志·魏书》卷21《卫觊传》。

② 《晋书》卷36《卫瓘传》。

③ 柴建国:《山西书法通鉴》第22页,山西人民出版社,1998年。

恨,惨遭杀害。经卫瓘之女及国臣重卿们的百般奔走、上书,卫瓘一案才得以昭雪,被追封为兰陵郡公。

卫瓘学问深博,明习文艺,尤以草书见长。他的草书师承东汉书法家"草圣"张芝(字伯英),又参酌其父之法,因他与另一著名书法家敦煌索靖同在尚书台任职,被时人称为"一台二妙"。"汉末张芝善草书,论者谓:瓘得伯英筋,靖得伯英肉"①。卫瓘自己则说:"我得伯英之筋,恒(其子卫恒)得其骨,靖得其肉。"②北宋《淳化阁帖》收有他的刻帖《顿首州民帖》,这是他唯一的传世书法作品。

3.卫恒　卫恒(?—291),字巨山,卫瓘的儿子,官至黄门侍郎。家庭的教育和陶冶,使卫恒从小就喜欢书法,任官后,又主要从事秘书性质的事务,长期抄写书文,练就了一手漂亮的隶书和草书。《宣和书谱》卷13评价卫恒的书法:"博雅不凡,作四体书,曰草,曰章草,曰隶、曰散隶。然见于世者,多其草字。论者以谓如插花美人,舞笑鉴台,是其便娟有余,而刚健非所长也。"同时,在长期研究书法的基础上,他写成了《四体书势》一书,收录在《晋书·卫瓘传附卫恒传》中,探讨了汉字的构成、字形字体结构的演变,并对西晋以前的书法进行了评论,可以说是对西晋以前书法史的总结,也是我国书法理论的经典文献。

4.卫铄　卫铄(272—349),字茂猗,卫瓘的族孙女,因嫁给东晋汝阴太守李矩,而被称为卫夫人。卫夫人自幼聪慧过人,勤奋好学,酷爱书法,曾师从钟繇,妙传其法,特善隶书,终于成为东晋著名的女书法家,中国书法史上首屈一指的人物王羲之少年时就曾拜在卫夫人门下学习书法。她不但在书法艺术实践上有突出成就,而且在书法理论方面也有重大建树,《笔阵图》就是她写的一部有影响的书法理论著作。书中首先提出,书法之妙"莫先乎用笔",并列出七种基本笔画的书写方式。她还在书中提出了"多力丰筋"的理论:"善笔力者多骨,不善笔力者多肉。多骨微肉者谓之筋书,多肉微骨者谓之墨猪。多力多筋者圣,无力无骨者病。"这是卫夫人毕生从事书法艺术实践的经验总结,也是她对书法艺术

---

① 《晋书》卷36《卫瓘传》。
② 《法书要录》卷8《张怀瓘书断中》。

理论的高度概括,此后也成为中国书法理论的重要内容和评判标准,对后世书法理论和实践的发展都产生了巨大的影响,唐代书法家颜真卿、柳公权就被誉为"颜筋柳骨"。

这一时期山西的书法家,除了卫氏之外,还有太原的王坦之、王濛、王修;河东的柳浑等。

四、裴秀与地图学

裴秀(224—271),字季彦,河东闻喜人,是魏晋之际著名的政治活动家和杰出的地图学家。

裴秀出身于名门望族,祖父裴茂为东汉尚书令,父裴潜为曹魏尚书令。裴秀自幼好学,8 岁能属文,有人把他比之为颜渊、冉有、子夏等人。因裴秀建议司马昭立司马炎为世子有功,司马炎即位为晋武帝后,拜其为尚书令、左光禄大夫、司空,成为三公之一。他任司空仅四年时间,因服寒食散后饮冷酒而中毒暴亡,终年 47 岁。

晋武帝泰始四年(268)正月,裴秀担任司空,管理全国的户籍、土地、田赋。因职务关系他非常专注于地图的绘制工作,认识到舆图对治理国家的重要性,用了三年的时间,组织和主持绘制了《禹贡地域图》18 篇。据说,裴秀还将原来用 80 匹缣绘成的《天下大图》,改绘成易于收藏、携带、参阅的《方丈图》,比例为一分十里、一寸百里,"备载名山都邑,王者可不下堂而知四方"①。

《禹贡地域图》是中国历史上见诸文字记载的最早的历史地图集,可惜早已亡佚,其"制图六体"的理论被保存在《晋书·裴秀传》。"制图六体",实质上就是裴秀创造性地提出的关于编绘地图的六条科学理论原则。"一曰分率",即比例尺,在地图上以一分或一寸来代表实际的地面距离长度,"所以辨广轮之度也"。"二曰准望",即方位,在地图上确定各地的方位,"所以正彼此之体也"。"三曰道里",即道路的距离长度和走向路线,"所以定所由之数也"。"四曰高下",即地势的高低。"五曰方邪",指道路的形状,方指道路如矩,邪指道路如弓。"六曰迂直",即道路

---

① 《北堂书钞》卷 96《方丈图》条引傅畅《晋诸公赞》。

的曲直。后三者"各因地而制宜,所以校夷险之异也"①。裴秀的"制图六体",是中国古代绘制平面地图的基本科学理论,对后世的地图学产生了巨大的影响。自三世纪直至明代西方地图及其编绘方法输入中国之前,一千余年间,中国的地图绘制,在方法上基本未能超越裴秀的"制图六体"。如此卓越的成就和伟大贡献,使裴秀当之无愧地成为中国古代最著名的地图学家。

五、佛教名僧与佛教的传播

佛教自两汉之际传入中国之后,到魏晋南北朝时期传播范围渐广。由于社会的长期动乱,少数民族政权的频繁更立,各统治者的有意提倡,意识形态上佛教与玄学、儒学的结合,为佛教的迅速传播和深入民间提供了土壤,使佛教成为最有影响的宗教。后赵重用佛图澄,前秦重用释道安,后秦姚兴重用鸠摩罗什,南燕慕容德重用僧朗,这些名僧都可以参决国家大事。北朝时,除魏太武帝拓跋焘和周武帝宇文邕两度灭佛外,其他皇帝都大力提倡佛教,佛寺遍布各地,僧尼多到惊人的地步。北魏末年,寺庙 3 万余所,僧侣 200 多万人。高齐时,仅邺城一地的寺庙约4000,僧侣近 8 万人。与此同时,外国僧侣也纷纷来华传教,中国的僧尼也开始西行求经,大量佛经被翻译过来,更有一批中国经师脱颖而出。山西这一时期成为北方佛教传播的中心,也有著名的高僧出现。

1.佛图澄　第一个在北方传教布道的是佛图澄。佛图澄,本姓帛,西域龟兹(今新疆库车一带)人,自小学道,通悉玄术,以诵经解义和方技之术见称于世。佛图澄于西晋怀帝永嘉四年(310)来到洛阳,石勒建立后赵政权后,以鬼神方术深得石勒、石虎叔侄的信任,经常参议军政大事。多次以佛教劝石氏施行"德化","不杀""不为暴虐,不害无辜",并大力向民间布道传教,使佛教在后赵占领的北方地区迅速普及。在佛图澄的影响下,石氏正式允许汉人出家为僧。其所历州郡,普建寺庙,多达 800余所,从其受业的弟子甚多,身边常有数百,前后门徒总计近万,著名弟子有道安、法雅、法汰、法和等。

---

① 《晋书》卷 35《裴秀传》。

2.释道安　继佛图澄之后在北方传教的佛教代表人物是释道安。道安,俗姓卫,常山扶柳(今河北衡水)人。12岁出家,后赵时入邺,为佛图澄的弟子。他主张废除世俗姓氏而以"释"为姓,为后世僧徒所遵循。后赵大乱,道安避难于山西,先往濩泽(今山西阳城),在这里结识了名僧竺法济和支昙讲,在二僧的帮助下,为《阴持入经》《道地经》《大十二门经》作注。354年,他在恒山建寺传教,这是史籍可查的山西最早的佛寺。道安在恒山主讲《般若经》,从其受教的僧徒很多。365年,道安率徒南下荆州,在襄阳传教15年。380年,前秦攻陷襄阳,将道安带回长安,385年卒于长安。道安博学多才,通经明理,西域大僧鸠摩罗什尊他为"东方圣人"。道安在山西活动期间,继承了佛图澄的事业,注释了大量的佛教经典,也培养了大批僧众,其中最有名的弟子是释慧远。佛教史上称佛图澄、道安、鸠摩罗什与慧远四位僧人为佛教之泰山北斗。

3.释慧远　释慧远(334—416),原姓贾,雁门楼烦(今山西代县)人,出身于仕宦家庭,家境优裕,从小受到良好的教育。13岁时,随其舅父游学于许昌、洛阳一带。21岁去恒山拜访道安,听道安讲了《般若经》,"豁然而悟",感叹曰:"儒道九流,皆糠秕耳!"[①]遂同其弟慧持一道拜道安为师,开始了佛教僧侣的生活。慧远师事道安仅三年,由于勤奋钻研,学业优异,便在24岁时开始登台讲《般若经》。为便于听者理解,常引《庄子》义作类比来解释,此法得到道安的赞许,特准慧远不废俗书,可以引佛典以外的书籍来比附说明佛理。365年,慧远随道安避难到了襄阳,380年,道安被前秦所获,慧远带领10多人南下庐山,江州刺史桓伊特为他建东林寺,一住就是30多年,直到逝世未曾下山。潜居庐山以后,他一面不入都邑,不仕王侯,身体力行,维护佛法,以自己高尚淳至的德行为僧侣争人格,树楷模;一面积极翻译和研究佛经,并努力用佛学来融合儒学和玄学。以佛学为主,儒、玄为辅,主张"内(佛)外(儒、玄)之道,可合而明",达到会之有宗(佛),百家(儒、玄)同致的目的。慧远还极力倡导"弥陀净土法门",因此被后世净土宗僧人推尊为初祖。在慧远等人的提倡下,"净土"法门在南方开始广泛流传。他的净土理论经过后来昙鸾的

---

① 《高僧传·慧远传》。

弘扬发展在山西扎根,成为北朝、隋唐时期的一个重要佛教派别。

4.法显　东晋时期,对佛教做出卓著贡献的另一位山西籍佛学家是法显。

法显(约336—422),本姓龚,平阳郡武阳(今山西襄垣)人,东晋时代的高僧,杰出的翻译家和旅行家,也是中国第一个到海外取经求法的大师。法显3岁出家,20岁受大戒。为求佛律,于东晋安帝隆安三年(399),一行五人自长安出发,西渡流沙,越葱岭至天竺求法。遍历北、西、中、东天竺,获《方等般泥洹经》《摩诃僧祇律》等多部梵本佛经,由海路经耶婆提国(在今印度尼西亚爪哇),于义熙九年(413)回到建康(今江苏南京),开始翻译佛经。法显历时14年,游历30余国,历尽艰险,是我国历史上到达印度、斯里兰卡、印度尼西亚的第一人。他撰写的游记《佛国记》,是中国人游历西域、南亚和南洋,并亲自撰写见闻的开始,记述了佛教历史和中印间的交通情况,同后来玄奘的《大唐西域记》,是两部先后媲美的伟大旅行撰述,具有极高的史料价值和学术价值。

5.昙鸾　北朝是山西佛教发展的黄金时代,这时又出现了一位杰出的净土宗大师昙鸾。

昙鸾(476—542),雁门(今山西代县)人,家近五台山,自幼受佛教、道教的影响,14岁去五台山朝圣,随即出家。他对大乘佛教中观学派的四论即《中论》《十二门论》《百论》《大智度论》有很深的研究。后因病求"长生不老"神仙方术,于梁大通年间(527—529),到江南拜访道士陶弘景,得《仙方》10卷。北归途径洛阳,碰到来自印度的名僧菩提流支,菩提流支把一部《观无量寿经》授给昙鸾,并说:"此大仙方,依之修行,当得解脱生死。"昙鸾恭敬受拜,当场把《仙方》烧掉,专心研习《无量寿经》,开创了净土信仰,因此而受到南北朝帝王和朝野僧侣的尊崇。南朝梁武帝称他为"肉身菩萨",东魏孝静帝对他备为崇敬,称他为"神鸾",令居并州大寺(灵岩寺),晚年又移居汾州(今山西交城)石壁玄中寺,在那里埋头研习净土理论,正式创立了佛教净土宗。

昙鸾把修习佛教的诸法概括为二道二力说,二道即难行道和易行道,二力即自力和他力。修习佛法者,如果凭借佛的力量(即他力),加上自己的努力,就既省力又容易进入西方的极乐世界。借他力的易行道就是念佛,而只依靠个人的力量,就不容易求得圣果,这叫难行道。这种宣传佛有无边的威力,强调信徒自觉信奉佛教,就能往生西方净土的说教是净土宗的根本宗旨。它通俗易懂,简便易行,赢得了社会各界民众的欢迎,特别是在苦难中挣扎的下层劳动人民,净土宗给他们开出了一张廉价的进入天国的门票,给他们以精神上的安慰和解脱,这是净土宗得以盛行的主要社会原因,使之后来成为中国佛教几大宗派中信奉者最广、影响最大的宗派。日本佛教净土宗和净土真宗,就是继承昙鸾的理论产生和发展的,因而他们将玄中寺尊奉为祖庭,日本佛教界经常组团来朝拜玄中寺,举办法会。

六、驰名的佛教建筑

由于佛教的广为传播和统治者的提倡,佛教寺庙的兴建在南北朝时期达到了空前,尤其是北朝的寺庙,在山西,至今仍遗留着许多佛教建筑,交城的玄中寺、晋城的青莲寺、太原的天龙山石窟等都是非常著名的,其中最驰名的有五台山寺庙、云冈石窟和悬空寺。

1.五台山寺庙　五台山位于山西忻州市的东北部,属太行山系的北端。地跨忻州市的五台、繁峙、代县、原平、定襄等县,周五百余里,以五台县东北的台怀镇为中心,距五台县城70公里,忻州市140公里,太原市240公里。

五台山与浙江的普陀山、四川的峨眉山、安徽的九华山并称为中国四大佛教名山,而五台山处于四大佛教名山之首。这是因为:第一,五台山是文殊菩萨显灵说法的道场。文殊是四大菩萨之首,是释迦牟尼的"左胁侍",在菩萨中地位最尊,因而五台山在佛教名山中的地位也最高。第二,五台山的风景奇特,为其他佛教名山无法比拟。五个台顶海拔都在2000多米,其中北台为3058米,有"华北屋脊"之称,"岁积坚冰,夏仍飞雪,曾无炎暑,亦称清凉山"。第三,五台山不仅有青庙,还有黄庙,是我国唯一一处兼有汉地佛教和藏传佛教的佛教道场①。青庙,是对汉传佛教寺庙的特殊称呼,是因内地佛教僧人多穿青色衣服。黄庙,是对藏

---

① 张玉勤:《山西史》第106页,中国广播电视出版社,1992年。

传佛教寺庙的特殊称呼,清初,顺治政权采用佛教政策怀柔蒙藏地区,选中了五台山为圣地,将五台山 10 座寺庙改为藏传佛教的性质。藏传佛教僧人多穿黄色或红色衣服,为了区别二者,将属于藏传佛教体系的寺庙称为黄庙。

五台山寺庙兴建的时间,一般认为是东汉初期。汉明帝永平年间,印度高僧摄摩腾和竺法兰从洛阳来到了五台山,见五座台顶围护的腹地台怀,其山形地貌与释迦牟尼的修行地灵鹫山非常相似,于是就奏请汉明帝在五台山修建了大孚灵鹫寺,即今显通寺的前身,与洛阳的白马寺同为我国最早的寺院。

北朝时期,五台山佛教的发展出现了高潮。北魏孝文帝时对灵鹫寺进行规模较大的扩建,并在周围兴建了 12 个寺院。北齐时五台山寺庙猛增到 200 余座。隋文帝下诏在五个台顶各建一座寺庙,从此以后,凡到五台山朝拜的人,都要到五个台顶寺庙礼拜,叫作朝台。唐代,五台山成为佛教圣地,是借助于李唐王朝的强盛而名扬中外的,从唐太宗到唐德宗,都对五台山佛教给予极大的支持和扶助,寺院已臻极盛。此后,宋、元、明、清历代皇帝都曾敕建寺院,使其久盛不衰。改革开放后,党的宗教政策在五台山得到恢复和落实,佛教徒也恢复了正常的宗教活动。

五台山上、山下有寺庙百余处,其中著名的有显通寺、塔院寺、菩萨顶、殊像寺、南禅寺、佛光寺、延庆寺、广济寺等,还有具有很高历史与艺术价值的雕塑、碑刻、墓塔、佛经等。

2.云冈石窟　在人类艺术的宝库中,宗教的贡献是巨大的。如果说,在西方,宗教对艺术的贡献主要表现在建筑上,首先是神庙或教堂;那么在中国,它在这方面的贡献首先当推石刻了,准确地说,是石窟艺术。这时的北方统治者开山凿窟,雕塑佛像,形成许多石窟艺术,其中山西大同的云冈石窟,与河南洛阳的龙门石窟和甘肃敦煌的莫高窟,并称为中国三大石窟艺术宝库。

云冈石窟,原名灵岩寺,亦称石佛寺,位于大同市西郊 16 公里的武周山南麓。石窟依山开凿,东西绵延 1 公里。现存洞窟 53 个,小龛 1100 多个,大小造像 51000 多个。云冈石窟是我国北方地区开凿最早的石窟,也是我国最大的石窟群之一,1961 年被国务院公布为第一批全国重点文物保护单位,2001年被列为世界文化遗产。

云冈石窟的开凿,大窟多完成于北魏文成帝和平初年(460)至孝文帝太和十八年(494)间,较小窟龛的开凿则一直延续到孝明帝正光末年(524)。按照开凿的时间可分为早、中、晚三期,不同时期的石窟造像风格也各有特色。据《魏书·释老志》记载,北魏文成帝和平初年(460),由沙门统昙曜主持,开凿石窟五所,镌建佛像各一,高者70尺,次60尺,雕饰奇伟,冠于一世,具有浑厚、纯朴的西域情调。"凿石造佛,如我帝身",相传这五窟为北魏的前五代皇帝。这就是著名的昙曜五窟(16—20窟),为云冈第一期石窟,居于中部。第二期石窟大像相对减少,形象多样化,出现了世俗供养人。其中第六石窟被誉为云冈石窟第一伟观,窟高20米,中央矗立着一根断面约60平方米的大塔柱,塔柱和整个洞壁都嵌满大小佛像、菩萨、罗汉和飞天,其中还有释迦牟尼从诞生到成佛的故事雕刻。中期石窟以精雕细琢,装饰华丽著称于世,显示出复杂多变、富丽堂皇的北魏时期的艺术风格。第三期石窟,窟室规模虽小,但人物形象清瘦俊美,比例适中,是中国北方石窟艺术的榜样和"瘦骨清像"的源起。

云冈石窟形象地记录了印度及中亚佛教艺术向中国佛教艺术发展的历史轨迹,反映了佛教造像在中国逐渐世俗化、民族化的过程,既继承和发展了我国秦汉时期艺术的优良传统,又吸取和融合了印度犍陀罗艺术的有益成分,创建出云冈独特的艺术风格。云冈石窟不但是今天了解和研究我国古代历史、雕刻、建筑、音乐以及宗教信仰等方面的重要形象资料,也是追溯古代中西文化交流和人民友好往来的实物佐证。

3.悬空寺 悬空寺位于山西大同浑源县城南5公里的金龙峡谷西侧绝壁的山腰上,最高处的三教殿离地面90米,因历年河床淤积,现仅剩58米。悬空寺共有殿阁40间,利用力学原理半插飞梁为基,巧借岩石暗托梁柱,上下一体,廊栏左右相连。整个寺院,面对恒山,背倚翠屏,上载危岩,下临深谷,楼阁悬空,结构巧奇。建筑物与石岩浑然一体,远望如半空悬吊。1957年被列为山西省重点文物保护单位,1982年列入全国重点文物保护单位。

据《恒山志》的记载,悬空寺始建于北魏后期,是国内仅存的佛、道、儒三教合一的独特寺庙。三教殿塑有佛教主释迦牟尼、道教主老子、儒教主孔子的像。"悬空寺"的名称,不仅表明了它的建筑位置和外观特征,而且体现其本质意义,是道教的玄、佛教的空、儒教的礼的集大成所在,反映了思想上三教合一的发展趋势。

悬空寺以其独特的建筑风格和文化内涵,吸引了历代文人墨客,唐代李白游览后,在岩壁上写下了"壮观"两个大字,明代徐霞客游历到此,称之为"天下巨观"。1989年李铁映同志来恒山视察时,挥毫写下了"伟哉神工"四个大字。

第六章　隋唐时期的山西

隋唐是中国封建社会的繁荣发展期,国家统一,政局稳定,经济文化空前繁荣。山西作为李唐王朝的发祥地、女皇武则天的桑梓地,还因其重要的战略地理位置而备受唐王朝的重视。唐太宗、唐高宗、武则天、唐玄宗等帝王多次巡幸山西,武则天定晋阳为北都,都表明山西在李唐王朝所占有的重要地位,同时也表明,这一时期的山西,如同李唐王朝在中国古代史中的地位一样,也是山西古代历史发展比较辉煌的阶段。

第一节　隋唐政治与山西

一、隋对山西的统治

公元 581 年,统一的隋王朝政权的建立,结束了我国自东晋南北朝以来长达 270 多年的分裂割据局面,为各民族的经济文化交流与发展奠定了基础和条件。

太原地处冲要,所以开皇二年(582),隋文帝就在并州(即太原郡)设立河北道行台尚书省,以次子晋王杨广为尚书令。后秦王杨俊在开皇十三年(593)、汉王杨谅在开皇十七年(597)又相继出任并州总管,汉王颇得其父恩宠,许以不拘律令,便宜从事。文帝对幼子的格外恩宠却助长了年轻气盛的汉王的骄奢淫逸之气,杨谅在并州打造武器,召集亡命,文帝死、炀帝即位后,就起兵反叛。以杨谅的实力,根本不能与炀帝抗衡,所以很快兵败,被炀帝幽闭而死。此外,隋在代州、隰州、朔州也都设过总管府。炀帝时期,山西境内设太原、西河、离石、雁门、马邑、楼烦、上党、长平、临汾、龙泉、文城、绛、河东13郡,统88县。

炀帝一生曾三次巡游山西。第一次在大业三年(607)五月,炀帝率领六宫及百官来到并州,接见了突厥启民可汗派来的使者。接着经雁门、从榆林(今内蒙古托克托县)出塞,八月返回太原,下诏营建晋阳宫。炀帝这次巡幸山西是在汉王杨谅叛乱被平定之后,所谓"山东经乱,须加存恤"[①],因此,他这次巡幸活动带有稳定人心的政治意图。

大业四年,炀帝第二次巡幸山西。炀帝拿着地图对风景名胜研究一番后下诏在汾水之源修建汾阳宫。汾阳宫建在今山西宁武管涔山上,环天池而建,山水楼阁互相辉映,实为避暑之胜地。不过,炀帝在天池边上修建汾阳宫除了天池清澄如镜、水草丰美外,还有一定的政治目的。据说天池所在的楼烦郡西北乾门有天子气,一直连到太原,所以建汾阳宫以及后来以代王为楼烦郡守,都是为了压楼烦的"王气"。八月,炀帝"亲祠恒岳"。

大业十一年(615),炀帝第三次也是最后一次巡幸山西。他先来到太原,接着又到汾阳宫避暑。由于宫城比较小,百官和士卒散居于山谷间,结草为营。八月炀帝出巡北塞,突厥始毕可汗得知后图谋袭击炀帝。嫁到突厥的隋义成公主得知消息后,马上通知了炀帝。炀帝随即退入雁门,并以齐王守崞县(今山西原平)。突厥兵马很快包围了雁门郡,隋君臣上下惊惶不已。隋军毁撤居民房屋做防守的工具,城中兵民15万人,粮食仅可支持二十几天,雁门郡41座城池,突厥攻克了39座,只差雁门和崞县没有攻下,形势非常危急,突厥的箭都射到了炀帝的面前。对人民极为残暴的炀帝这时却没有任何办法,只是抱着他心爱的幼子赵王杨杲哭泣。最后,炀帝一面要求各地发勤王之师,一面向义成公主求救,同时又向士兵许以高官厚禄,并答应不再征辽,九月,突厥才解围而去。

---

① 《隋书》卷3《炀帝纪》。

二、隋末山西的农民起义

隋炀帝的残暴统治,导致隋末农民起义的大规模爆发。在反隋的风暴中,山西走在了最前面。这是因为山西天灾接踵发生,据记载,隋文帝开皇十六年(596),并州大蝗。炀帝大业四年(608),"燕代缘边诸郡旱","太原厩马死者太半"①。大业五年(609),代郡发生了饥荒。同时,人祸也连年不断。山西地处防御突厥的前哨,突厥屡次南侵,并州首当其冲。隋军北伐,山西又是屯军之地和战场,保障军需等沉重的负担无疑也强加在当地人民身上。隋政府为防范突厥,又多次在山西北部修筑长城,这也必然会加重人民的劳役负担。炀帝还在山西大兴土木,筑汾阳宫、建楼烦城。天灾人祸交织在一起,使得山西最早爆发起义。

大业六年(610)六月,雁门人尉文通聚众 3000 进行起义,虽然很快就被镇压,但这是山西人民反隋斗争的开始,也是全国反隋战争的序幕。当年年底就有朱崖(今海南海口市琼山区)人王万昌起义,次年,山东王薄、刘霸道、河北孙安祖、窦建德、河南翟让等相继起事,隋末农民战争轰轰烈烈地开展起来。

自大业六年尉文通起义到大业十四年(618)隋朝灭亡,活跃在山西境内的农民起义军有 10 支之多,计有:雁门尉文通,离石刘苗王,长平(今山西晋城市高都)司马长安、李士才,绛郡(今山西新绛)敬盘陀、柴保昌,龙门毋端儿,灵丘翟松柏,太原杨士洛,平城(今山西和顺)郭六郎,此外还有从河北转战山西的魏刀儿部将甄翟儿、王漫天等。

在隋末天下大乱,农民起义风起云涌的时候,统治阶级内部如礼部尚书、原司徒杨素之子杨玄感等人也趁机起兵反隋,一时响应者颇众,声势浩大。驻守太原、"地兼亲贤,同国休戚"的唐公李渊也加入到反隋的洪流中②。

---

① 《隋书》卷 23《五行志下》。
② 《资治通鉴》卷 183《隋纪七》。

三、李渊晋阳起兵及唐与刘武周在山西的争夺

唐朝的建立者李渊,字叔德,自称陇西狄道(今甘肃临洮)人,出身于关陇贵族。其祖李虎与鲜卑大贵族独孤信等追随宇文泰西入关中,建立西魏、北周政权,被封为柱国、陇西郡公,死后被追封为"唐国公"。其父李昞,袭爵唐国公,北周时为安州(今湖北安陆)总管、柱国大将军,与杨坚同娶独孤信之女。李渊,北周武帝天和元年(566)出生于长安,7岁袭爵唐国公,因杨坚为其姨父,故"特见亲爱",历任千牛备身,谯、陇、岐三州刺史及荥阳、楼烦郡守,殿内少监,卫尉少卿,弘化(治今甘肃庆阳)郡守等职。李渊在各地任职的过程中积累了丰富的统治经验,同时也"素树恩德","结纳豪杰"①,培植起了私人势力。大业十一年(615),炀帝巡幸汾阳宫,李渊被任命为山西河东慰抚大使,负责剿杀山西地区的农民起义。李渊率军至龙门,发70箭,击溃毋端儿领导的农民军,又击败绛郡柴保昌的起义,收其众10余万人。大业十二年(616),李渊被迁为右骁卫将军。

大业十三年(617),李渊被任命为太原留守,郡丞王威、武牙郎将高君雅被任命为副留守。李渊对太原留守这个职务非常感兴趣,认为是天赐的良机,他对其子李世民说:"唐固吾国,太原即其地焉。今我来斯,是为天与。与而不取,祸将斯及。"②可见李渊很有政治远见和抱负,已经意识到隋朝统治难以长久,并有取而代之的野心。其实早在炀帝忙于征战高丽时,李渊就与密友宇文士论及天下大事;李渊为河东讨捕使时也有大理司直夏侯端建议李渊反隋;这次留守晋阳,除了李渊次子李世民,还有许世绪、唐宪、唐俭等人都曾劝李渊起兵反隋,李渊很赞成他们的建议,所以一直在暗中招揽人才,培植力量,积蓄物资,等待时机。当全国的农民起义进入高潮、各地反隋地主武装也纷纷称王称帝之时,李渊也积极行动起来。隋炀帝一意孤行,南下江都,弃两京于不顾,为李渊夺取隋朝政权创造了有利条件。

---

① 《旧唐书》卷1《高祖本纪》。
② 《大唐创业起居注》卷1。

　　大业十三年初,马邑人刘武周杀死太守王仁恭,开仓赈济饥民,得兵12000余人,自称太守,并遣使依附于突厥,被突厥封为"定杨可汗"。于是刘武周自称皇帝,建元天兴,国号"定杨",并且企图南下争夺天下。李渊父子感到时机已经成熟,就在晋阳令刘文静、晋阳宫副监裴寂等人的支持下,以防备刘武周和抵抗突厥南侵为名公开招兵买马,并以勾结突厥的罪名杀掉牵制他的副留守王威、高君雅,开始为起兵做实质性的准备。李渊还接受刘文静联合突厥的建议,与突厥始毕可汗约定:"征伐所得,子女玉帛,皆可汗有之"①,而土地、人民归李渊,从而解除了后顾之忧。大业十三年(617)六月十四日,李渊在太原建大将军府,并置左中右三军,以长子李建成为陇西公、左领军大都督,次子李世民为敦煌公、右领军大都督,四子李元吉为姑臧公,领中军,留守太原。一切安排就绪,李渊于七月四日率甲士3万兵发晋阳,史称"晋阳起兵"。

　　七月五日,大军从太原出发,此后在霍邑(今山西霍州)击败隋留守西京长安的代王杨侑派来的虎牙郎将宋老生,又处理好与正在同东都对峙的李密的关系,减少了来自东都的压力,在龙门绕过隋左武侯大将军屈突通驻守的河东直接渡黄河,进逼长安。十一月九日,李渊攻克长安,立代王杨侑为傀儡皇帝,遥尊炀帝为太上皇,李渊自己为大都督内外诸军事,大丞相,封唐王。第二年(618)三月十一日,炀帝在江都被勒死,五月,李渊逼迫杨侑退位,自立为皇帝,国号唐,仍以长安为都。

　　李渊建立了唐王朝以后,刘武周也接受其骁将宋金刚的建议起兵南下,欲与唐一争天下。武德二年(619)四月,刘武周率军进攻太原,留守太原的齐王李元吉弃城而逃,太原失守。十一月,秦王李世民主动请缨征讨刘武周。武德三年四月,经过长达五个月的对峙,李世民趁宋金刚粮绝之际,大举反攻,大败宋金刚。刘武周与宋金刚相继投奔突厥,后均为突厥所杀。收复太原,秦、晋之地就可连为一片,为唐政府经营中原打下了基础。

　　李渊晋阳起兵,四个月就攻下了长安,主要是由于确立了正确的战略决策、有一支英勇善战的队伍、再加上李渊个人的杰出才干。此外,遍

----

① 《大唐创业起居注》卷1。

布全国各地的反隋势力也牵制了隋朝的兵力，无形中给李渊以有力的支持。

李渊从太原起兵，夺取了隋室江山，太原也成为李唐王朝的发祥之地。对于发迹之地太原，一代英主李世民耿耿难忘。他任命唐初名将李勣为并州都督，李勣在并州甚有治绩。他还曾以晋王李治为并州大都督。贞观二十年（646），李世民更是故地重游。他游览了晋祠后，特撰《晋祠之铭并序》，简称晋祠铭，俗称唐碑，亦称贞观宝翰。碑文赞美唐叔虞的品德和晋祠的风光，并祈求神灵继续保佑大唐江山安宁。全碑1203字，碑文为行书，碑额为飞白体。李世民喜好书法，此碑书法劲秀，至今仍能看出原书神韵，是我国现存最早的行书体碑碣之一，对于研究我国的书法艺术具有重要的参考价值。现此碑竖于"贞观宝翰亭"，此亭是清代中叶所建，晋祠铭碑是此亭建成后从钩天乐台西侧迁来，因年久日长，有些字已部分风化剥蚀，所以在亭内左侧还有一通复制碑，是乾隆三十七年（1772）晋祠镇人杨堉等人从民间搜集的原碑拓片摹勒上石的，至今保存完整。其笔力和刀法虽不及原碑，但可供书法爱好者与原碑相互印证。

四、女皇武则天

武则天（624—705），并州文水（今山西文水县南徐村）人。我国历史上唯一的一位女性帝王，武姓，尊号为则天大圣皇帝。临终命去帝号，称则天大圣皇后，后人称她武则天，实为将她的姓与尊号组在一起称呼的。载初元年（689）正月，武则天以她的堂外甥宗秦客所献的新字"曌"为名，其原名不为后人所知。

1.非凡的人生经历　武则天父亲武士彟，隋大业末为鹰扬府队正。李渊行军于汾、晋之间的时候，经常往来武家。李渊晋阳起兵，武士彟为大将军府铠曹。贞观年间，累迁工部尚书、荆州都督，封应国公。贞观九年（635）卒于荆州任上。武士彟原娶相里氏，生二子。相里氏死后，在唐高祖李渊的主持下继娶隋朝破落贵族杨达之女，生三女，武则天为二。杨氏明诗习礼，是个有相当文化素养的女子。可见武则天实为李唐新贵家庭出身，但这样的家庭并非重门第的唐人眼中的名门望族，所以当高宗要立武氏为皇后时,褚遂良提出反对的一个理由就是王皇后出身名家而武氏出身低微不足以为天下之母。嗣圣元年(684),骆宾王在为李敬业起草的《讨武曌檄》中也攻击武氏"地实寒微"。

贞观十年(636)六月,皇后长孙氏病殁,唐太宗听说武氏美容止,次年纳入宫中为才人,时年14岁,赐号"武媚"①,但直到她26岁时唐太宗死,仍然只是一个正五品的才人,为宫中最低级的女官。唐太宗晚年仍有皇子出世,武则天在高宗时也生有四男二女,可她在太宗宫中十多年,正值青春年少,却未曾生育过,可见她在太宗跟前并不十分得宠。贞观二十三年(649)正月,太宗病死,武氏按例出家为尼,但命运恰恰在这个时候出现了转机。

即位的是唐太宗的第九子李治,是为唐高宗。高宗在侍奉太宗之疾时就与武氏有私情,武氏为尼后,高宗在为太宗祈福时就借机看望她。此事被正与萧淑妃争宠的王皇后知道,就力劝高宗接回武氏,以排挤萧淑妃。此事正中高宗下怀,于是武则天被接回宫中,封为昭仪,正二品。在接下来后宫争宠的斗争中,武则天凭着她的智慧很快占了上风,终于在永徽六年(655)登上了皇后的宝座。

2. 从皇后到皇帝 武氏被立为皇后,是她政治生涯的开始。高宗从显庆元年(656)起,苦于风疾,经常头晕目眩,于是就开始让武氏协助裁决政事。她首先设法消灭反对自己的贞观老臣长孙无忌、褚遂良等,从辅政大臣手中夺回实权,高宗在这一问题上站到了武后一边,其用意是想利用武氏来对抗专权的长孙无忌、褚遂良等。武后并不满足于做一个皇后,她极强的权势欲,过分的专恣,也必然会造成与高宗的严重矛盾,以至闹到了要废后的地步。但武则天绝不是一个肯轻易认输的人,她极力自诉争辩,弄得懦弱而又比她小4岁的李治羞缩起来,反而向她赔情讨好。这样她利用手中的权力诛锄异己,逐渐将大唐天子的权力转移到自己的手中,出现了"天下大权,悉归中宫,黜陟、生杀,决于其口,天子拱手而已,中外谓之二圣"的格局②。

————————————

① 《新唐书》卷76《后妃上》。

② 《资治通鉴》卷201。

后来高宗的病情越来越重,索性将天下事全部交付给武后,武后成了没有天子头衔的实际天子。弘道元年(683)高宗死,三子李显即位,是为中宗。李显昏庸,不理朝政,次年,被废为庐陵王。高宗四子李旦又被立为皇帝,是为睿宗,武后仍临朝称制。接下来武则天对李唐宗室及拥护唐的官员大开杀戒,终于在载初元年(689),自称"圣神皇帝",改唐为周,改元天授,成为我国历史上仅有的一位女皇帝,时年67岁。

改唐为周,一是因为史书记载:"武氏出自姬姓。周平王少子生而有文在手曰'武',遂以为氏。"①武则天因以周氏后人自居,要效法古代盛业。二是因为显庆初年,高宗曾封其父武士彟为周国公。

这位圣神皇帝称帝15年,神龙元年(705)正月,既老且病的大周皇帝被宰相张柬之等发动政变逼逐退位,十一月,病死于洛阳上阳宫,时年82岁。中宗李显复位,复国号为唐,禀武氏遗命,谥武氏为则天大圣皇后。二年五月,中宗把武氏与高宗合葬于乾陵。玄宗天宝八载(749),武后被降谥为"则天顺圣皇后"。

3.功过是非评说　武则天作为中国历史上绝无仅有的一位女性皇帝,在她身后漫长的夫权主义盛行的封建社会中,更多地遭到的是封建政治家的谩骂,《旧唐书》说她是"牝鸡"②,《新唐书》更是直斥其"武后之恶,不及于大戮,所谓幸免者也"③,直视为乱臣贼子、洪水猛兽。也许是武则天自己也意识到了这一点,所以她的墓前立的是一块无字碑。碑无字的原因,或许是她的功劳太大,难以用文字表达;或许是她有意在身后留下一片空白,任由后人评说;或许是连她自己也说不清楚。

纵观武则天一生,如果用历史发展的眼光来看,她推动了"贞观之治"向"开元盛世"的过渡。她严厉打击门阀士族,起用庶族地主参与政事,打破关陇(陕西、甘肃)贵族控制朝政的局面;进一步发展科举制度,特别是增加进士科人数,扩大了统治基础,也为庶族地主进入政权开辟了一条相对来说比较公平的捷径。注重发展农业生产,一再下令劝课农

---

① 《新唐书》卷74《宰相世系四上》。

② 《旧唐书》卷6《则天皇后本纪》。

③ 《新唐书》卷4《则天皇后本纪》。

桑,以农业政绩的好坏作为考核地方官吏的一项重要标准。田畴垦辟,家有余粮,则地方官得到升奖;为政苛滥,户口流移,则地方官必受惩罚。这时期的社会经济有很大发展,从户口增长情况就可看出,太宗时户口为 380 万户,则天末年已增至 615 万户。注重国家边防建设,多次击败突厥、吐蕃等的进攻,恢复了对西域龟兹(今新疆库车)、于阗(今新疆和田)、疏勒(今新疆喀什)、碎叶"安西四镇"的统治,巩固了唐王朝的西北边防。同时她也是一位兼涉文史的文才甚高的人,《全唐诗》录有她的诗作 46 篇。

武则天早年侍奉唐太宗,太宗的执政风格对她有极深的影响。她执政后,经常以太宗为榜样,甚至刻意模仿,所以一度她的朝堂上也颇有贞观之遗风:广开言路,注意纳谏,慧眼识才,提拔了一批出身低微但有真才实学的官员。这些对革新弊政、促进政治清明起到了一定的作用。但是,她为打击异己而执行的恐怖政策、特务统治也在朝堂上制造出一种逆来顺受、唯唯诺诺的不良风气,严重污染了士人的精神。而且在她统治的后期,大修佛寺、宫殿,分封武氏子侄,宠幸张氏兄弟,以至一直到玄宗诛杀太平公主之前,唐王朝宫廷政变频发,都直接或间接地受到她的影响。也就是说,作为一名封建帝王,一般帝王所具有的劣根性如残忍、专横、骄奢、淫逸、家天下等,在她身上也是存在的。她对整个社会造成的负面影响我们也无须为之辩白,更不能为之粉饰。

武则天祖籍山西文水,她对山西是极有感情的。她任命崔神庆为并州长史时就极为深情地对他说:"并州,朕之枌榆,又有军马,比日简择,无如卿者。前后长史,皆从尚书为之,以其委重,所以授卿也。"①也就是说并州是她的家乡,军事地位也十分重要,所以对并州长官的任命是十分慎重的,现在委任他,是对他的信任和重用。而崔神庆在并州平抑物价、修筑城池,颇有治声。显庆五年(660),武后陪同高宗回到自己的故乡并州,并在并州逗留了 45 天左右。她在太原宴请了自己的亲戚、故旧、邻里,赠送了大家很多礼物,同时也与高宗招待了随驾而来的官员和并州官员及父老,还赦免并州及所过州县的罪犯。在并州期间,高宗与

---

① 《旧唐书》卷 77《崔神庆传》。

武后还到晋阳西北 15 里处的起义堂缅怀先人功绩,并游览了各处名胜。武后称帝后还把家乡文水县改为武兴县。长寿元年(692),改太原为北都。这些都体现了她对故乡的深厚感情。

五、玄宗北巡

唐玄宗李隆基是唐睿宗的第三子,中宗景龙二年(708)四月,兼潞州别驾。据称潞州境有黄龙白日升天,李隆基出去打猎时,有紫云笼罩着他,这些都是不足为信的附会之辞。不过在潞州,李隆基善待僚属,爱护百姓,常常与当地名士和自己的幕僚谈论国事,显示了其不俗的认识,体现了其远大的抱负。四年,中宗将祀南郊,李隆基回到京师。临行之前,占卜的术士说兆头非常好。六月,中宗被韦后和安乐公主毒死,李隆基联合他的姑母太平公主发动政变,杀死韦后一党,拥自己的父亲李旦重做皇帝。李隆基因平定内乱之功被改封为平王,并被立为太子。但是李旦重做皇帝后对当时混乱的政局并没有改善的良方,延和元年(712)八月,睿宗传位于太子,李隆基即位,是为唐玄宗。玄宗即位之初,励精图治,积极革除积弊,改善内政,维持了一段时间的政治清明、社会稳定,并促成了我国封建社会发展史上的盛世——“开元盛世”的到来。

唐玄宗对于他的这块“龙兴之地”也是极为关注的。开元十一年(723)正月,玄宗巡幸并州、潞州,大宴父老,曲赦当地罪犯,减免当地赋税。改其旧宅为飞龙宫,改并州为太原府,对官吏的补授,一准京兆、河南两府。对于武德功臣及元从子孙,有文武之才而没有官爵者,要求地方官进行推荐。玄宗还亲自写了《起义堂颂》,并刻之于石立于太原府的南街以纪念太原起兵。接下来,玄宗巡幸了晋州(今山西临汾市),又在汾阴(今山西万荣)祭祀后土,改汾阴为宝鼎县。三月,才回到京师。开元二十年(732)十月,玄宗再次北巡,又来到潞州飞龙宫,接着又来到北都太原,再次在宝鼎县祭祀后土,十二月回到京师。

六、杨贵妃

在唐朝,还有一位山西女子深深影响了唐朝的政治,她就是唐玄宗的贵妃杨玉环。杨玉环原是武则天的重孙媳,在她的身上更多地体现着

中国封建社会女性的幸运与不幸。她没有很多的干预政治的野心,却身
不由己地被卷入政治斗争的旋涡并最终成为政治斗争的牺牲品。后世,
持"红颜祸水"论的无论是政治家、史学家、还是文人,往往把她看成导致
李唐王朝由盛而衰的罪魁祸首,她也成为政治家、史学家、文人们鞭挞、
讽刺的对象。

　　玄宗贵妃杨氏(719—756),蒲州永乐人,小名玉环,父亲杨玄琰早
亡,由其叔父杨玄璬收养。杨氏原是玄宗最宠爱的妃子武惠妃的儿子、
玄宗第18子寿王李瑁之妃。武惠妃死后,后宫三千佳丽没有一个令玄
宗中意,有人说寿王妃姿色绝代,52岁的唐玄宗立即召见,果然十分满
意,把她纳入后宫,不到一年,对她的礼遇就如对武惠妃,实等同于皇后。
她姿质丰艳,善于歌舞,精通音律,智算过人,每每都能迎合玄宗心意,宫
中呼为"娘子"。以至她的父母姐妹兄弟们也鸡犬升天,父亲杨玄琰,赠
太尉、齐国公;母亲封凉国夫人;叔父杨玄珪,封光禄卿;姊三人,都被封
为国夫人;从兄杨铦任鸿胪卿,杨锜任侍御史,杨钊被赐名"国忠",步步
高升,官至宰相,身兼数职,集唐朝的军、政、财权于一身。杨氏一门既然
极蒙皇帝恩宠,那么奔走于杨氏门下的人也非常多,以至于门庭如市。
天宝四年(745)杨氏被册封为贵妃,从此,"后宫佳丽三千人,三千宠爱在
一身"。杨氏一家权倾天下,引起了朝野上下以及文人学士们的切齿痛
恨。特别是杨国忠直接激反安禄山,导致烽烟四起,人民离乱,玄宗带着
贵妃及皇子皇孙出逃,唐王朝因此而衰落,使当时和后世的政治家往往
把"安史之乱"的原因归罪于贵妃。天宝十五年(756)六月,玄宗一行至
马嵬驿(今西安市西南兴平市),禁军首领、右龙武大将军陈玄礼率军发
动哗变,杀了杨国忠父子,并迫使玄宗交出贵妃。之所以要杀死贵妃,就
是人们认为贵妃是"贼本"①。玄宗无奈,让高力士将贵妃缢杀于佛堂。
杨氏时年38岁。

　　对于杨贵妃之死,不论新、旧《唐书》的官方记载,还是民间笔记小
说、文集,甚至唐宋后人的诗词歌赋,均持此说。但民国以来,学术界又
有了杨贵妃入寺为尼或出海远遁到日本的说法。实际上以当时的情况

① 《旧唐书》卷51《后妃上》。

杨贵妃是很难逃脱一死的,关于她出逃的种种说法其实更多地反映了人们对这位有些无辜的绝世美女的深切同情。

美人一直就是文人骚客吟咏的主要题材,与政治有关的美人则还离不开政治家和历史学家的评说。杨贵妃作为中国四大美女之一,又与唐的盛衰有过一定关系,自然更难例外。杜甫是最早斥责杨贵妃美色误国的诗人,《北征》中有"不闻夏殷衰,中自诛褒妲"之句,把杨妃比作历来被人们认为因美色而亡国的暴君商纣王的宠妃妲己和周幽王的宠妃褒姒。不过对杨妃持同情态度的也不乏其人,最有名的就是白居易。他的《长恨歌》原本想对杨贵妃和唐玄宗之间的爱情悲剧进行讽喻,但实际上全诗对二人的同情远远超出了讽喻。最后两句"天长地久有时尽,此恨绵绵无绝期",更是道出了白居易对李、杨爱情悲剧结局的深深遗憾之情,由于这两句也写出了古往今来不能成为眷属的有情人面对美丽爱情时的无奈和遗憾,因而被广为传诵。

七、隋唐与突厥在山西境内的战争

隋唐时期的民族问题主要是与突厥的关系,突厥势力的强弱甚至直接关系到隋唐两朝边境线的盈缩。突厥自南北朝时兴起之后,与中原王朝的关系就是有和有战,但战争是主要的。其主要战场在陕西、山西和河北的中北部地区,它对中原王朝的生存造成很大的威胁,对双方人民的生命财产的破坏性也很大。

隋、唐两代,山西尤其是太原以北,一直是突厥南侵的重要通道,同时也是隋、唐两朝防御、抵抗、进攻突厥的基地。隋文帝以晋王杨广和汉王杨谅驻镇太原都有防备突厥的意图。隋朝在文帝时期分别在开皇二年、三年、十九年、二十年由朔州出兵进攻突厥,仁寿元年(601)代州总管韩洪进攻突厥却被大败于恒安(今山西大同东北)。炀帝统治时期,大业十一年(615),炀帝被困于雁门(今山西代县)长达一月之久。大业十二年,突厥攻马邑,被李渊击败。隋朝末,突厥势力已经非常强盛,许多割据势力和农民军领袖如梁师都、李轨、高开道、窦建德、刘武周等都主动依附突厥,向其称臣,受其可汗封号。

唐代,突厥同样是重要的边患。李渊太原起兵时,为防突厥从后面袭击,就接受刘文静的建议与突厥联合,实为向突厥称臣,解决了后顾之忧。但李渊对突厥的防范意识是很强的,他对突厥插手中原事务可能造成的危害有充分的认识,所以派刘文静出使突厥时他要求可以多要突厥的战马而不能让突厥派更多的士兵,就是充分考虑到了这一点。唐王朝建立后,突厥开始支持反唐势力,在山西,则是支持刘武周,继而又支持刘武周的残余势力苑君璋。特别是苑君璋与突厥以朔州为基地,两次攻打到唐都长安附近,严重威胁到唐王朝的安全,甚至逼迫李渊曾经动过迁都的念头。太宗贞观元年(627)五月,苑君璋率众来降,使突厥颉利可汗势力大受削弱;再加上漠北草原大雪为灾,牛马饿死,人民饥荒,颉利可汗重敛于民,导致上下离心。

贞观三年(629)十一月,唐太宗以并州都督李勣为通汉道行军总管,兵部尚书李靖为定襄道行军总管,华州刺史柴绍为金河道行军总管,灵州大都督薛万彻为畅武道行军总管,众合 10 余万,皆受李靖节度,分道出击突厥,四年三月,突厥颉利可汗降唐,东突厥灭亡。唐太宗认为这"庶几可雪"唐高祖向突厥称臣的"前耻"。此后将近 40 年,山西境内唐与突厥无战事。高宗永淳元年(682),突厥余党又重建东突厥政权,史称"后突厥",并入寇并州和单于府北部,被代州都督薛仁贵打败。接下来在高宗、武后、睿宗统治时期,唐廷与突厥在山西境内多次作战,一直到唐玄宗天宝四年(745)回纥怀仁可汗杀突厥白眉可汗,并传首京师,突厥余部毗伽可敦率众降唐,"北边晏然,烽燧无警矣"[1],突厥与唐的战争才最终宣告结束。

从唐初到安史之乱前(618—745)绵延 120 余年的唐与突厥的战争,据两《唐书》和《资治通鉴》《山西通志》等有关文献记载,发生在山西境内的就不下 60 次,最多的时期是高祖、太宗时期。从高祖武德二年(619)至太宗贞观元年(627)五月苑君璋从恒安(大同附近)率众降唐之前的八年多时间里,在山西或从山西出兵攻突厥的战争就有 37 次之多。

---

① 《资治通鉴》卷 215《唐纪三十一》。

八、安史之乱时期的山西

安史叛军的老巢在范阳（今北京），山西地处范阳与长安之间，叛军西取长安无论是经河北平原还是沿汾河南下，山西的战略位置都是十分重要的，对此叛军有深刻的认识，唐王朝也把河东地区看作抗击叛军的前沿阵地。因此安禄山兵逼潼关的时候，唐玄宗就任命九原太守郭子仪为朔方（今宁夏吴忠）节度使，并以右羽林大将军王承业为太原尹。郭子仪攻下静边军（今山西右玉县），又派部将李光弼进围云中（今山西大同），派部将公孙琼岩攻克马邑（今山西朔州），打通了河东道北路。唐军一方面命郭子仪从山西北部南下取洛阳，同时也注意到对太原的镇守，郭子仪向朝廷推荐李光弼镇守太原，并与李光弼合兵出井陉数败叛军。但就在形势对唐军有利的时候，唐朝统治集团内部的斗争却葬送了前线的胜利果实。杨国忠逼哥舒翰轻出潼关，酿成潼关大败。潼关失守，郭、李不得已退出井陉。郭子仪率兵从河东到灵武护驾，李光弼被任命为户部尚书，兼太原尹、北京留守、同中书门下平章事。肃宗至德二年（757），叛将史思明、蔡希德、高秀岩、牛廷玠等率众十余万来攻太原，而李光弼的军队经河北苦战，精兵又尽赴朔方护驾，麾下仅有不满万人的乌合之众。史思明也认为李光弼老弱残兵，且不满万人，太原的攻取，指日可待。但李光弼指导军民挖地道，擒叛军，以强弩发石以击贼骁将，使得叛军死者十之二三，太原军民士气高涨，原先对叛军闻风丧胆的"懦军""皆欲出战"[1]。一月以后，李光弼趁叛军懈怠之机，率敢死队出其不意进行袭击，斩叛军 7 万余人，而且取得了大量的军资器械，取得了太原保卫战的胜利。在太原保卫战中，李光弼行过家门，未尝回顾。打退叛军三日后，处理完军事才回家看望。在历时一月有余的太原保卫战中，李光弼面对 10 倍于己的强敌临危不乱，出奇制胜，爱国忘身，树立起一个智勇兼备、公忠为国的杰出军事家形象。当时牵制、击败了叛军 10 万兵力，对战局产生了重大的影响。

---

① 《旧唐书》卷 110《李光弼传》。

第二节　隋唐河东著姓

　　门阀士族是我国封建社会中一个特殊的历史存在。它萌芽于汉代，发展于三国，形成于西晋，到东晋和南朝前期发展到鼎盛，成为魏晋南北朝时期除社会大分裂、民族大融合之外的第三大特点。它的形成与社会的政治、经济、文化等制度紧密相连。曹魏制定的五等爵制和九品中正制的蜕变是门阀形成的政治条件，"公门有公，卿门有卿"，形成累世为官的官僚集团。东汉地主庄园的形成、西晋品官荫客占田制为门阀形成提供了经济基础，品官荫客占田制对门阀士族虽有限制，但是中央政府以法令形式承认其特权，为他们扩充经济实力开了方便之门。私人传经讲学之风盛行也是门阀形成的一个重要途径，自西汉武帝尊崇儒术后，经学盛行，出现了一些累世传经的家族，故有大批故吏、弟子、门生出于其门，"门生故吏遍天下"。门阀士族经过几百年的发展，到南朝时开始走下坡路。因为南朝政权的建立，是靠军功，而不像东晋政权那样完全靠士族的支持；加之南朝的皇帝都出身寒族，因此政权所依赖的支柱逐渐在发生变化。隋唐时期，皇权的抑制、科举制的推行都使门阀逐渐削弱，但真正的衰落是到了唐中叶以后。所以，在隋唐时期，仍有许多士家大族在国家的政治、经济、文化生活中发挥着巨大的作用。

　　唐代山西众多的士家大族以闻喜裴氏、河津薛氏、太原王氏最为著名，影响最大。

一、闻喜裴氏、河津薛氏、太原王氏

　　1.闻喜裴氏　裴氏比较可信的传承关系是从西汉开始的。裴盖在西汉时任水衡都尉、侍中。九世孙裴遵东汉时期任敦煌太守，两汉交替之际，随光武帝刘秀从云中西平陇、蜀，遂徙居河东安邑。到东汉安帝、顺帝时裴氏又徙居闻喜。裴遵曾孙裴晔任并州刺史、度辽将军。裴晔子裴茂，灵帝时历任郡守、尚书令，汉献帝时因平李傕有功，封阳吉平侯。此后，裴氏家族的发展出现了鼎盛的局面，形成了"三眷五房"，裴茂三子潜、徽、辑，为裴氏三大宗派之祖。

裴氏"三眷五房":

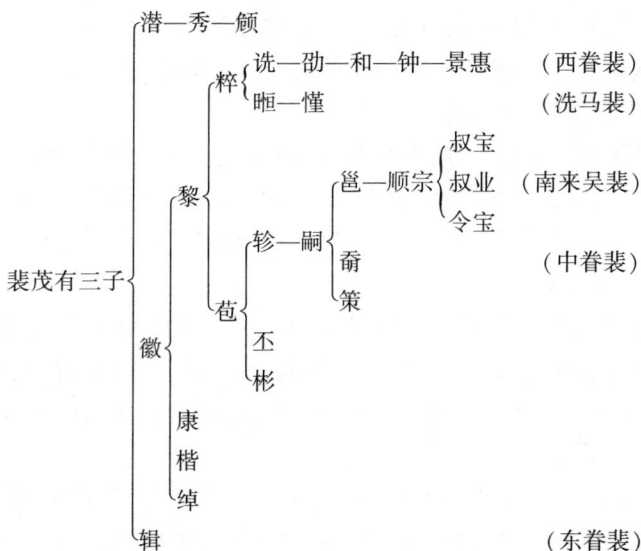

裴茂有三子
- 潜—秀—颀
- 徽
  - 粹
    - 诜—劭—和—钟—景惠 （西眷裴）
    - 晅—懂 （洗马裴）
  - 黎
    - 苞
      - 轸—嗣
        - 邕—顺宗
          - 叔宝
          - 叔业 （南来吴裴）
          - 令宝
        - 翕 （中眷裴）
        - 策
      - 丕
      - 彬
  - 康
  - 楷
  - 绰
- 辑 （东眷裴）

裴徽仕曹魏至冀州刺史、兰陵武公。因其子孙多仕西凉者,故号"西眷裴"。

裴辑号"东眷",子孙历仕魏晋南北朝,后即称这一支为"东眷裴"。

裴徽长子裴黎的曾孙裴懂仕前秦为大鸿胪,自河西归桑梓,居解县洗马川,即号洗马裴。

裴黎次子苞,苞长子轸,轸生嗣,为西凉武都太守。嗣长子邕,渡江居襄阳,至其孙叔业为齐南兖州刺史,归北魏,封兰陵郡公,号"南来吴裴"。

裴黎次子苞曾孙翕,号中眷,仕晋为太尉的咨议参军、并州别驾,号"中眷裴"。

裴茂的三个儿子潜、徽、辑,被称为河东裴氏三大宗派之祖,实际上,裴潜的后代并没有形成一个宗派。潜子裴秀,裴秀子颀,裴颀有二子,被人所害后,这一支就绝后了。唐代河东裴氏传人,尊三子为三祖或三眷,对于裴潜来说,只是名义上的,并未计较其子嗣传承①。

2.河津薛氏 薛氏比较可信的传承也是从西汉开始。薛鉴向刘邦献灭黥布之策,封千户侯。至其四世孙薛愿,由山东滕县徙居淮阳(今河南

---

① 参阅周征松:《魏晋隋唐间的河东裴氏》,山西教育出版社,2000 年。

淮阳)。三国时,薛氏分仕于魏、蜀、吴。在魏者,薛子兰为徐州别驾,被曹操所害,其子薛永投奔蜀汉,刘备任之为蜀郡太守。至薛齐时,任巴蜀太守。蜀被魏灭,北归西晋,为光禄大夫,徙家河东汾阴(今山西万荣西南),世称这一支为“蜀薛”。在吴国,薛综与其子薛莹、孙薛兼,均至太子太傅,时人称之为“吴国三傅”。

薛齐子薛懿为北地太守,袭鄢陵侯,薛懿有三子:薛恢、薛雕、薛兴。薛恢,官河东太守,号“北祖”。薛雕号“南祖”,薛兴号“西祖”,薛兴子薛涛与北祖、南祖分统部众,世号“三薛都统”。薛涛曾孙薛谨有五子,时号“瀵(指万荣)上五门”。

至北魏,薛孝通、薛道衡、薛收、薛元超、薛曜,五世为官,且有文名。

隋唐定河东薛氏为“乙门”,河东茂族,入郡姓。贾执《姓氏谱》,定刘、朱、周、武、薛为“沛国五姓”。魏《太和族品》定柳、裴、薛为“河东三姓”①。

3.太原王氏　王氏据说出自周灵王太子晋之后。太子晋年17而卒,周灵王驾崩,晋弟贵继位,是为景王。晋之长子宗敬仕周为司徒,当时诸侯争霸,王室日衰,宗敬知国事已不可为,遂上表致仕,避乱于晋阳。世人以其为王者之后,仍呼之为“王家”,遂以王为姓,是为太原王氏之始祖,后人并尊太子晋为王氏“系姓始祖”。

宗敬十八世孙王翦及其子贲、孙离,祖孙三代,俱为秦之名将,因战功卓著皆被封侯。秦末,王离率军与项羽战于巨鹿,兵败自杀,其长子王元为避战乱,迁往山东琅琊,是为“王氏琅琊祖”。

王离次子王威仍居晋阳,西汉时,曾为扬州刺史,其子孙亦散居各地。九世孙王霸又重返故里,居太原。王霸有二子,长子王殷,东汉中山太守,食邑祁县,其后裔称祁县分支,这就是“祁县王氏”。王殷四世孙王述,有三子:隗、懋、允。王允,东汉献帝时居官司徒,董卓篡权乱政,王允与吕布杀之。王懋,东汉侍中,幽州刺史。其六世孙王光,北魏并州刺史。王光子王冏,北魏度支尚书、护乌丸校尉,因号“乌丸王氏”,唐时称祁县王氏为“乌丸王氏”。

---

① 参阅乔志强:《山西通史》第265页,中华书局,1997年。

　　王霸次子王咸,随父居晋阳,其后裔称晋阳分支。王霸之后王琼,北魏镇东将军,有四子:遵业、广业、延业、季和,号"四房王氏"。

　　祁县王氏与太原王氏实出一家,故有"太原王氏,世居祁县"之说①,祁县王氏后有一支南下居晋南,称"河东王氏"。所以"太原王氏""祁县王氏""河东王氏",实为一家。

二、河东著姓的社会影响和贡献

　　士家大族,累世高官,又据有雄厚的经济实力和较高的文化修养,因而对国家的政治、经济、文化等方方面面都产生着重大的影响。

　　1.政治活动　　士家大族就是靠政治活动为官作宦起家的,所以他们在历朝历代都是政治活动的积极参与者,而且也会借此提高自己的社会地位,巩固自己的权势。如闻喜裴氏,做隋文帝幼子汉王杨谅总管府兵曹的裴文安就积极支持杨谅反对隋炀帝。而领汉王谅府亲信裴仁基则反对杨谅举兵作乱,并被杨谅囚禁于狱中。到杨谅兵败才得到隋炀帝的嘉奖,被超拜为护军,几年后,改授武贲郎将。隋末裴矩则善于观察形势,与时进退,在隋难说他是忠臣,在唐则不失为一位杰出的政治家,同时他还是一位史学家和外交家。裴寂则是李唐王朝开国功臣。被封为魏国公,与李世民、刘文静同为可享受赦免死罪两次特殊待遇的人。此外,裴行俭为武则天时的文武全才,裴度为唐中叶的名相。裴度历相宪、穆、敬、文四朝,《旧唐书·裴寂传》称其"时威望德业,侔于郭子仪,出入中外,以身系国之安危、时之轻重者二十年。凡命将相,无贤不肖,皆推(裴)度为首"。裴氏自西汉起,历代冠冕,至唐最盛,共出了 17 位宰相:西眷裴有裴矩、裴寂;洗马裴有裴谈、裴炎;南来吴裴有裴耀卿、裴行本、裴坦;中眷裴有裴光庭、裴遵庆、裴枢、裴贽;东眷裴有裴居道、裴休、裴澈、裴垍、裴冕、裴度。这就是说,在唐朝历史上,平均 17 年,裴氏就要出 1 名宰相,其他官高爵显者更举不胜举,实为李唐皇室外第一大家族,因而在《新唐书》的宰相世系表中位居第一②。

---

　　①　《新唐书》卷 75《宰相世系五下》。
　　②　《新唐书》卷 71《宰相世系一上》。

河津薛氏,宗支也极繁盛,有 3 人为宰相,南祖薛讷,西祖薛稷、薛元超。薛氏在唐代出了不少军事政治人物,如薛道衡之子薛收,就被秦府记室房玄龄推荐给太宗,被召见时他辩对纵横,被授秦府主簿,判陕东道大行台金部郎中之职,又从秦王平刘黑闼,封汾阴县男。薛大鼎,李渊晋阳起兵后,到龙门谒见高祖,提出不要强攻河东,从龙门直渡黄河,占据永丰仓,从而传檄远近的策略,与秦王的想法不谋而合。薛仁贵,在太宗征高丽时崭露头角,高宗时与李勣等共灭高丽,被任命为检校安东都护。在城中,抚恤孤老,任用贤能,高丽士众莫不感化,后在与契丹、突厥等的战争中也屡立奇功,封平阳郡公。其子薛讷,是我国历史上第一位节度使,武后时期,拜幽州都督,兼安东都护。后任并州大都督府长史,兼检校左卫大将军。《旧唐书》称其"久当边镇之任,累有战功",也封平阳郡公。薛讷之子薛嵩,参与安禄山叛乱,后降唐,任相州刺史,充相、卫、洺、邢等州节度观察使,薛嵩感恩于朝廷,奉公守法,在任颇有政声,累迁检校右仆射。薛嵩子薛平,12 岁为磁州刺史,深得名相杜黄裳器重,宪宗元和年间,累有战功,实为文武全才。薛仁贵祖孙数代,代有名将,被世人称为"将门世家",后人为薛家编了许多戏剧小说,传颂至今。

太原王氏,其仕宦不及闻喜裴氏,但为卿相者也不少,共出宰相 7位:王珪、王缙、王晙、王播、王涯、王铎、王溥。其中王珪为贞观名臣,与魏徵、戴胄、温彦博等共同为"贞观之治"局面的出现起了很大的推动作用;王缙,王维之弟,少以文章知名,安禄山叛乱时为太原少尹,与李光弼同守太原,效力颇多,但后来依附元载,使唐王朝政事日非;王晙,玄宗朝宰相;王播,文宗朝宰相;王涯,也是文宗时宰相,死于"甘露之变";王铎,王播之侄,僖宗朝宰相;王溥,昭宗时宰相,于政事不能有所裨益,后死于"白马之祸"。王氏为相者多无政绩而且多不能善终。此外,祁县王氏的王裕娶高祖李渊妹同安大长公主,高宗皇后王氏和玄宗皇后王氏又同为祁县王氏,二皇后虽都不得善终,但身为皇后,也必然会给祁县王氏家族带来巨大的政治利益。王氏中名将则有初唐抗击突厥的王方翼,有玄宗朝名将王忠嗣,有德宗朝临危不乱的王锷,还有讨平黄巢起义军、反对大宦官田令孜、拥护僖宗的军阀王重荣等。

2.经济作用　聚族而居的士家大族在分享政治利益的同时,在经济上往往也有很雄厚的实力。他们占有大量的人口、土地和财富,在社会经济中占有很重要的地位。例如裴寂,食邑 3000 户,而且还有良田千顷,比武德年间的丁男(丁男口分田 80 亩,永业田 20 亩,共 1 顷)占有的土地多出千倍。而根据他的官品,正一品的宰相也只能得到永业田 60 顷,职分田 12 顷而已。可见他们的财富应有很大一部分是非法所得。由于士家大族中的许多人都在国家的权力部门任职,他们组织和主持国家的生产或改革活动,使之为社会的经济发展做出贡献。如薛大鼎在沧州任上教导人们兴渔盐之利,与瀛洲刺史贾敦颐、曹州刺史郑德本被河北人民称为"铛脚刺史"。裴耀卿整修黄河堤坝,深得人民爱戴,又向玄宗提出整顿江南至长安的漕运的措施,绕过三门峡天险,三年间使安全运抵长安的租米达到 700 万石,而且节约陆路运费 30 万缗,起到了很好的作用。王方翼在夏州推行的"耦耕法",省力而高效,颇纾民力。薛平任滑州刺史、郑滑节度观察等使时也组织人民治理黄河,使无水患。薛平子薛从,任汾州刺史时,修堤防引文谷、滤河二水灌溉公私田,汾州人很以为便利。在濮州时,储存粟二万斛以防备灾荒。

3.文化贡献 士家大族有受教育的极好条件,他们基本上都掌握一定的文化知识,较高的文化修养是他们世代不替的特征,甚至在他们的政治、经济特权已经丧失的时候,文化上的优势和自我优越感还会继续保持一段时间。隋唐时期,山西士家大族中出现过许多文化名人。如,隋代的薛道衡,其诗作,"南北称美"。裴氏的裴度、裴俅、裴说、裴谐,均以诗名;薛稷,与从祖兄薛曜俱以辞章知名,又能书善画,其书画俱称妙品;薛元敬与薛收及收族兄薛德音齐名,被称为"河东三凤";唐末有传奇作家薛调和薛用弱;名将王方翼的儿子王珣与其兄王玢、弟王瑨皆以章著称,时号"三王";大诗人王绩、王勃、王翰、王昌龄、王之涣、王维等都为诗歌的发展做出了巨大的贡献,王维的书画世称其妙;王通在经学、裴矩在历史地理学等方面都为隋唐文化的发展做出了突出贡献。

第三节　隋唐时期山西的社会经济

一、农业

从自然地理条件来看,山西地处中纬度,在公元 7 世纪中期,雨量充沛、水源丰富,植被茂盛,土地肥沃,特别是汾水流域,是农业生产发达的中心地带;从劳动力资源来看,隋唐时期的山西人口密集、劳动力资源丰富;从水利工程的修建来看,隋唐统治者很重视农田水利的建设,据冀朝鼎统计,唐代山西的水利工程共有 32 项,在全国占第三位;加之唐代继续推行均田制,重视农业生产,大力提倡耕垦,使农田面积不断扩大,这些都促成了山西农业的发达。隋政府经常漕运"汾、晋"粮食到京师,唐高祖说"并州粮食可支十年"[①],开元年间,仍然漕运晋、绛之地粮食到长安。《新唐书·地理志三》也记载,"度支岁市粮于北都,以赡振武、天德、灵武、盐、夏之军",可见,河东地区的农业生产是相当的发达。

二、手工业

隋唐时期山西的矿冶业、纺织业、盐业、陶瓷业都有了长足的发展。

矿冶业以冶铁和冶铜最为著称。山西铁矿资源丰富,冶铁技术达到当时最高水平。唐朝全国产铁地共 91 处,河东就有 15 处,还出现了许多著名的金属产品,如开元铁牛与蒲津渡桥。唐开元十二年(724),为了加强对大后方河东地区及整个北方地区的统治,唐玄宗命兵部尚书张说主持改建蒲津渡桥,改木桩为铁桩,易笮索为铁链,架设浮桥的桥墩全是用铁铸造的。唐玄宗"开元十二年铸八牛,牛有一人策之,牛下有山,皆铁也,夹岸以维浮梁"[②]。桥的两端还各有 4 尊铁牛和 4 个铁人,铁牛下还有铁山,耗铁量是相当可观的。后因黄河变迁,铁牛等逐渐被泥沙埋没。1989 年 8 月,黄河故道东岸的铁牛和铁人全部被挖掘出土。牛高 1.5 米,

---

① 《旧唐书》卷 64《巢王元吉传》。
② 《新唐书》卷 39《地理志三》。

长 3.3 米,重 30 吨左右,底盘和铁柱约 40 吨,牛尾后均有横铁轴 1 根,长 2.33 米,用于栓连桥索,这充分显示了当时山西高超的冶铸技术。

此外,临汾铁佛寺(大云寺)内的铁佛头、太原市蒙山法华寺内的两尊铁佛、交城石壁寺(玄中寺)内的铁弥勒像、盂县高神山的大铁钟、并州的剪刀,都体现了山西冶铁业的发达。并州的剪刀闻名遐迩,畅销全国,颇为人们所喜爱。杜甫《戏题画山水图歌》就有"焉得并州快剪刀,剪取吴淞半江水"之句。卢纶的《难绾刀子歌》也云"并刀难绾竟何人,每成此物如有神"。任华的《怀素上人草书歌》也说"锋芒利如欧冶剑,劲直浑是并州铁"。

唐代铸铜业也很发达。唐朝全国产铜地共 65 处,河东就有 9 处。太原的铜镜和铁镜同样出名,质量上乘,造型美观,与铁镜皆为贡品,岁入京城。不过,当时的铜主要还是用来制钱的。河东道的绛州就是铸钱的基地,唐朝在此设置铸钱监——汾阳监,据记载,天宝年间"天下炉九十九,绛州三十"①。

山西陶瓷手工业主要在太原。太原南郊金胜村发现的唐墓中就出土了 100 余件陶瓷器。晋祠也发现有唐三彩壶、赭色釉瓷壶等。地处晋北的浑源,也是盛产瓷器的地方。浑源的古窑中也出土了大量唐瓷器标本。

山西纺织业的发展首先体现在丝织业的繁荣上。丝麻业不仅分布地区广,而且质量高。唐代蒲州、绛州的丝织业都取得了相当的发展,二州的丝织品在唐代都是上等的贡品,而且蒲州的丝织品还输往吐鲁番地区。潞州、泽州一带,也是家家栽桑养蚕,户户缫丝织锦。不过,二州所产丝绸还没有被列为贡品,说明那时泽、潞地区的丝织业发展水平还比较低。

唐代的盐业生产分为海盐、池盐和井盐三种。海盐的生产主要分布在沿海地区,井盐生产主要在四川,北方地区则以池盐为主。在池盐生产中,河东两池食盐产量是最大的。《新唐书·食货志四》记载:"蒲州安邑、解县有池五,总曰'两池',岁得盐万斛,以供京师。"

---

① 《新唐书》卷 54《食货志四》。

造纸业也有一定程度的发展,蒲州(今山西永济)的百日油细薄白纸在唐代是全国著名的产品,也是当时的贡品。

三、商业

农业和手工业的繁荣是商业繁荣的基础。此外,交通的发达,也是促使商业繁荣的重要因素。隋唐时期,山西形成了以晋阳为中心的交通网络:由晋阳向西南经汾州、晋州、绛州、龙门或蒲津关可达国都长安;由晋阳向东南过潞州、泽州,越太行山天井关可达东都洛阳;由晋阳东出井陉,经河北的恒州、定州可达幽州(今北京);由晋阳北上,忻、代、朔、云诸州则为防范、抵抗突厥、回纥之孔道。交通的发达,晋阳城规模的不断扩大,使晋阳城成为当时的大都会。隋代,杨广为晋王时,在北齐高欢晋阳宫外筑"新城",又建"仓城";唐贞观年间,李勣为并州都督时又筑东城,武后时,崔神庆又修建了连接东、西二城的中城。在这样的基础上,唐代晋阳城的商业是很繁荣的。从太原出土的波斯萨珊王朝的银币来看,太原不仅国内贸易繁荣,而且已经发展成为一座对外贸易繁荣的商业城市。

除了太原,唐代蒲州的州治、河中节度使所在地蒲州城,同时也是唐朝的中都,也人口殷实,物产丰富,堪称一方都会。

第四节　隋唐时期山西的文化成就

一、思想家王通和柳宗元

1.王通与经学　王通(580—617年,另说生于584年),字仲淹,门人私谥为"文中子"。隋河东郡龙门(今山西万荣)人,出生于仕宦兼儒学家庭,家学渊源深厚,从小就受到儒家学说的熏陶。王通聪慧好学,18岁时,"有四方之志",到处游历问学,"不解衣者六岁",终于举秀才高第。仁寿三年(603),王通西游长安,谒见隋文帝,上"太平十二策",主张"尊王道,推霸略,稽今验古"①,但未能被朝廷采用,被授职于偏僻的蜀郡任司户书佐、蜀王侍读。王通在政治上不得志,便于大业初年弃官归故里,潜心著述和聚徒讲学,直至终老。

王通学问渊博,涉猎广泛,不仅对经学的改进与发展做出过重大贡献,而且在哲学、伦理、文学、教育等方面都有深入的研究和独特的见解。但是他在唐代并没有引起人们的重视,唐修《隋书》根本没有他的传,旧、新两《唐书》也只是在王绩、王勃等人的传中附带地提到了他,记载也极为简略。他花费九年的心血所撰写的《续六经》,在唐、五代时即已亡佚,保存了他重要思想和学说的《中说》一书,虽然在唐代有流传,但读的人很少,而且《中说》不是王通自著,而是其后学在门人记录和追记的基础上加工整理而成的。由于后人对他的事迹和学说增饰作伪太过,反而使有些学者对王通其人以及他的学说都产生了怀疑,导致其身后从宋至今,多数学者对于王通之学都置之不论。就是当时多数学者,对其著作也重视不够。不过,宋儒如司马光、朱熹等都充分肯定王通,朱熹认为《中说》一书即使有后人假托,也是在王通基本思想基础上的假说,所以,应该说《中说》基本上反映的是王通的思想。《中说》也是现在我们研究王通思想的主要依据。

王通在政治上以兴礼乐、行王道为己任,主张推行"仁政";在哲学思想上,他对"天人感应"、谶纬迷信等进行过批判,把"天"解释为客观自然,对事物的对立统一规律也有一定的认识,体现出一定的唯物主义思想;在文学上,提出"文以济义",即写文章的目的是阐释儒家要义,实为韩愈"文以载道"之先声。不过他最主要的成就和贡献还是在经学上,他是唐代中期儒学变革的发端者。他提出的"三教可一",开创了隋唐儒学改革之先河,后儒对他的重视,正是从认识到这一点开始的。

自汉代将儒学经典化以后,后儒除了作些章句诠释之外,不敢再有任何发挥。魏晋玄学出现,使经学一统的局面遭到动摇。东晋南北朝,佛教和道教的兴盛,对儒学的正统地位形成了更大的冲击,儒、释、道三教之间的争斗越来越激烈,尤其是佛教,大有压倒儒学之势,陈旧僵化的

———————————

① 杜淹:《文中子世家》。

儒学面临着严重的危机。经过魏晋南北朝数百年的社会动乱,儒家学者和统治者也意识到,宗教在安慰民众、稳定社会秩序等方面都有着儒学不能替代的作用。因此随着隋朝统一王朝的建立,意识形态领域一体化的呼声亦日益提高。于是在尊崇儒学的同时,对佛、道二教加以扶植以辅助儒学,已成为大势所趋。

王通就是最早提出"三教可一"思想的学者。王通以前,提出"三教并用"的不乏其人,但他们大都拒绝吸收他教的思想。王通的高明之处,是他意识到佛、道二教尽管各有缺陷,如佛教的摒弃人伦,就与儒家的纲常伦理相抵牾;道教一味追求神仙方术,对社会的发展也极为不利,但要废除也是不可能的,佛、道同样也是治理国家的有用工具,儒学应吸收佛、道的可取之处,以改进、提高和完善自己。他通过北魏太武帝拓跋焘和北周武帝宇文邕的两次灭佛事件,委婉地批评儒家学者与佛、道二教势不两立的僵化态度。王通就是在分析三教"知其不可废而知其各有弊也"(《中说·周公》)的基础上,提出了"三教于是乎可一矣"(《中说·问易》)。他主张结束三教互相攻讦、互相诋毁的局面,学习司马谈在学术上"善述九流"的变通思想,使三教在儒学的基础上加以变通、改造,以达到"天下无弊法"。尽管王通并没有在理论上明确地提出"三教归儒",或"援佛入儒",但他既然认为三教可一,自己又以孔子自比,毕生从事于儒学的改造和振兴工作,那么,他的统一,也必然是统一于儒了。王通的"三教可一"思想,开创了隋唐儒学改革的先河,经过韩愈、李翱和宋明理学家的探索与实践,完成了改造儒学的任务,使后世儒学以儒家为主,以佛、道为辅的发展成为基本格局。

正因此,王通在唐末逐步受到人们的重视,皮日休和司空图开始称赞王通。宋初,鼓吹儒学复兴的柳开和石介开始推崇其《中说》,著名宋儒司马光和朱熹也肯定王通。明代理学家王守仁也称王通为贤儒,称其开宋、明理学之先河,这些学者都是推崇王通在儒学发展上所做的贡献。

此外,王通还续编了《六经》,对经学作出了实际的充实补苴。面对陈旧僵化的儒学,王通以圣人自居,大胆地进行了续《六经》活动,他用九年的时间著述《续诗》《续书》《礼论》《乐论》《赞易》《元经》,合称《续六经》或《王氏六经》,其目的在于:"吾续《书》以存汉晋之实,续《诗》以辩六代之俗,修《元经》以断南北之疑,赞《易》道以申先师之旨,正《礼》《乐》以旌后王之失。如斯而已矣。"(《中说·礼乐》)不过,原书已经亡佚,现存《元经》,古今皆疑其为伪托。

王通讲学于河、汾间,其影响是比较大的,对经学起到了传授和弘扬的作用。其弟子中,比较著名者如温彦博、杜淹、薛收等,都为唐初之名臣。

2.柳宗元的哲学思想　柳宗元(773—819),字子厚,河东(今山西永济)人,世称柳河东。因曾任柳州刺史,故又号柳柳州。曾伯祖柳奭,高祖朝宰相。父柳镇,太常博士,终侍御史。柳宗元年少时聪警绝众,尤精《西汉诗骚》。下笔构思,与古为侔,精裁密致,璨若珠贝,为时人所推崇。进士及第后,应举博学宏词科,任校书郎、蓝田尉。贞元十九年,为监察御史。顺宗即位后,柳宗元参加了王叔文领导的"永贞革新"。革新运动失败后,他相继被贬为邵州刺史、永州司马、柳州刺史,离京城越来越远,他的政治生命也随之宣告结束。柳宗元在政治改革上是一个失败者,但他在长期贬谪任地方官的生活中,仍然鼓励当地人民开垦荒地、打井、饲养家畜、解放奴婢、破除迷信,做了很多兴利除弊、造福于民的事,大大改变了贬谪地的落后面貌,至今仍被当地百姓深深怀念。

柳宗元是一位非常卓越的哲学家,他对哲学上一系列基本命题都进行过深刻的思考。对于"天",柳宗元认为"天"是由元气构成的大自然,根本不可能支配人们的命运,所以不存在支配万物的外在神秘力量。社会历史的发展是一个自然的发展过程,并没有所谓的能行赏罚的"天意"在其间起作用。在和韩愈讨论天的意志的文章《天说》中柳宗元否定了韩愈天能行赏罚的观点。

在人类的起源问题上,柳宗元也认为人并不是神灵创造的,而是自然界进化的结果,是人在生存竞争中依靠智慧生存下来的。人在社会生产和生活的过程中,在对抗大自然的各种恶劣环境如雪霜风雨雷雹中学会了筑巢、采草木、使用皮革,饥渴以后,学会吃果谷、禽兽,有了性欲然后产生了婚姻。可见,人是在实践中才生存下来、并建立了各种伦理关系的,而不是像很多儒生所认为的伦理关系由"天"定。柳宗元认为"天"和"人"是各自按照自身的规律发展的,"其事各行不相预"(《答刘禹锡天论书》),但是他主张认识自然规律并掌握它。他认为鬼神迷信思想的产生,就是由于人们对对象不知道、不了解、不能战胜,不能战胜所以就会把它神化,如果能战胜、足以支配就不会相信鬼神了,这是他朴素的唯物主义思想。所以一方面他强调"天"是客观自然界,同时又强调人在认识自然界时的主观能动性的发挥,这就使他在中国哲学史上天人关系论中大大前进了一步。

在历史演进问题上,柳宗元也更多坚持了历史唯物主义。他认为社会历史的发展是"势",即客观必然趋势支配和推动的(《封建论》)。无论是周之选择分封,还是秦以后选择郡县,都是客观形势必然,而非圣人之意。君权也并非神授,君主是从百姓中有智慧和有品德的人中产生的。

当然柳宗元的思想也有其不可避免的时代和阶级的局限性。他的唯物论是不彻底的,其中掺杂着不少唯心论的成分。不过这并不影响我们对他唯物主义和无神论思想的评价,也不影响他在中国思想史上所占的崇高地位。作为唐代优秀的唯物主义思想家,柳宗元足以名垂千古。

二、史学家裴矩和温大雅

1.裴矩和《西域图记》 裴矩(548—627),字弘大,河东闻喜人,历仕北齐、北周、隋、唐四朝,是著名的政治家、军事家、外交家,也是一位历史地理学家。

裴矩的政治态度向来受后人诟病,他先后在北齐、北周、隋、唐政权中任要职,又曾降宇文化及和窦建德。《隋书》本传称其:"学涉经史,颇有干局,至于恪勤匪懈,夙夜在公,求诸古人,殆未之有。与闻政事,多历岁年,虽处危乱之中,未亏廉谨之节,美矣。"在充分肯定他的政治才干之后,又指出"承望风旨,与时消息,使高昌入朝,伊吾献地,聚粮且末,师出玉门,关右骚然"[1],更有后人说裴矩"其奸足以亡隋,其智足以佐唐"[2]。实际上,对于裴矩的"佞于隋而忠于唐",司马光的解释更有道理。他说

---

① 《隋书》卷67《裴矩传》。

② 邓名世:《古今姓氏书辨证》。

是因为"君明臣直",隋炀帝"暗",所以裴矩"佞",唐太宗"明"①,所以裴矩敢于犯颜直谏。裴矩的确善于与时进退,察言观色,所以他一生荣宠,躲过了很多政治灾难。

裴矩还是一位著名的学者。他的著作共有3部,第一部是唐初与虞世南合撰的《吉凶书仪》,这是他与牛弘根据《齐礼》参定后整理出来的(已佚)。第二部是《开业平陈记》12卷,《隋书·经籍志》著录。裴矩曾亲自参加隋的伐陈战役,任元帅记室。他根据自己的亲身经历和有关图籍写成此书,因而《开业平陈记》的史料价值自然很高。此书也已失传,但为唐人修《隋书》提供了资料。第三部著作是《西域图记》,是裴矩最重要的著作,是我国古代中西交通和历史地理方面的重要文献。《西域图记》是裴矩收集西域及中亚、西亚各国资料后形成的一部有地图、有文字记述的地理著作。大业初年,裴矩在张掖主持与西域互市时,注意搜集有关西域的各种情报,包括风俗习惯、山川险易、君长族姓、物产服章等,并参考多种资料,写成《西域图记》3卷。裴矩为撰此书,"寻讨书传,访采胡人,或有所疑,即详众口"②。可见不仅考诸经史,而且还注意访查、核实,并且对服饰、人物,还用丹青进行画图摹写。虽然此书已失传,只有一篇序言保存在《隋书·裴矩传》中,但就是这篇简短的序言,价值也是很大的,特别是其中讲到的"发自敦煌,至于西海(地中海)"的三条通道,至今仍是我们研究古代中西交通史和历史地理的重要资料。《西域图记》虽已失传,但仍可从《隋书·西域传》中找到它的影子。《西域图记》反映了裴矩对当时西域各族社会历史的深入了解,也反映了隋代君臣对少数民族历史的重视。

2.温大雅与《大唐创业起居注》 温大雅(573—629),字彦弘,太原祁人,隋末唐初著名的政治家、史学家。

温大雅出身于北朝著名的士族家庭。父温君攸,在北齐、北周和隋朝任职。温大雅与其弟温彦博、温大有(彦将)被世人美誉为"温氏三雄","皆卿相才也"。因隋末天下大乱,大雅不求仕进。李渊镇守太原

---

① 《资治通鉴》卷192《唐纪八》。

② 《隋书》卷67《裴矩传》。

时,对其颇为礼遇,晋阳起兵,被命为大将军府记室参军,专掌文翰。唐王朝建立的时候,大雅与司录窦威、主簿陈叔达参定礼仪。武德元年,迁黄门侍郎。玄武门之变,大雅因支持李世民被加官为礼部尚书,封黎国公。温大雅在史学上也颇有建树,《大唐创业起居注》就是他留给后人的一部珍贵的历史著作。

起居注是我国古代专门记录皇帝日常言语行动以备篡修国史采录的史书。现在知道的最早的起居注是记载汉武帝言行的起居注,此后历朝皇帝几乎都有起居注的修撰。据《旧唐书》卷46《经籍志上》记载,自汉至唐以前有起居注凡27种,但因天灾人祸、兵荒马乱,还有起居注被人们看成修实录和国史的原始资料,所以实录、国史修成后,往往不再保存起居注,因而保存下来的五代以前的起居注就只剩下温大雅这一部,我们也只有通过它才能了解所谓起居注的面貌,因而弥足珍贵。

《大唐创业起居注》3卷,按照历史事件发生的顺序,依次叙述了隋大业十三年(617)五月十五日李渊准备从太原起兵,到大业十四年(618)五月十四日代隋在长安建唐称帝为止的357日的历史。温氏在太原受到李渊厚遇,起兵后专掌文翰,与李世民的关系也很密切,所以关于建唐史,他耳闻目见,因而记载详细,也较真实。文中不仅记录了李渊的活动,还收录了李渊发布的大量诏册文书,如太原起兵的誓师文、裴寂等上的"劝进表",李渊登基的册文等,都是其他史书如两《唐书》《唐大诏令集》等所不载,此外对李世民与李建成在起兵活动中的作用和贡献,这本书的记载也与封建正史的记载不同。以前研究隋唐史的学者,习惯根据两《唐书》和《资治通鉴》等正史来对建唐史进行叙述和分析,三部史书对这段历史的记载大体相同。但《旧唐书》编修时主要依据的史料是唐人编修的实录、国史,其中涉及有关唐高祖、太宗朝的史实或许是经过修改的,即使不是蓄意修改,史官在太宗治下编写高祖、太宗朝史实也会自觉或不自觉地按照有利于唐太宗的思路来编写。而《大唐创业起居注》编写于玄武门政变即李世民夺取政权之前,它的记载相对来说就更加客观、真实一些。所以,《大唐创业起居注》的宝贵之处,不仅在于它是"孤本",更重要的是在于它为我们提供了大唐创业的第一手实录资料,可以澄清大唐创业时期的许多重要历史事实,并为我们考证唐初篡改国史案等提供帮助。

三、繁若群星的河东诗人

隋唐文坛上,山西人也极为活跃,在诗歌、词、散文、传奇小说等方面都取得了引人注目的成就。唐代是中国古典诗歌的巅峰期,以下主要介绍山西的诗人及其成就。

1.隋代诗人薛道衡　薛道衡(539—609),字玄卿,河东汾阴(今山西万荣)人。祖父薛聪,魏齐州刺史。父薛孝通,常山太守。薛道衡6岁而孤,专精好学。13岁讲《左氏传》,有感于子产相郑之功,作《国侨赞》,文辞华美,为时人所传诵。之后才名越来越大,被齐司州牧、彭城王浟引为兵曹从事。北齐时,兼散骑常侍,负责接待周、陈使者,"南北称美"。隋朝建立后,于开皇八年(588)伐陈,薛道衡被任命为淮南道行台尚书吏部郎,专掌文翰,为高颎指陈局势,颇具政治才能。隋文帝也十分器重他的才干,进位为上开府,赐物百段,与高颎、杨素皆为一时之才俊。隋炀帝即位后,因向炀帝上《高祖文皇帝颂》,对新皇而称颂旧皇,颇使炀帝不满;又因在炀帝面前赞颂炀帝的政敌高颎,使炀帝对他更加猜忌;再加上他的诗句优美引起以才名自负的炀帝的极度嫉妒,因此炀帝就以薛道衡阿附高颎之罪杀死了他。道衡被杀后,天下冤之。薛道衡的一生荣于隋文帝的励精图治,辱于隋炀帝的嫉贤妒能,和隋代政治的兴衰成败紧密关联。

薛道衡是隋代著名的诗人,他虽为北人,而诗风受南朝影响颇深,但他能在齐梁诗风上前进一步,境界有所扩大,情致也比较健康,情词清丽,委婉动人。其乐府诗《昔昔盐》是传诵一时的名篇,《出塞》诗也已开盛唐边塞诗之先河。薛道衡死后,尚有文集70卷行世,后散失,明人辑有《薛司隶集》1卷,《先秦汉魏晋南北朝诗》录存其诗20余首,《全上古三代秦汉三国六朝文》录存其文8篇,从中可略窥这位隋代大文豪的风采。

2.初唐诗人　在中国文学史上,人们习惯于把唐朝划分为初唐(唐初到玄宗开元年间)、盛唐(玄宗开元年间到代宗大历年间)、中唐(代宗大历年间到文宗太和年间)、晚唐(文宗太和年间以后)四个时期,山西文学家在每个时期都有堪称佼佼者的代表人物。

　　初唐的代表诗人是号称"初唐四杰"的王勃、杨炯、卢照邻、骆宾王，王勃为四杰之首。王勃（650—676），字子安，绛州龙门（今山西河津）人，大儒王通之孙。《旧唐书》称其"六岁解属文，构思无滞，词情英迈"，但其仕途并不顺利，26岁渡海省父失足落水而卒。王勃在"四杰"中成就最高，他的诗，尽管还承袭南朝堆砌辞藻的陋习，但在纤丽之中也有浑厚，显示了唐代诗歌发展的新趋向。如其《送杜少府之任蜀州》就在离别感伤之外别具豪放之气。王勃诗文俱佳，除了诗作，为人称道的还有相传在滕王阁即席所赋的《滕王阁序》。高宗上元二年（675），王勃前往交趾看望父亲，路过洪都（今江西南昌）时，正赶上都督阎伯屿新修滕王（李元婴，李渊第22子，太宗时被封为滕王）阁落成，大宴宾客。阎都督早闻他的名气，便邀请他也参加宴会。但阎都督此次宴客，实是为了向大家炫耀他女婿吴子章的才学，让女婿事先准备好一篇序文，在席间当做即兴所作书写给大家看。宴会上，阎让人拿出纸笔，假意请诸位为盛会作序，大家知道他的用意，都推辞不写，而王勃以一个二十几岁的青年晚辈，竟不推辞，接过纸笔，当众挥笔而书。阎都督老大不高兴，但当听到"落霞与孤鹜齐飞，秋水共长天一色"时，都督赞叹"此真天才，当垂不朽"。《唐才子传》记道："勃欣然对客操觚，顷刻而就，文不加点，满座大惊"，青年士子风发之意气尽显无遗。该文虽为骈体，却词彩绚丽、对仗工整，气势奔放，无骈文堆砌铺排之通病，是王勃骈文的代表作，更是传诵千古的名篇。

　　除王勃外，王勃叔祖、王通之弟王绩，字无功，号东皋子，所写诗作也清新可人，如《野望》，已是盛唐田园诗之先声。王绩之兄王度的《古镜记》是唐代较早的传奇小说。

　　又有完成近体诗格律、与沈佺期齐名的宋之问，字延清，汾州（今山西汾阳）人，武后时宫廷诗人。

　　3. 盛唐诗人　盛唐诗歌成就最大，流派也最多，出现了李白、杜甫、王维、孟浩然等诗歌巨星。河东诗人也是百花齐放，争奇斗艳。

　　王维（701—761），字摩诘，并州祁（山西祁县）人，后随父迁居蒲州。王维是开元进士，历任右拾遗、监察御史等职，因安禄山陷长安时曾受官职,乱平,获罪降职,后官至尚书右丞,故世称王右丞。能诗善画的王维在诗歌创作上各体具备,从作品内容和风格来讲,其作品可分为前后两期。前期积极昂扬,寄意遥远,气势豪迈,颇具盛唐气魄。如《洛阳女儿行》《出塞》《从军行》《观猎》等,其用乐府民歌形式写的绝句也优美动人。而张九龄罢相、李林甫专权以后,王维日益消沉,为了躲避现实政治斗争,转而倾向佛教,于是后期表现自然之美的田园诗和体现知识分子情趣的禅诗增多。他描写自然村落景色的诗篇中有很多警句,艺术造诣极高。后世文人更推崇他充满禅意的禅诗,如《鸟鸣涧》《鹿柴》《竹里馆》《辋川闲居》等诗多类此意。

王昌龄(约698—757),太原人(《旧唐书》称其为西安人,《新唐书》称江宁人,《唐才子传》《河岳英灵集》称太原人)。人称"七绝圣手",其边塞诗为一时之冠,如《塞下曲》和《从军行》等。边塞诗一方面歌颂保卫边塞的英雄人物,另一方面也反映出人民反对统治阶级扩边战争的意识。除了豪迈刚劲的边塞诗,王昌龄情致婉约的闺怨诗和宫体诗也著称于一时,其《闺怨》和《西宫春怨》皆为一时之绝唱。

王之涣(688—742),字季凌,原籍太原,五世祖王隆之迁居绛州(今山西新绛),遂成绛人。他仕途不顺,仅做过两任县尉(冀州衡水和文安县尉)。他与其兄王之咸、王之贲皆以文名著称于世,如此名流,新、旧《唐书》均无传,《唐才子传》所记也甚简。幸唐人靳能所作《唐故文安郡文安县太原王府君墓志铭并序》的发现,提供了王之涣的一些情况。王之涣与盛唐边塞诗人王昌龄、高适等齐名,他的诗,音乐性很强,很受当时乐工歌女的欢迎,被广为谱歌传唱,旗亭画壁的典故就是明证。但他的诗歌大多散亡,迄今只有6首绝句存于《全唐诗》中,不过就这6首绝句已足以使他闻名于世。王之涣的诗,体现和代表着豪放诗风和盛唐气象,他的边塞诗,如《凉州词》中的《出塞》为千古绝唱:"黄河远上白云间,一片孤城万仞山。羌笛何须怨杨柳,春风不度玉门关。"苍凉悲壮,在当时已是"传乎乐章,布在人口",在后世也被明王世懋和清王士祯认为是唐人七言绝句的"压卷"之作。

此外王翰(太原人)也是盛唐著名的边塞诗人。他的《凉州词》也颇为时人传诵。

4.中唐诗人　"大历十才子"(指唐代宗大历年间的 10 位著名诗人,各书所说不一。据《新唐书·卢纶传》为卢纶、吉中孚、韩翃、钱起、司空曙、苗发、崔峒、耿湋、夏侯审、李端)在中唐诗歌的发展中占有重要地位,其中的卢纶(太原人)、苗发(壶关人)、耿湋(太原人)都是山西人。

白居易是中唐最著名的山西籍诗人。白居易(772—846),字乐天,祖籍太原,至北齐时,其祖被赐田关中韩城,才迁往陕西下邽(今陕西渭南)。其父在河南做官时白居易出生于河南新郑。白居易是新乐府运动的主将。他论诗强调继承《诗经》的优良传统和杜甫的现实主义精神,反对片面追求形式而内容空洞的作品。"文章合为时而著,歌诗合为事而作",是他从事诗歌创作的基本观点。"总而言之:为君、为臣、为民、为物、为事而作,不为文而作也"(新乐府自序)。他的《新乐府》50 首和《秦中吟》10 首就鲜明地体现了他的诗歌创作思想,揭露了统治者的贪婪残暴,表现出对人民的深切同情,反映的社会生活面非常广阔,具有高度的思想性和艺术性。白居易讽喻诗通俗易懂,其现实主义精神在中唐诗歌作品中无出其右者,著名者如长篇叙事诗《长恨歌》,用舒卷自如之笔,在曲折离奇、自具首尾的情节描写中完成了人物形象的塑造,语言上发挥了乐府歌行的特点,流畅优美,而且也便于理解和记诵,当时号为"元和体",影响相当深远。《琵琶行》则把作者的政治感慨和琵琶女的悲凉身世结合在一起,在艺术上具有极强的感染力。此外,白居易描绘江南美景的诗作如《暮江吟》等也很美妙动人,他创作的词作也婉转清丽,体现出文人加工后的美感。

柳宗元不仅是个著名的政治家、思想家,同时也是个文学家,他的文学成就主要体现在古文理论与创作实践上,是与韩愈齐名的古文运动主将。经过他和韩愈的努力,不讲求对偶、排比、典故、音韵,句式散行的散体文突破骈文束缚,使文章由政治功用为主转变为个人抒情表意的工具,由官府运作为主发展为私人写作,这就为散文提供了更为广阔的自由表达天地,促进了富有人文精神和更具艺术美感的作品的诞生。柳宗元不仅从理论上领导古文运动,而且贯彻到自己的文学实践中。他的文集《柳河东集》共 45 卷,其中除诗 2 卷外,其余 43 卷绝大多数是散文,约400 余篇,有论说文,如《天说》《封建论》《捕蛇者说》《桐叶封弟辨》,体现了作者先进的自然观、历史观,是我国政论文之典范;寓言讽刺文如《三戒》,使寓言成为一个独立的文体形式,推动了寓言文学的发展;传记如《段太尉逸事状》《种树郭橐驼传》《梓人传》描写生动;山水游记如《永州八记》,文笔清新优美,刻画入微,寄意深远,尤为后人称道。柳宗元以其丰硕的成果确定了他在中国文学史上不可动摇的地位。除了散文,柳宗元也是当时著名的诗人,其诗风幽峭明净,自有沉沦不平之气,在中唐诗坛自成一家。

此外中唐还有关心民生疾苦的河东诗人聂夷中,他的《咏田家》被千古传诵。

5.晚唐诗人 温庭筠(约812—866),字飞卿,并州祁县人,初唐宰相温彦博六世孙。他虽为并州人,但他同白居易、柳宗元等人一样,一生绝大部分时间是在外地度过的。温庭筠诗词俱佳,而以词著称,是唐朝人填词最多、影响最大的一位。他的词才思艳丽,韵格清拔,在思想上虽无多高的价值,但在艺术上却有独到之处,对词的发展,起了很大的推动作用。因温庭筠词风香艳靡丽,他被誉为"花间派"的鼻祖。

晚唐诗歌总的来说成就不高,不过创作理论却取得了很大的发展,代表作有司空图的《诗品》。司空图(837—908),字表圣,自号知非子、耐辱居士,河中虞乡(今山西永济)人。《诗品》则是对唐人诗歌创作艺术审美的出色总结,把诗人的诗歌创作与欣赏者的形象思维紧密地联系到了一起,对后世有极深远的影响。晚唐的传奇创作有薛调的《无双传》。薛调(830—872),河中宝鼎(今山西万荣)人。《无双传》描写了王仙客和刘无双历尽艰辛、在侠士古押衙的帮助下终成眷属的爱情故事,情节生动而离奇,对战乱中妇女的悲惨命运寄予了深切的同情,也体现着晚唐传奇小说的特点。此外,薛用弱的《集异记》多记隋、唐两代奇闻逸事,也颇为后人称道。王维郁轮袍和王之涣旗亭画壁的故事就出于此书,常为后人援引,成为习见的典故。

唐代河东女诗人也值得一提。如武则天,她的《腊日宣诏幸上苑》尽管写在称帝之前,但已经体现出她君临天下的气度。《全唐诗》收集到的还有随母寄居蒲州(今山西永济)的崔莺莺所作《答张生》诗和太原妓《寄欧阳詹》诗等,反映了封建社会妇女爱情婚姻上的不幸结局,体现了她们在精神上受到的压抑。

四、绘画与书法

1.书画皆工的薛稷 薛稷(649—713),薛氏三宰相(薛讷、薛元超)之一,字嗣通,河东汾阴(今山西万荣)人。曾祖薛道衡、祖薛收、从父薛元超,外祖魏征均为隋、唐名臣。薛稷进士及第,历仕至工部尚书、礼部尚书,以助睿宗功封晋国公。太平公主与窦怀贞密谋废黜唐玄宗,薛稷知而未举,事发后,被玄宗赐死于狱中。

薛稷"尤善画鸟、人物、杂画",而以鹤堪称一绝,所作"屏风六鹤画样",为画鹤之典范。唐代画家高手如林,但能创"样"者并不多,故被看做画鹤样"自稷始"①。唐代的大诗人李白、杜甫都有薛稷画鹤赞诗,李白的《画赞》《金乡薛少府画鹤赞》,杜甫的《鹤诗》《通泉县壁后薛少保画鹤》。此外薛稷还善于画壁画,善于写诗,《全唐诗》存其诗14首。

薛稷不仅是一流的画家,也是唐代开一代书风的书法家。《旧唐书》称其"好古博雅,尤工隶书"。并说自贞观、永徽年间以来,后人学虞世南和褚遂良的书法,都不能企及。薛稷外祖父魏徵家藏有很多图籍,其中多有虞、褚旧迹,薛稷"锐精模仿,笔态遒丽,当时无及之者"。褚遂良学欧、虞自成一家,而薛稷是学褚书而又集唐众家之长,因而成就最大且自成流派,所以有所谓"买褚得薛,不失其节"之说。薛书是当时最受欢迎的书风流派,薛稷是唐中宗前崇尚北碑、改革南书过渡时代有改革成就的大书法家,其传世最著名的书法作品是《大善知识信行禅师碑》《升仙太子碑阴题名》。

2.诗情画意相兼的王维 王维是唐代堪称诗、书、画三绝的奇才,除了前面介绍到的他在文学上取得的成就外,在绘画上他的成就也是很突出的。他的画,融诗情画意于一体,如苏轼所说:"味摩诘之诗,诗中有画;观摩诘之画,画中有诗。"②王维还首创水墨山水,多用以表现江南山色或春夏丽景,设色淡雅,富有诗意。这种画洒脱俊逸,突破了"金碧山

---

① 《历代名画记》卷9。
② 《东坡题跋》五《书摩诘辋川烟雨图》。

水"的窠臼,发展到元明清,成为最重要的绘画形式之一,王维因而被尊为山水画南派之祖。

此外,据《宣和画谱》记载,山西画家还有太原王朏、绛州裴宽等。

3.张彦远与《历代名画记》 唐代随着绘画实践的不断进步,对绘画进行系统总结和评价的理论著作也随之产生。张彦远的《历代名画记》就堪称这方面的代表作。张彦远(约812—877),字爱宾,河东猗氏(今山西临猗)人。高祖张嘉贞、曾祖张延赏、祖父张弘靖都做过宰相,张氏东都的宅第在思顺里,子孙五代世居于此,亭馆楼台,东都洛阳无以能比,时号"三相张氏"。不过,史书对张彦远的记载十分简略,《新唐书》仅称其"博学有文辞",但从《新唐书》称其祖父张弘靖时"家聚书画,侔秘府"的记载来看,"三相张氏"的家庭出身还是为他提供了极为深厚的文化素养,再结合他对书画的常年鉴赏,终于撰成《历代名画记》这部不朽的著作。全书共10卷,分两部分。前3卷为画论,叙画之源流、兴废、画法鉴识、装裱、壁画等内容,并阐述了自己的绘画理论;后7卷为史传,是自传说中的轩辕时代到唐武宗会昌年间的372名画家的小传。全书广征博引,使很多旧史遗文借以流传,保存了很多珍贵的画史资料。因此,此书实为武宗会昌以前中国绘画理论与发展演变的一次系统总结,后人对其评价极高。

张彦远还著有《法书要录》10卷,辑东汉以来至唐宪宗元和年间历代名家论书法的言论,是一部与《历代名画记》齐名的书法理论著作。《四库全书总目》称其"采摭繁富,汉以来佚文绪论,多赖以存",对后世影响同样深远。

书法方面,唐太宗虽祖籍并非河东,但隋末随父居于太原,谋划起兵,终成大业,太原对于太宗来说,实为王业所兴之地,太宗对他的感情也实不一般。贞观二十年(646),太宗游览了晋祠后特撰的《晋祠之铭并序》是最早以行书写的碑文,从书法艺术来看,已达到了相当高的水平。

五、建筑与雕塑、壁画

1.天龙山石窟 天龙山石窟位于太原市西南36公里,距晋祠景区14公里。北齐高洋建天龙寺,并开凿石窟,山因寺而得名,寺因窟而著称。

天龙山石窟中隋代石窟 2 个,唐代 18 个。隋窟造型凝重、法衣贴体,无飘逸之感。而唐代石雕则比例匀称,肌体丰满圆润,衣纹线条明了突出,给人以强烈的真实感,完全可以和敦煌、龙门石窟相媲美。虽然很多雕像遭到了破坏,但从残存的肢体中仍可以看到蓬勃旺盛的生命力。天龙山石窟无疑是我国古代石窟雕塑艺术中的璀璨明珠。

2.**南禅寺**　南禅寺位于五台县城西阳白乡李家庄村。唐代,佛教禅宗分为北禅宗和南禅宗两大派别,南禅寺属南禅宗创立,故名南禅寺。其时为不出名的外围小寺,正因为如此,唐武宗灭佛时,才侥幸未被破坏。它建于唐德宗建中三年(782),共有殿堂 6 座,其中大殿被尊为中国现存木结构建筑物的元老。殿内筑一个长 8.4 米、宽 6.3 米、高 0.7 米的大佛坛,坛上有彩塑佛像 17 尊,主尊为释迦牟尼,文殊、普贤菩萨分坐两侧,弟子侍从分列两旁。这一组塑像,形象丰润、神态自若、服饰简洁、衣纹流畅、比例适度,造型精美,手法纯熟,是目前国内唐塑中的珍品。

3.**佛光寺**　佛光寺位于五台县城东北 32 公里的佛光新村,创建于北魏孝文帝时期。唐武宗灭佛时,此寺全毁,唐宣宗大中十一年(857)重建。东大殿是佛光寺的主要建筑,规模宏大,气势壮观,是国内保存最好的唐代寺庙木结构建筑物。殿内佛坛,有彩塑 35 尊,比例适度、躯体自如、面形丰满、线条流畅,均为唐代遗物。另有 500 罗汉为明代补塑。东大殿被号为唐代四绝:唐代木结构建筑、唐代彩塑、唐代壁画(保存至今的在全国范围内已是凤毛麟角了,除了敦煌千佛洞较多之外,在佛光寺的大雄宝殿有几组壁画,是我国现存木结构建筑中早期唯一的壁画,也是中原地区唐代寺观壁画的仅存之物)、唐代题字。

除了上述几处之外,还有晋城市郊的古青莲寺,正殿有唐代彩塑 6 尊,造型洗练,神情恬淡,其南殿的 12 尊彩塑则生动传神,富于质感。长子县法兴寺里的石塔和石灯,也是我国文物宝库中的珍品。

除了寺庙艺术以外,山西省博物馆所藏的唐代铜牛车、海兽葡萄镜都是非常精美的艺术珍品①。

---

① 山西省文物事业管理局:《山西文物选粹》第 26、27 页,山西人民出版社,1989 年。

第七章　五代辽宋夏金元时期的山西

　　五代辽宋夏金元时期是山西历史发展的又一个辉煌时期。五代之后唐、后晋、后汉以河东为根据地而建国,十国之北汉在太原建国;北宋建立后,北汉依托契丹在山西与赵宋抗衡;北宋灭北汉后,山西被契丹与北宋分别占领;金灭辽后,独占山西;蒙元实现大一统后,山西重新融入统一的中华民族大家庭之内。五代辽宋夏金元时期,山西地区除却军事地位重要、经济相对发达之外,文化之繁荣最令人心仪,人才辈出、成就卓著,足以彪炳千秋、流芳后世。

第一节　五代十国时期

　　唐代山西称"河东道",唐前期设河东节度使,治所太原。五代十国时,河东仍为军事重镇。五代的后唐、后晋、后汉和十国中的北汉,其开国皇帝都曾担任河东节度使,割据河东,并且均是以河东为根据地、由河东节度使任上跻身皇位的,而后晋、北汉就在山西建国。后唐以太原为北都,后晋、后汉以太原为北京,北汉以太原为都城。因后唐、后晋、后汉的建立者李存勖、石敬瑭、刘知远的祖先均为沙陀族人,亦称后唐、后晋、后汉为"沙陀三王朝"。

一、李克用父子割据河东与后唐的建立

　　李克用在参与镇压黄巢起义军之后,被唐王朝任命为河东节度使,

加封晋王,他便逐步控制了河东地区。在镇压黄巢起义军的过程中,李克用与朱温结怨。唐亡前夕,朱温与李克用成为地方最大的两支割据势力。朱温建梁以后,李克用拒绝向梁称臣纳贡,仍使用唐哀帝"天祐"年号,成为朱温最强有力的对手。朱温在汴州(今河南开封)建都,占据河北、河东的李克用成了他的头等心腹大患,于是他在登极仅一个月之后,就派保平节度使康怀贞率兵8万进攻潞州(今山西长治),从而引发了历史上有名的汴晋潞州大战。这场战争从后梁开平元年(907)五月开始,持续了整一年,宿敌对垒,战争进行得非常艰难,夹城(或曰夹寨)围攻,最后以晋胜梁败而告终。在潞州之战紧张之际,开平二年正月,李克用病危,临终立其长子李存勖嗣位。

李存勖自幼娴熟骑射,胆力过人,11岁就随父讨伐征战,有勇有谋。嗣位时年24岁,他牢记父亲的托付,以灭梁为己任。对内修明政治、发展生产,对外扩军备战,伐梁时总是身先士卒。后梁龙德三年(923)四月,李存勖在魏州(今河北大名东北)登位称帝,国号"大唐",以示承继唐朝的皇统,是为庄宗,改元同光;同年十月,晋军攻破开封,灭亡后梁;十二月,后唐迁都洛阳,改称太原为北京。灭梁称帝后,李存勖统治日坏,造成众叛亲离。后唐同光四年(926)四月,李克用的养子李嗣源造反,李存勖为近侍所杀。李嗣源登上皇位,是为明宗。

在山西,后梁辖河中府、绛州、晋州、泽州、潞州、慈州、隰州、汾州、辽州、沁州、陕州。后唐辖太原府、河中府、绛州、晋州、慈州、隰州、沁州、泽州、潞州、汾州、辽州、石州、宪州、岚州、忻州、代州、朔州、寰州、应州、云州、蔚州、陕州。

二、石敬瑭晋阳称帝与后晋的建立

石敬瑭,李嗣源的女婿。性沉稳,勇力善斗,初在李嗣源的帐下尽职,被李嗣源看重,以爱女嫁之。石敬瑭治军、治政均有方略,战绩卓著,有救李存勖、李嗣源之功,助李存勖兴唐灭梁之功,助李嗣源即位之功,因此屡屡被朝廷重用,官职逐年升迁。后唐长兴三年(932)被封为北京(今山西太原)留守、河东节度使,防御契丹南下抢掠。

后唐应顺元年(934),李嗣源的养子李从珂缢杀了唐闵帝李从厚自己当了皇帝,是为末帝。石敬瑭与李从珂过去都以勇力善斗同事于李嗣源左右,二人素来不和。李从珂即帝位,石敬瑭入朝觐见,装病骗取李从珂暂时对他放松戒备,继续担任河东节度使、北京留守。

石敬瑭回到太原后,立即着手准备反唐,后唐也调兵遣将步步围逼晋阳。在情势十分危急的情况下,石敬瑭派他的心腹官吏桑维翰草表称臣于契丹主,且请以父礼奉事比他小 11 岁的契丹皇帝耶律德光。当时石敬瑭 45 岁,竟认 34 岁的耶律德光为父,并答应事成之后,割让一部分土地给契丹,这种荒唐的行径,连他最亲信的刘知远都有点看不过,劝他说:"称臣可矣,以父事之太过。厚以金帛赂之,自足致其兵,不必许以土田,恐异日大为中国之患,悔之无及。"①但石敬瑭不听。耶律德光得表大喜,复书许俟仲秋倾国赴援。后唐清泰三年(936)九月,耶律德光亲率骑兵 5 万号称 30 万,经由今原平向晋阳进发,援助被困在晋阳的石敬瑭,打败后唐统帅张敬达。之后,在晋阳设坛,耶律德光以主子和老子的身份和口气册立石敬瑭为大晋皇帝,年号"天福"。耶律德光把自己的衣冠脱下来授给石敬瑭,石敬瑭穿上契丹的衣冠登上皇帝宝座。石敬瑭就这样以大量金帛土地、向契丹称臣称儿,由契丹赐衣冠、国名,并由契丹撑腰,登上了后晋皇帝的宝座,他也由此成为中国历史上臭名昭著的"儿皇帝"。

在登极的当天,石敬瑭即履行诺言,把幽云 16 州割让给契丹,并以后每年向契丹贡献 30 万匹绢帛。十一月,契丹与晋联兵入洛阳,后唐灭亡。不久石敬瑭入主开封。

幽云 16 州相当于今天津、北京、河北保定一带以及山西整个大同、朔州市及忻州市部分地区,还有内蒙古的部分地区。幽云 16 州的割让,使中原地区失去了防御北方民族的重要屏障燕山山脉,契丹兵马从此可以长驱直入中原,使中原王朝在以后同契丹的战争中,开始处于被动不利的地位。契丹得到幽云 16 州后,即以幽州(今北京)为陪都,称作南京,又称燕京。契丹想蚕食中原,蓄谋已久,虽多次南下,却始终无法站稳脚跟,或大掠而去,或战败被逐。这次石敬瑭主动请契丹来当自己的

① 《资治通鉴》卷208,天福元年七月。

父、主,并割让幽云 16 州,使契丹统治者梦寐以求的愿望得以实现。石敬瑭的行径,使许多有自尊心、羞耻感和民族意识的中原人民都感到难以忍受,他们运用各种方式和行动进行反抗,契丹因此多次遣使者来责难,而石敬瑭又无法平息叛乱,致使他忧愁成疾,于天福七年(942)六月死去,年 51 岁。石敬瑭这种以出卖民族利益换取个人权势的可耻行径,一直受到后世人们的谴责、唾骂。

后晋辖太原府、河中府、绛州、晋州、慈州、隰州、沁州、泽州、潞州、汾州、辽州、石州、宪州、岚州、忻州、代州、陕州。

三、刘知远晋阳称帝与后汉的建立

石敬瑭死后,其侄石重贵即位,是为出帝,仍用天福年号。石敬瑭投降契丹的国策,不仅遭到广大人民的强烈反对,也引起了统治集团内部许多成员的不满。石重贵就有摆脱契丹控制的想法,在嗣位前未向契丹皇帝请示,在向契丹报告石敬瑭死的哀文中,只用"家人之礼"称"孙"而不称"臣",契丹以此为借口大举入寇后晋。自后晋开运元年(944)到三年,耶律德光三次大规模南下攻晋。前两次均告失利,第三次由于后晋执掌重兵的杜威(杜重威)率军叛变,耶律德光得以顺利进军,开运三年(946)十二月,契丹攻入开封,灭了后晋。次年(947)二月初一,耶律德光穿上汉族皇帝的法服,在汴京崇元殿受朝,宣布改契丹国号为"大辽"。

刘知远,祖先原为沙陀人,后入中原,世居太原。刘知远出生于太原,不仅救过石敬瑭,而且在石敬瑭夺取帝位的活动中,他又是最主要的谋划者和支持者,因此他在后晋政权中一直官高位显。石重贵时,又任命刘知远为北京(太原)留守、河东节度使,太原就成为刘知远成就帝业的根基。石敬瑭临死前,曾降旨召刘知远入朝辅政,但被石重贵压了下来,刘知远为此与石重贵结怨。尽管后来石重贵迁升他为太原王、北平王等以示笼络,但他都不为之所动,对石重贵始终怀有二心。因此当契丹南下攻晋时,只有当契丹打进山西境内,威胁到刘知远的利益时,他才发兵抵抗。除此之外他是一兵不发,坐观成败。耶律德光在中原登基 15天后,刘知远也在众将的拥戴下,在太原即位称帝,仍用晋主石敬瑭的年号,改晋开运四年为天福十二年,其用意是为了争取后晋旧臣的支持。

　　耶律德光本欲久居中原，但他却沿用草原旧制，放纵契丹士卒四处抢掠，自筹给养，叫"打草谷"，给中原人民带来了极大的灾难，抢掠和屠杀激起了人民的反抗，他感叹道："我不知中国之人难制如此。"于是便率军北归，结果死于归途中的栾城杀胡林。刘知远乘机南下，定都开封，国号汉，史称后汉。

　　后汉辖太原府、河中府、解州、绛州、晋州、慈州、隰州、沁州、泽州、潞州、汾州、辽州、石州、宪州、岚州、忻州、代州、陕州。

四、刘崇与北汉的建立

　　刘崇是刘知远的堂弟，后汉时曾任太原尹、北京留守、中书令。刘知远南下争夺天下时，便让刘崇留守太原。刘知远死后，幼子刘承佑继位，是为隐帝，郭威为相执掌朝政。刘崇与郭威素有矛盾，为了保全自己，刘崇开始招兵买马，练兵筹款，扩充实力。后汉乾祐三年(950)年底，郭威发动兵变杀死隐帝，鉴于称帝时机不成熟，便先立刘崇的儿子刘赟为帝，未几，郭威废掉刘赟自己称帝，建立后周，后汉灭亡。

　　后周辖山西河中府、解州、绛州、晋州、慈州、隰州、泽州、潞州、陕州。

　　郭威称帝不久，刘崇也在太原称帝，仍以汉为国号，史称北汉，建都太原。占有并(今山西太原)、汾(今山西汾阳)、忻(今山西忻州)、代(今山西代县)、岚(今山西岚县)、宪(今山西娄烦)、沁(今山西沁源)、石(今山西离石)、辽(今山西左权)、麟(今陕西神木)十州之地，即今天山西中部及陕北一县。为了报仇、灭亡后周政权，刘崇主动与辽国结好。后周显德元年(954)郭威病死，养子柴荣即位，是为周世宗。刘崇在辽的支援下，乘机发兵南下，与后周大战于高平巴公原(今山西晋城泽州巴公镇)，结果被柴荣打败。北汉地域狭小，既要连年征战，又要外奉契丹，人民赋役繁重。"北汉土瘠民贫，内供军国，外奉契丹，赋繁役重，民不聊生，逃入周境者甚众。"①宋太平兴国四年(979)终于为北宋所灭。北汉存在了28年。

　　五代十国处于唐宋变革期，北方53年间五个政权交替，8姓14位皇

---

　　①　《资治通鉴》卷290，广顺元年十二月。

帝先后登基,武夫、军阀当政,后晋朔州人、成德军节度使安重荣曾说"天子宁有种耶?兵强马壮者为之尔"①。尤其是兴起于山西的沙陀三王朝,杀掠成性,加之契丹族不断发兵南下,特别是石敬瑭割让燕云 16 州,不仅增强了契丹的经济实力,更使河北大平原无险可守,门户洞开,辽兵长驱直入,放肆杀掠。凡此种种都给山西人民带来深重的灾难。

第二节　宋辽对峙时期

一、宋初灭李筠

后周世宗柴荣连续三次出兵进讨南唐夺取其淮南江北的土地之后,显德六年(959)四月中旬,出兵亲征伐辽,仅 42 天就从辽人手中收复宁州(今河北青县)、莫州(今河北任丘北)、瀛州(今河北河间)及军事要冲益津关(今河北霸州境)、瓦桥关(今河北雄县境)、淤口关(今河北霸州境),即所谓三州三关之地。但柴荣突然患病,只好班师。不久柴荣去世,年仅 39 岁,遗命其子柴宗训即皇位,年仅 7 岁,由其母符太后辅政。半年后,即显德七年(960)正月,后周禁军统帅殿前都指挥使赵匡胤借口契丹、北汉联合南侵,在汴京东北 40 里的陈桥驿发动了蓄谋已久的军事政变,黄袍加身,代周建宋,史称北宋。

北宋初建,对后周重臣一仍其旧,希望得到他们的支持以稳定局面。昭义军(治今山西长治市)节度使太原人李筠在后周时即为重臣,资历远比赵匡胤要深,世宗时在昭义军拥兵自重。尽管赵匡胤对李筠大加笼络,李筠仍企图反宋,与淮南节度使李重进、北汉相互密谋。四月末,李筠公开反宋,北汉南下为援,首先攻占了泽州(今山西晋城市)。宋太祖非常重视,决定迅速派兵前往击灭,第三天便派石守信、高怀德率军进讨。五月初,又命慕容延昭、王全斌率军由东路会攻李筠,倾全力讨伐李筠。李筠派其子守节守上党(今山西长治市),自己率军三万南进,在长平和泽州南均被石守信军打败,退守泽州。五月底,赵匡胤出发亲征。

① 《新五代史》卷 51《安重荣传》。

六月初一至泽州,宋军合攻泽州,十余日后,泽州陷落。李筠自焚而死,潞州随后亦降。泽、潞平。北汉军退还晋阳。赵匡胤迅速出兵并亲征攻灭李筠,消灭了山西的后周势力,对稳定新生的赵宋政权非常重要,有效地威摄了一些心怀异图的地方节度使。

二、宋征河东与北汉灭亡

北宋建立之初,对当时的割据政权(南方尚存后蜀、荆南、南唐、吴越、南汉,北方有北汉)采取了"先南后北,先易后难"的统一方略。太原地区的北汉,内凭己力,外依契丹与宋抗衡。随着统一南方战争的顺利进行,宋太祖于开宝元年(968)、开宝二年、开宝九年三次派兵北伐北汉,第二次亲征,引晋祠水、汾水灌晋阳城,由于辽兵南下救援,结果两次围攻晋阳均未攻克。太祖去世后,太宗继位,仍以灭北汉、收复幽云16州为己任。北汉经过两次围攻,力量渐不如前,而宋方则由于基本统一南方,力量有所增强。太平兴国四年(979)正月,宋太宗派兵分四路伐北汉,并派兵阻击前来救援北汉的辽兵。二月中,太宗从汴京出发亲征。由于准备充分,士气又旺,相继攻克了沿途州县,并在太原北面的石岭关打败南下救援的辽兵,最后形成对太原的四面包围,辽亦不敢再发兵来救。四月底,太宗至太原城下亲自指挥将士攻城,并不断敦促北汉主刘继元投降。五月初六,刘继元出降,北汉亡。宋得州10、军1、县41、户35220、兵3万。

灭北汉当月,宋太宗下诏平毁太原旧城,焚烧加上用水漫灌,将晋阳这座千年古城夷为废墟。并接受大臣的建议,以太原不宜列为方镇为由,降低了它的等级,改名为平晋县,又将并州治移到榆次县,废太原县并入榆次。太平兴国七年(982)二月,又将并州治移到阳曲县唐明镇(在原晋阳城故址东北,今太原市区),由潘美主持另建新城。据说当时为了钉住"龙脉",全城只修丁字街,不修十字路。今天的太原市区就是在此基础上逐渐形成的。实际上,宋太宗平毁晋阳城的真正原因是晋阳城地势险要,易守难攻,且屡为龙兴之地,龙脉所在,前代之高欢、李渊,五代十国时的后唐、后晋、后汉、北汉均由此兴起称帝建国。"太宗平太原,虑其恃险,徙州治焉"①。随着北汉的灭亡,结束了五代十国以来的割据混战局面,北宋完成了汉唐主要地区的统一,山西再次置于统一王朝的统治之下。国家的统一,为政权建设、发展经济文化创造了前提条件。在这种大环境中,山西的经济文化得以向前发展。

三、雍熙北伐与杨家将史事

宋太宗即位后,先后两次伐辽,力图收复幽云 16 州,均以失败告终,但他志向未改。宋太宗太平兴国七年(982)九月,辽朝景宗去世,圣宗即位,年仅 12 岁,母萧太后摄政,对宋采取战略防御。宋廷乘辽主少国疑之际,出兵伐辽,收复幽云 16 州。宋太宗雍熙三年(986)正月,宋兵分三路伐辽,史称"雍熙北伐"。

宋军部署是:主力为曹彬所率东路军,直攻幽州;田重进率中路军出飞狐(今河北涞源)取蔚州;潘美、杨业率西路军出雁门关取云州(今山西大同);然后三路大军会师攻取幽州。辽军也针锋相对,坚决打击来犯的宋军。初战宋军三路节节胜利,三至四月间,潘美、杨业军攻克寰州(今山西朔州市东马邑)、朔州、应州(今山西应县)、云州(今山西大同)。但曹彬部取胜后轻易冒进,由于天气炎热,粮食不济,五月,被迫放弃已攻取的涿州,南退至岐沟关,与辽军主力决战,结果被辽兵打败,死数万人。宋太宗闻讯急令全线撤军,潘美、杨业奉命护送寰、朔、应、云四州人民迁入雁门关内宋境。监军王侁等不听杨业的正确方略,用激将法强令杨业采取冒险行动,从雁门关北直奔朔州,杨业行至狼牙村(今山西朔州城区南),遭遇 10 万辽兵,杨业率部且战且退,至陈家谷(今山西宁武县与朔城区交界处之阳方口),原先约定在此接应的王侁部早已撤去,杨业被迫率所剩的百余名士卒与辽军最后拼死搏斗,又杀敌百余人,终因寡不敌众,受伤被俘,不食三日而死。其子延玉,名将王贵、贺怀浦等将士全部阵亡。至此,宋军这次伐辽全面失败,所收复的州县旋而为辽夺回。杨业殉国一个月后的八月十五日,宋廷对杨业赠官褒奖,潘美降官,王侁、刘文裕除名。"赠太尉、大同军节度,赐其家布帛千匹、粟千石。大将军

---

① 《宋史》卷 86《地理志》。

潘美降三官,监军王侁除名、隶金州,刘文裕除名、隶登州"①。并录其诸子,以示优渥。"业既没,朝廷录其子供奉官延朗为崇仪副使,次子殿直,延浦、延训并为供奉官,延瑰、延贵、延彬并为殿直"。陈家谷之战虽无法扭转雍熙北伐宋军失败的大局,但杨业父子誓死抗辽的业绩受到了后代人们的称道和歌颂。

根据宋人司马光《资治通鉴》、曾巩《隆平集》、欧阳修《供备库副使杨君墓志铭》的记载,杨业为麟州新秦(今属陕西神木)人,因其长期在太原为官、生活,《宋史》卷272本传称他为"并州太原人"。杨业的父亲杨信,本为麟州土豪,后据麟州自立,后汉封其为麟州刺史。杨业本名杨重贵,年轻时"倜傥任侠,善骑射,好畋猎,所获倍于人。尝谓其徒曰:'我他日为将用兵,亦犹用鹰犬逐雉兔尔。'"弱冠事北汉主刘崇,当了刘崇之子刘承钧的义儿,刘承钧赐名刘继业。"为保卫指挥使,以骁勇闻。累迁至建雄军节度使,屡立战功,所向克捷,国人号为'无敌'"。太平兴国四年(979),宋太宗攻太原,末帝刘继元都投降了,杨业还在据城苦战,宋太宗素闻其名,甚为爱惜,便让刘继元招降了他,当即封为右领军卫大将军,并让他恢复杨姓,止名一个"业"字,故名杨业。宋太宗因杨业熟悉边事,便任其为代州刺史兼三交驻泊兵马部署,负责防御契丹,对其赐予甚厚。杨业守边有方,英勇善战,屡败辽军,"自是,契丹望见旌旗即引去",他也因功升迁为云州观察使。

杨业之子杨延昭,原名延朗,因避宋祖赵玄朗之讳而改,人称杨六郎。他究竟为杨业第几子不详,他可能不会是杨业第六子,叫六郎可能是堂兄弟大排行所致。幼时多玩军阵游戏,杨业曾说:"此儿类我。"稍长,杨业每次出征,必随从。太平兴国年间补供奉官。雍熙北伐杨业率部进攻应、朔两州时,延昭为其军先锋。在朔州城下作战时,其臂被流矢射穿,居然能更加勇猛地投入战斗。父亲为国捐躯,朝廷录其为崇仪副使,后历官保州缘边都巡检使、保州防御使、高阳关副都部署等。延昭守边抗辽,屡立战功,深得真宗皇帝赞赏:"延昭治兵护塞有父风,深可嘉也。"大中祥符七年(1014),杨延昭卒,年57。"延昭智勇善战,所得奉赐

---

①　《宋史》卷272《杨业传》。

悉犒军,未尝问家事。出入骑从如小校,号令严明,与士卒同甘苦,遇敌必身先,行阵克捷,推功于下,故人乐为用。在边防20余年,契丹惮之,目为杨六郎。及卒,帝嗟悼之,遣中使护榇以归,河朔之人多望枢而泣"①。

杨延昭之子杨文广,曾讨张海有功,后又协助范仲淹陕西抗击西夏,又曾从狄青南征平定侬智高反ж。治平年间,英宗曾夸其"名将后,且有功"。历官兴州防御使、知泾州镇戎军、定州路副都总管、步军都虞候。

杨业知代州,杨延昭镇守三关,因而在今天山西北部、河北西北部尤其是长城沿线杨业父子曾经长期战斗过的地方,杨家将的遗迹比较多。最著名者莫过于山西代县和北京密云古北口的杨业祠庙,虽经历代重修,至今仍为人们凭吊杨家将英雄业绩之所。

杨家将是北宋初年在反抗辽朝南下侵扰的过程中涌现出的一个英雄群体。杨业祖孙三代英勇抗辽、保卫国家的功业在宋代就得到了广泛的认可,宋代之后,经过戏剧、小说等文学作品的演绎,更是声名远播、妇孺皆知,杨家将的精神已经成为中华民族的宝贵精神财富之一。

四、宋对山西的经略

北宋初建,沿用唐制,全境分为若干道。979 年灭北汉实现局部统一。997 年,将全国划分为 15 路,以后屡有分合;1085 年,增为 23 路。北宋时,今山西的中部、东南部和南部的多数县都属于河东路;南部一部分县属永兴军路;北部部分地区属辽统辖。南宋时,山西地区属于金境。

据《宋史·地理志》记载,河东路辖太原、隆德、平阳 3 府,绛、泽、代、忻、汾、辽、宪、岚、石、隰、慈、麟、府、丰 14 州,庆祚、威胜、平定、岢岚、宁化、火山、保德、晋宁 8 军,共 81 县。永兴军路(治今西安市)辖山西南部的河中府(领河东、临晋、猗氏、虞乡、万泉、龙门、荣河 7 县)、解州(领解县、闻喜、安邑 3 县)以及陕州(领平陆、夏县、芮城 3 县)。

河东地当要冲,处于防御辽、西夏两个对峙政权的前沿阵地,"其地东际常山,西控党项,南尽晋、绛,北控云、朔,当太行之险地,有盐、铁之

---

① 《宋史》卷 272《杨延昭传》。

饶。……朔方、楼烦,马之所出……然犹为重镇,屯精兵以控边部云"①。
路设经略安抚使掌一路军政,通常由并州知州或太原知府(979 年降为并州,此后直至 1059 年才升为太原府)兼任,据现有文献可知,河东路最早于宋仁宗庆历元年(1041)设置经略安抚招讨使。转运使掌一路财政兼察访部下官吏,河东路最早于太平兴国六年(981)设置转运使。

　　由于河东路军事地位突出,宋廷对河东主要守臣的人选比较重视。如名臣潘美、陈尧佐、范仲淹、韩琦、富弼、文彦博、吕惠卿、曾布、范纯仁等都曾任职河东。宋代的河东守臣有一批名垂青史者,或守边有方,或努力发展经济、社会事业,或颇有行政才能。如陈尧佐、范仲淹、范纯仁均能为河东人民请命减税。范仲淹曾两任河东,卓有政绩。欧阳修奉命出使河东考察麟州去留时写下了著名的《河东奉使奏草》。

　　宋初灭李筠、北汉、伐辽,加之防御西夏,河东地区战事频仍,供给军需浩大,社会经济遭到严重的破坏,民生凋敝。随着"澶渊之盟"后宋辽和好、"庆历和议"后宋夏大致实现和平共处,战争的结束、周边环境的改善为河东地区社会经济的恢复和发展注入了活力。大致在北宋建国一百年之后,河东地区的经济逐渐发展起来。农区主要集中在汾、涑水流域和晋东南等地,荒地得到大面积开垦,兴修水利,广建"淤田",农田产量得到提高;煤炭使用于家庭日常使用和冶炼业;解州池盐业继续发展,解盐之税占到全国盐税总收入的三分之一;与辽、夏的榷场贸易日趋活跃;太原、平阳的城市经济比较突出。官方统计人口数增加达 3 倍。

五、辽对山西北部的经略

　　宋初,山西北部大部分地区归辽统辖。宋太祖、太宗几次征辽均以失败告终。雍熙北伐,潘美、杨业率领的西路军本已收复云、应、朔、寰四州,但随着主力部队东路军的失败,宋廷急令全线撤退,四州旋又为辽夺回。宋、辽经过战争较量后于澶渊结盟,实现和平。从幽云 16 州归辽、宋朝建立到澶渊之盟,辽占山西北部已经长达近 70 年,期间除却战争对社会经济的影响和破坏,当地经济仍在缓慢地发展。自从幽云 16 州归辽,

---

① 　《宋史》卷 86《地理志》。

契丹国主便认识到农业对国家的重要性,积极采取措施招民来归定居、垦荒、减税、救济,笼络汉人,争取该地汉人的支持。澶渊之盟后,辽境内的汉人(处第三等级)社会处境相对有明显改善,加之辽主及后继者正确处理汉民政策,如减赋抚恤等,汉辽有合为一体倾向,汉民思归中原王朝心情日渐消弭。

辽时,山西北部属西京道管辖,其中西京大同府所辖的大同、云中、天成、长青、奉义、怀仁 6 县,蔚州所辖之灵丘、广灵 2 县,应州所辖之金城、浑源、河阴 3 县,朔州所辖之鄯阳、宁远、马邑 3 县和武州神武县均属于今山西版图。

山西北部的农业基础本来不及中部、南部。在辽朝统治者重视农业政策的推动下,山西北部的农业得以向前发展,朔州的养马业很是繁盛,采煤、冶铁、陶瓷业均有所发展。大同作为辽的西京,交通便捷,商业繁荣,佛教兴盛,城市文化生活相对活跃。

第三节　金时期

一、金灭辽

北宋与辽对峙的后期,东北地区女真族兴起,不断掀起反辽斗争,势力逐渐强大。1115 年,女真族的杰出首领完颜阿骨打建立大金国。与此同时,辽国日趋衰落,无法有效地应对金军从其后方的进攻。金一兴起,北宋便开始与金联络,试图联合出兵灭辽,收回被辽长期占据的幽云地区,实现赵宋自开国以来历代帝王的遗愿。宋徽宗宣和二年(1120),宋金经过多方接触签订"海上之盟",约定联合出兵,各按商定的进军路线攻打辽国,金军攻取辽之中京大定府(今内蒙古宁城境),宋军攻取辽之南京析津府(今北京)和西京大同府(今山西大同)。宋答应灭辽后,将原来输给辽的岁币转输给金,金则答应将燕云还于宋,双方均不得单独与辽讲和。由于宋廷忙于镇压南方的方腊起义,金国在催促无果的情况下单方面出兵攻辽,先取辽之上京临潢府(今内蒙古昭乌达),宣和四年(1122)又取中京和西京。在这种情况下,童贯率领的宋军两次出兵攻打燕京却未能攻克,最终由金军攻克燕京,金军将燕京掳掠一空。之后双方经过艰难交涉,宋答应给金绢 30 万匹、银 20 万两,并每年交纳燕京租税 100 万贯的前提下,金才答应将燕京及所属 6 州(蓟、景、涿、顺、檀、易)交还给宋。关于西京的归属最终未能谈成,终为金占有。

女真起兵攻辽以后,迫于其压力,为了避敌,辽将都城由上京迁到燕京。金兵攻克中京后,辽朝最后一位皇帝天祚帝急忙由燕京逃到西京,金兵一路紧追不舍,天祚帝又匆忙从西京外逃,金兵随后攻克西京。据《辽史·天祚皇帝本纪》记载,辽保大五年(1125)二月,天祚帝逃至应州新城东六十里处时,为金人完颜娄室等所获,辽自此灭亡。

二、宋军太原保卫战

宋、金在联合灭辽的过程中,金看出北宋军力的弱势,于是便在灭辽的当年(1125)十二月,金太宗派兵两路南下伐宋。由粘罕率西路军 6 万经云中攻太原,东路军经平州(今河北卢龙)攻燕山,然后两路会师开封,企图一举灭宋。西路军很快攻克朔州、代州,年底进围太原,赶来救援的宋军被金兵在太原城外打退,当时太原城内兵力空虚,宣抚河东的童贯见机逃去,而知府张孝纯、副总管王禀坚决打击金兵,金兵猛攻太原,月余未能攻下。粘罕分兵数万继续围攻太原,自己率部分军队赴开封。宋钦宗靖康元年(1126)年初,金兵攻克平阳后进占晋东南。北宋朝廷决定割太原等三镇予金,换取其退兵,但太原军民拒不接受割地诏书。粘罕再次围攻太原,隔断其与外界任何联系。四月,宋廷被迫派姚古、种师中分别率两路大军救援太原,结果姚古部被金军所阻不能前进,种师中部轻敌冒进,五月初在杀熊岭(今山西榆次东北)遭遇金兵主力,宋军饥疲,结果大败,9 万将士伤亡殆尽,师中阵亡。稍后,姚古又被打败。六月,宋廷命李纲救援太原,但诸路军均不听命令,遂被金兵各个击败。九月,金军在打退各路救援的宋军后再攻太原。太原在被围的 9 个月内,内无粮草,外无救兵,但太原军民仍进行了不屈不挠的坚决抵抗,九月初金兵攻陷太原,王禀力竭投水而死,张孝纯被俘降金。粘罕入城后屠城,并平毁城郭。占领太原后,金兵长驱南下,十一月间渡过黄河,会合东路军占领开封,灭亡了北宋朝廷。坚持九个月的太原保卫战,将金朝西路军阻于太原,阻止了其与东路军会合一举亡宋的战略企图,延缓了北宋的灭亡时间。

金军占领太原后,长驱南下,连破汾州(今山西汾阳)、平阳(今山西临汾)、隆德(今山西长治)、泽州(今山西晋城),直抵黄河北岸,然后渡河与东路军会合占领开封,俘虏宋徽宗和宋钦宗,北宋王朝至此灭亡。

三、河东的抗金义军

北宋灭亡后,山西地区归于金人统辖。金兵初入中原,对当地采取了残暴的民族压迫政策,如严刑峻法、掠卖人口、限制自由出入、改变发服,都直接激起了人民的强烈反对;加之河东人民对故国的怀念,南宋政府及留守河东不愿从金者积极组织的各种抵抗活动,河东地区涌现出了几支抗金义军,他们展开过规模或大或小的抗金活动,都程度不同地打击了驻扎河东的金朝政权。著名的有"红巾军""八字军"和"太行山忠义社"等。

1.红巾军　最初出现于北宋灭亡的靖康二年(1127),因结为红巾故名。起初以泽潞一带的襄垣县为根据地,随着势力逐渐壮大,活动范围扩大到太行山、中条山一带,屡次打败入侵的金兵,有一次差点捉住金军统帅粘罕。后来随着金兵的大肆报复镇压,红巾军主力转移到河北、陕西等地,继续抗金。

2.八字军　靖康二年(1127),河北招抚使张所派王彦率领7000人北渡黄河抗金,九月在河南新乡败于数万金兵,于是王彦率余部进入太行山区,为了表示抗金决心,将士们的脸上都刺着"赤心报国,誓杀金贼"八个字,故称"八字军"。其后,两河忠义民兵首领傅选、孟德、刘泽、焦文通等亦率所部19寨义军相继加入,人数发展至10余万,多次击败金兵,声势大振。

3.太行山忠义社　南宋初年两河地区不愿从金者自发组成的地方抗金武装,曾集聚活动于太行山区。"自靖康以来,中原之民不从金者于太行山相保聚。"其中一支武装的首领本名梁青(一作梁兴),人称"梁小哥",本是怀、卫间(今属河南)人,曾经率众归附过岳飞,因其曾率众在河东平阳一带重创金兵,史书称为"平阳义士梁小哥"。

四、金朝对山西的经略

入金,今山西地区最初被划分为西京路和河东路,天会六年(1128),河东路又被划分为河东南路和河东北路。因此,金代时,今山西北部属西京路,中部属河东北路,南部和东南部属河东南路。其中,西京路辖大同府、朔州、武州、应州、蔚州;河东北路辖太原府、晋州(治今山西寿阳县西张寨)、忻州、平定州、汾州、石州、代州、隩州、宁化州、岚州、岢岚州、保德州、管州;河东南路辖平阳府、隰州、吉州、河中府、绛州、解州、泽州、潞州、辽州、沁州。

金人初入今山西地区,将游牧民族的扩张方式嫁接而来,掠夺晋地的财富资源、镇压反对势力,对当地造成很大的破坏。随着统治时间渐长、政权渐趋稳固,逐渐认识到只有采用因地制宜的二元统治体制才能治理中原地区。在经济方面,开垦荒地、兴修水利、改进农业生产工具、防治农业灾害,凡此种种,晋地的农业进一步发展起来,产量恢复到北宋时的水平。手工业中的采煤业普遍发展,冶炼业、纺织业、制瓷业、印刷业、盐业也比较发达。金朝对商业管理较为宽松,商贸活动趋于繁荣,太原、平阳、大同的城市经济最为活跃,城市文化生活相对发达,太原成为大型商品集散地,晋西北黄河沿线金、夏间的榷场贸易得到一定程度的发展。

五、金末山西战祸

金朝末年,蒙古军队南下攻金,双方反复争夺山西地区,进行了一系列战争,山西人民深受其害。成吉思汗建立蒙古汗国后,四处征伐,在西征的同时也不断南下攻金。大安三年(1211)十月,术赤、察合台、窝阔台等率兵攻入武州、朔州,包围西京(今山西大同)。至宁元年(1213)秋,三路大军沿太行山东麓南下攻略河北,然后沿太行山西麓北行进入山西,在泽、潞、沁、辽、平阳、太原、吉、隰等地进行大规模杀掠后,又相继攻破石、岚、忻、武、代等州。贞祐二年(1214),蒙古军队再次攻破忻州,进行大规模屠城,"死者10万余人"。兴定三年(1219),攻入岚、隰、吉等州,屠绛州。蒙古军队武力占领山西部分地区后,既不派兵驻守,也不设官管理,而主要掳掠人口和财物。金兵也伺机收复失地,致使山西地区出现了金、蒙长期的拉锯战。1218 年,蒙古木华黎率步骑数万人,经太和岭口再入山西,大肆杀掠代、隰、吉、石、岚等州后攻陷太原、平阳。1219 年金军收复太原、平阳。1222 年,蒙古军再破太原、平阳。1223 年,金军乘蒙古退军之机出兵收复河中、霍州、洪洞、曲沃、绛州。1226 年,平阳、太原也为金收复。1229 年,窝阔台决定全力伐金,入山西,破代州、石州、河中等地。直到 1234 年灭金,山西地区持续 20 余年的兵火才逐渐平息。

第四节　元时期

一、蒙古征服山西

大致在 1211—1217 年间,蒙古军最初攻略山西,主要作战目标是俘掠人口以及生产、生活资料,反反复复,严重消耗了金朝在当地的实力。1217—1223 年间,蒙古逐渐转为攻城夺地,以全面征服和占领为作战目标,并在占领地派驻军队进行镇戍。1223—1232 年间,初期金军取得一系列反攻胜利,窝阔台即位后,重新对山西展开大规模的军事进攻,最终打败金朝军队,实现了对山西的全面征服和占领。占领山西后,蒙古军队由此南下中原,最终合军于河南灭金。

元朝时,今山西地区直属中书省,称为"腹里",政区与金代相似。北部为大同路,领浑源州、应州、朔州、武州 4 州以及直领的大同、白登、怀仁 3 县。中部为冀宁路,领阳曲、文水、平晋、祁县、榆次、太谷、清源、寿阳、交城、徐沟 10 县,汾州、石州、忻州、平定州、临州、保德州、崞州、管州、代州、台州、兴州、坚州、岚州、孟州 14 州。南部和东南部为晋宁路,领临汾、襄陵、洪洞、浮山、汾西、岳阳 6 县,河中府 1 府,绛州、潞州、泽州、解州、霍州、隰州、沁州、辽州、吉州 9 州。此外,上都路蔚州(治今河北蔚县)所领灵丘、广灵 2 县;兴和路(治今河北张北县)直领之天成县(今山西天镇县)也在今山西境内。山西作为政区名称始见于元代。

二、元朝对山西的经略

有元一代,今山西地区成为拱卫大都的腹里之地,因其重要的政治、经济、军事、地理位置,元朝廷对山西比较重视,控制较严,驻军也较多。从占领山西后,蒙古就在此驻扎蒙古军、探马赤军、汉军、新附军进行军事镇戍,交参并用、相互牵制;对山西的地方武装、汉人世侯既防范又利用,让他们为其所用;灭宋后,在大同路广为屯田。

蒙古军初入中原,在"汉人无补于国,可悉空其人以为牧地"①的思想支配下,到处屠杀掠夺,使山西地区经济凋敝,人口大幅度减少,社会发展遭到了巨大的破坏。灭金之后,蒙古统治者就认识到农业的重要性,开始转变政策,关心中原农业生产的恢复发展。随着统治者的重视和提倡,山西社会逐渐稳定,农业获得较为迅速发展,尤其是忽必烈即位以后,更是重农,山西的农业逐渐恢复到前代水平。耕作技术提高,水利事业有所发展,粮食作物主要有小麦、粟、黍、荞麦、豆类、水稻等,生产的粮食除本地使用以外,经常被调拨大漠南北军需民用;蔬菜、瓜果、药材、桑麻、木材等经济作物的种植栽培有所发展;养马、畜禽和渔猎业水平比前代有所提高。手工业方面如制盐业、兵器制造业、矿冶业、烧窑业、纺织业、酿酒业均有程度不同的发展,部分手工业产品与军事和宫廷消费紧密相关。商贸活动活跃,官商和民商并存,太原、汾州、平阳、洪洞、河中、潞州、大同7处设有内外税务寨关,《马可·波罗游记》曾记有太原、平阳、河中府城的商品繁盛状况;一些商业市镇兴起。驿道纵横、交通发达,可以直通漠北,大同成为大都西行北上的必经之地和交通枢纽。

三、山西的反元斗争

元朝末年,统治大坏,天灾人祸交相并乘。山西由于临近大都,当然深受其害,军阀混战,连年兵荒马乱,百姓生活困苦。在1351年全国性的反元大起义爆发前后,山西地区就有零星的反元斗争,但没有形成规模。

1355年,刘福通领导的红巾军在亳州(今属安徽)建立大宋政权,然

---

① 《元史》卷146《耶律楚材传》。

后兵分三路出师北伐。1356 年,西路军曾由陕西进入晋南,攻克平陆、安邑。1357 年,中路军越过太行山进入山西,相继攻陷泽州、陵川、高平、潞州,后攻冀宁路(治今山西太原)时失利,退回太行山。1358 年,中路军攻占太平(今山西襄汾)、平阳(今山西临汾),平阳旋又被元军收复。随后,红巾军兵分两路,南路攻绛州(今山西新绛),东路北上攻沁州(今山西沁县)、潞州、辽州(今山西左权)、太原,之后主力出山西,直逼大都,一部分克代州、雁门,威逼大同。之后红巾军在晋、冀交界处穿梭奔袭,遥相呼应。十月,红巾军主力突破元军封锁,由大同出塞北,年末攻陷上都(今内蒙古正蓝旗东北)。

1359 年,北方红巾军失败,山西重新被元军占领。孛罗帖木儿和察罕帖木儿分别占领大同和太原,察罕帖木儿死后,其子扩廓帖木儿承继其职位,两大军阀争夺地盘,在太原周围地区进行过三次大规模的直接军事冲突,导致太原一带遭受严重的破坏。后来,孛罗帖木儿失败,扩廓帖木儿最终独占河东山西地区。

1367 年,势力最强的元末农民军首领朱元璋在初步平定南方群雄后派大将徐达、常遇春北伐。元至正二十八年(1368)正月,朱元璋在南京称帝建明,八月初二,北伐军攻陷大都,元朝灭亡。八月十五日,朱元璋令徐达指挥明军分两路进取山西。此时,割据山西的扩廓帖木儿有 10 万精兵,正受元顺帝之命,出兵雁门,欲收复大都,太原空虚,徐达率明军主力直取太原,扩廓帖木儿闻讯为保退路,急忙回师以救太原,当其前军万骑到达时,明军已抵太原城下,双方布阵欲在城下展开决战。鉴于元军长于骑兵,而明军长于步兵,徐达欲乘夜偷袭元营,恰好有扩廓的部将派人来约降,愿为内应,于是,当夜明军预先埋伏的骑兵先冲击元营,大军随后而至,扩廓未加防范,仅带 18 骑仓促逃至大同。元军自相践踏,死者难以计数,4 万甲士投降。十二月一日,明军占领太原。明军迅速扩大战果,洪武二年(1369)正月,常遇春北攻大同,扩廓败走甘肃,明军相继攻克大同、潞州,这样明军占领了山西的绝大部分地区。洪武前期,明军用了将近 20 年的时间,最后消灭了盘踞晋北、晋西的元朝残余势力,完全控制了今山西地区。

第五节　五代辽宋夏金元时期山西的文化成就

一、史学

1.司马光与《资治通鉴》　司马光(1019—1086),字君实,晚号迂叟,北宋陕州夏县(今山西运城)涑水乡人,人称"涑水先生"。死后皇帝追封其为太师、温国公,谥"文正",故又称司马温公、司马文正。父司马池,进士出身,为宋仁宗宝元、庆历间名臣,官至兵部郎中、天章阁待制。司马光自幼聪明过人,受过良好的家学教育,好学不倦。司马光生活在北宋仁宗到哲宗时期,仁宗宝元元年(1038)中进士,此后从地方官到京官,历任天章阁待制兼侍讲、知谏院、龙图阁直学士、翰林学士、御史中丞、尚书左仆射兼门下侍郎等职,历经四朝,为北宋重臣。

司马光好史学,在读史的过程中,鉴于以往史书"烦冗",便编列了《历年图》5卷,以编年形式将历代的治乱兴衰写成大事年表,简明清晰。他又用两年多时间仿《左传》体裁,写出《通志》8卷,得到英宗赞赏。治平三年(1066),皇帝命司马光设书局,选助手,续修此书。治平四年,神宗即位,诏进此书,赐名《资治通鉴》,并为之作序。熙宁初,宋神宗任用王安石为宰相,推行新法,又欲提拔反对王安石变法的司马光为枢密副使,以保持不同政见间的平衡。司马光拒绝升任,要求出知永兴军(今陕西西安),获皇帝同意。后又知许州(今河南许昌),任西京(今河南洛阳)御史台。此后十余年间,司马光与他的合作者专心修史,终于在元丰七年(1084)大功告成。元祐元年,神宗死,哲宗立,司马光应召入主国政,任尚书左仆射,兼门下侍郎。一上任,他尽废新法,驱除新党,全面恢复旧制。可是,居相位仅8个月,便溘然长逝。他一生著述很多,约有20余种,500余卷,除《资治通鉴》外,还有《司马温公文集》《稽古录》《迂书》《潜虚》等。

《资治通鉴》由5人合力完成。司马光主编、定稿;刘颁、刘恕、范祖禹分朝代撰写丛目和长编,即断代史初稿,共约六七百卷;司马光之子司马康检阅文字。其后,再由司马光反复删削、考订,成书81卷。《资治通鉴》所参据的史料,除《史记》至《新五代史》19 种正史外,还包括杂史、奏议、实录、笔记、文集、碑志等,至少 300 种。司马光在《资治通鉴进书表》中也说过:"遍阅旧史、旁系小说,简牍盈积,浩如烟海。"从正式设局编写到最后完成,历时 19 年,浸尽了司马光等人毕生的心力。因此,《资治通鉴》是一部资料翔实、史料价值很高的历史典籍。

《资治通鉴》代表着宋代史学的最高成就。《资治通鉴》仿《左传》《汉纪》的编年形式,按年、时、月、日的顺序记叙。记事上起战国周威烈王二十三年(前 403),下迄五代周世宗显德六年(959),包容了 1362 年的史事,是《史记》以后所记年代最长的一部通史,足以与《史记》相媲美。它以记述政治、军事事件为主,也记载了一些重要人物及其言论,与治乱兴衰相关的经济制度、礼乐兵刑、民族往来、社会风习、人口增减、典籍聚散、历法修删、水利兴修等等,目的在于为治国者提供历史借鉴和教训。司马光在修撰《资治通鉴》的同时,写成《通鉴考异》30 卷,对所用史料的可信性进行了考证,对有几种不同说法的史料,进行对比选择,逐条加以说明,表现出严谨求实的作风。考证中还吸收了兴起不久的金石学成果,以实物与文献进行印证对照。在重视客观展现史实的同时,司马光也对史事加以评论,表达自己的看法。他既直接引用历来史家原有的评论,也以"臣光曰"开头,写下自己的议论。这些评论有褒有贬,表现出作者的历史观点和政治看法。

司马光又为《资治通鉴》作了 9 种附属著作:《通鉴目录》30 卷、《通鉴考异》30 卷、《通鉴举要历》80 卷、《通鉴节文》60 卷、《历年图》7 卷、《百官公卿表》10 卷、《稽古录》20 卷、《通鉴释例》1 卷、《涑水记闻》60卷。宋代时,在《资治通鉴》基础上形成"纪事本末体"和"纲目体"两种史体,出现袁枢《通鉴纪事本末》、朱熹《资治通鉴纲目》、李焘《续资治通鉴长编》、杨仲良《续资治通鉴长编纪事本末》、李心传《建炎以来系年要录》、王应麟《通鉴地理通释》等史学名家名著,逐渐形成一门专门学问——"通鉴学"。宋末元初人胡三省历时 30 年之久撰成《资治通鉴注》294 卷,对《通鉴》的名物、制度、地理、史实异同、少数民族、外国情况均进行注释,并纠正《通鉴》存在的错误,后与《资治通鉴》合刊并行于世。

在夏县水头镇小晁村北侧有司马光墓,茔地现存司马光及父兄亲属墓冢封土堆13座,排列有序。元祐三年(1088),宋哲宗为了表彰司马光,敕令翰林学士苏轼撰写神道碑文,并御书"忠清粹德之碑"六字碑额。碑文2266字,详述了司马光的家世与生平。哲宗绍圣初,御史周秩首论"温公诬谤先帝,尽废其法,当以罪及"。宋哲宗"止令夺赠谥,仆所立忠清粹德之神道碑"。明嘉靖年间,御史朱实昌另选石立碑,复镌苏文于碑上,立于旧龟趺,冠以旧颜。现矗立在司马光墓前的《忠清粹德之碑》是明碑,高7.33米,高大绝伦,堪称三晋第一碑。司马光墓现为全国重点文物保护单位。

2.王溥与《唐会要》《五代会要》　王溥(922—982),字齐物,并州祁(今山西祁县)人,是五代后周、宋初的政治家和史学家。王溥出生于官宦之家,后汉乾祐间进士及第,在郭威麾下为之效力,郭威称帝建立后周后,王溥步步高升。郭威临终前任命王溥为中书侍郎、平章事,任命下达后,郭威说"吾无忧矣",当日即死去。周世宗时,又加封其兼礼部尚书。赵匡胤称帝建宋之初,为安定人心,暂时保留了他的相位,并进位司空,但免去了他参知枢密院事,后罢相,任太子太师。太平兴国初,封祁国公。

王溥家里藏书万卷,博学多识,尤长史学。周恭帝时,他曾主持编修《世宗实录》。宋初,他综合唐苏冕编修的唐高祖至唐德宗时的九朝《会要》40卷和杨绍复等编修的德宗至宣宗的《续会要》40卷,加以补充整理,于961年修成了《唐会要》100卷。《唐会要》共分541条目,极其详尽地记载了唐代各种制度的沿革和益损,其中不少记载为新、旧《唐书》所无,具有很高的史料价值,为后人研究唐代的典章制度保存了大量的珍贵资料。963年,王溥又依据五代各朝实录,编成《五代会要》30卷,共分279事目,内引诏令奏议等第一手资料颇多,极富史料价值。又因它是宋代修撰的第一部五代史书,成书在新、旧《五代史》之前,历来为史家所看重。此外,王溥还著有文集《王溥集》20卷。《唐会要》和《五代会要》的编撰,形成了一种新的史体"会要体",为后代所援用。

3.刘祁与《归潜志》　刘祁(1203—1250),字京叔,号神川遁士,浑源人。父、祖均进士出身,在金朝为官。父刘从益,金应奉翰林文字,博学能文,尤其擅长作诗,有《蓬门集》若干卷。刘祁自幼异常聪颖,且能刻苦攻读。从 8 岁起,即随祖、父游宦于南京(今河南开封),结识了不少名官显宦和文人学士。金末为太学生,甚有文名。弱冠时举进士未中,于是闭门读书,致力于古文,为学务求博大精深。当时名士赵秉文等均交口称赞,誉为"异才"也。与其父研讨六经、心学,并躬行实践,所写文章议论一合正流,士人们都认为其学问为正宗真传。历经蒙古围汴之难,绍定五年(1232)回到故乡,耕读为生。嘉熙二年(1238)蒙古招试儒人,刘祁夺得南京头名,选任山西东路考试官。

刘祁著有《神川遁士集》22 卷、《处言》43 篇、《归潜志》14 卷行世。其中,《处言》尤为郝经所推崇。刘祁生于文学世家,历经金亡元兴之难,有感于"昔所与交游,皆一代伟人,今虽物故,其言论、谈笑,想之犹在目。且其所闻所见可以劝诚归鉴者,不可使湮没无传"。于是回乡隐居,题所居室为"归潜",开始写《归潜志》,意在"异时作史,抑或有取焉",所记金末丧乱事多为亲身见闻目击,史料价值极高,与元好问《壬辰杂编》成了日后编纂《金史》的两大史源。在《壬辰杂编》亡佚情况下,价值更显珍贵。《归潜志》卷 13 附有《北使记》,记金宣宗兴定四年(1220)七月派礼部侍郎吾古孙仲端远涉万里,向正在西征的成吉思汗乞和之事,后来由吾古孙仲端口授、刘祁笔录而成,记录了沿途中亚的风俗民情、西辽历史,成为研究中西交通史、蒙古史、中亚史的珍贵史料,被俄国学者白莱脱胥乃窦于清光绪元年(1875)译为英文,载入《中世纪研究》,引起国际史学界重视。

刘祁之弟刘郁,字文季,别号归愚,与祁齐名,入元曾官至监察御史。能文辞,工书翰,所著有《西使记》,记 1259—1263 年间常德奉命出使西行在波斯觐见旭烈兀之事,以及由他口授、刘郁笔录整理而成的一部出使游记。所记沿途见闻,成为研究古代中亚西亚和中西交通史的珍贵文献,有重要的史料价值。陶宗仪《说郛》、陆楫《古今说海》、邵远平《元史类编》及魏源《海国图志》等皆引录,曾被译成法文、英文,《马可·波罗游记导言》《中世纪研究》亦载录。

二、文学

1."北方文宗"元好问　元好问(1190—1257),字裕之,人称遗山先生,太原秀容(今山西忻州市)人,金代最有成就的文学家,也是宋、金对峙时期北方文学的主要代表,被称为"北方文宗"。其祖先为鲜卑拓跋氏,后随北魏孝文帝南迁洛阳,改姓为元,落籍河南汝州(今河南汝州)。五代以后,移居山西平定。高祖元谊,在北宋徽宗宣和年间(1119—1225)官忻州神武军使,曾祖元春任北宋隰州团练使,由平定移家忻州。祖父元滋善,任金国柔服(在内蒙古)丞。父元德明,自幼喜好读书,但几次科考都未中,于是放浪山水间,以饮酒作诗为乐,有《东岩集》3卷。元好问出生7个月后,过继给任县令的二叔父元格为嗣,并随叔父到任所,先后去过山东、河北、山西陵川、甘肃等地。元好问天资聪明,家教极好,7岁便能作诗,时称神童。14岁时从陵川郝天挺问学,通贯经史百家,6年后学业大成。外出过程中作《箕山》《琴台》等诗,礼部尚书赵秉文读后,认为近代以来无此作也,于是名震京师。金宣宗兴定五年(1221)进士及第,初在地方为官,天兴初入京师,后为翰林知制诰。蒙、金在山西开战以后,元好问携家带口逃往河南登封。35岁中博学宏词科入选翰林院。1233年,汴京城破,被蒙古兵俘虏,先后羁管于山东聊城、冠县六年(1233—1238)。蒙古欲征为翰林学士,遭到拒绝。蒙古国窝阔台大汗十年(1238)八月,结束监押生活,携家从冠县返回故乡秀容。从此隐居不仕,以金朝遗民自居。

元好问经历过金亡元兴的社会变动,南北流徙,阅历丰富,遂成为一代宗师,四方碑板铭志尽出其手。晚年以为金朝存史为己任,"国亡史作,己所当任",以诗文存史,曾说"不可令一代之迹泯而不传"。本想利用金朝实录,结果未成,于是在秀容韩岩村自己的家中构筑"野史亭"(他把自己要修的金史称为"野史",把这座亭子叫作"野史亭",专为修金史、储金史资料而筑),广泛采摘金朝君臣遗言往行,达到百余万字。当时编成《中州集》及《壬辰杂编》若干卷,成为日后元朝纂修《金史》的主要史料来源。《中州集》是一部金代诗歌总集,以诗存史,收集诗词2116首(诗2001,词115),并为作者250余人写了小传。

元好问是一代文化巨匠,他多才多艺,才华横溢。元好问一生的文学作品,数量大,品种多,质量高。按他的学生郝经的说法,其诗作"五千五百余首",流传至今可信为元好问诗篇的有1365首。词,现存380首,所用词牌达 79 个。元好问是元曲制作的先驱者之一,创制了《骤雨打新荷》《三奠子》《松夜凝空》等新曲,因而被奉为元文人散曲开路先锋。为文有绳尺,兼备众体。对当时所有的文学形式诸如诗、词、歌、赋、曲、小说、论、记、表、疏、碑、铭、赞、颂等,都掌握纯熟,运用自如。"其诗奇崛而绝雕刿,巧缛而谢绮丽。五言高古沉郁。七言乐府不用古题,特出新意。歌谣慷慨,挟幽、并之气。其长短句,揄扬新声,以写恩怨者又数百篇"①。郝经评他的诗"上薄风雅,中规李杜,粹然一出于正,直配苏、黄氏(苏轼、黄庭坚)"②。南宋词人张炎评价其词"遗山词,深于用事,精于炼句,风流蕴藉处,不减周秦(北宋名词人周邦彦、秦观)"。清人赵翼说:"元遗山才不甚大……较之苏陆自有大小之别,但元诗较胜于苏黄,古体诗虽苏陆亦不及也。"所著文章、诗若干卷,《杜诗学》1 卷,《东坡诗雅》3 卷,《锦襟》1 卷,《诗文自警》10 卷,《续夷坚志》2 卷等。后人编《遗山集》40 卷,《元遗山先生全集》。

元好问作为金末元初北中国文坛的一代宗师、盟主,其诗文反映了金、元易代时的社会现实,以诗文存史,尽可能地保存金代文献、史实,成为研究金元社会尤其是金朝社会历史文学的宝贵资料。

2.元杂剧　宋辽金时期,杂剧被作为多种戏剧之共称。至元代,尤其是南宋灭亡以后,随着大都逐渐成为全国政治、经济、文化中心,原有的北方杂剧有了长足发展,并在地理位置上以此为坐标中心,径称之为"杂剧";而在闽、浙等南方地区的杂剧则改称为"南戏"。至此,"杂剧"一词乃由宋代时的"多种戏剧之共称"转化为专指当时北方杂剧这一系统的剧种。今人习用的"元曲""元杂剧"等语,一般也正是在这一意义上使用的。

王国维在其《中国戏曲考》中说,元杂剧起源于北方,作家以大都为最多,其次是平阳,这是由于"元初除大都外,此为文化最盛之地"。早在金代时,平阳、大同的戏曲演唱就很流行,盛行院本(艺伎行院演出)。20世纪 70 年代,侯马出土的金墓戏台模型和 5 个彩色砖俑非常有名。元曲

---

① 　《金史》卷 126 卷《元好问传》。
② 　郝经:《陵川集》卷 35《遗山先生墓铭》。

有名姓的 187 个作家中,山西籍作家有 15 位之多,除元好问只有散曲作品外,其余均有著作传世。山西籍的元曲作家最著名的是关汉卿、白朴、郑光祖。

关汉卿(约 1229—1307,具体生卒年不详,约生于金末,卒于元大德年间),号己斋叟,解州人(一说大都人),为元杂剧四大家之首。他一生写剧本 65 种,现存 17 种。有《窦娥冤》《拜月亭》《单刀会》等。在元代剧作家中,关汉卿剧作数量最多,影响最大。其剧作题材广泛,多方面地反映了元代社会;结构紧凑,矛盾冲突集中,语言朴实生动;善于塑造人物形象,尤其是一些普通妇女形象,如窦娥、谭记儿,均鲜明生动。关汉卿在戏剧上的杰出贡献,使得他在当时就享有盛名,山东的高文秀被称为"小汉卿",浙江杭州的沈和甫被称为"蛮子汉卿"即是明证。近人亦多以之为"元人第一",为元代戏曲最高成就的代表。

白朴(1226—?),初名白恒,字仁甫,一字太素,号兰谷,隩州(今山西忻州市河曲县)人,后居真定(今河北正定),故又称正定人。父白华,与元好问结拜,白朴幼从元好问学,文学修养较高,所作杂剧 16 种,仅《梧桐雨》《墙头马上》《东墙记》3 种传世。白朴杂剧主要以历史传说和爱情故事为题材,善于借景写情,融情于景。他的代表作《墙头马上》,全名《裴少俊墙头马上》。

郑光祖,字德辉,平阳襄陵(今山西临汾市襄汾县)人,生卒年不详。他是元杂剧后期作家中最负盛名的一个,作有杂剧 18 种,现存 8 种,代表作是《倩女离魂》。

关汉卿的《拜月亭》、白朴的《墙头马上》、郑光祖的《倩女离魂》,与王实甫的《西厢记》被称为元杂剧中有名的"四大爱情戏",都是歌颂青年男女为争取婚姻自由,置封建礼教于不顾的可贵斗争精神。

山西的元杂剧作家除了这三大家之外,还有平阳的石君宝、张择、赵公辅、于伯渊、狄君厚、孔文卿,太原的李寿卿、刘唐卿、乔吉,大同的吴昌龄,绛州的李行甫等,均有剧作传世。还有许多戏剧文物,如戏台,又称乐亭、舞厅、露台,均系民间迎神赛会表演歌舞戏曲的场所,大部分分布在晋南、晋东南地区。因而山西有"元杂剧的故乡""中国戏剧的摇篮"之美称。

3.《河汾诸老诗集》与"河汾诗派" 金朝灭亡后,元好问首"为河汾倡正学",麻革、张宇、陈赓、陈庾、房皞、段克己、段成己、曹之谦8人与元好问游,"从宦寓中,一时雅合,并以诗鸣"①。元大德五年(1301),大同路儒学教授、平阳人房祺为保存乡邦文献而辑录这8人的诗作,编成《河汾诸老诗集》。从此,在中国文学史上又增加了一个地域性的诗歌创作团队,号称河汾诗派。河汾诸老主要活动于今山西南部汾河、黄河流域,时逢金、元易代之际,大多怀念故国、感慨兴亡、哀恤战乱痛苦,为生民抱太平,且无力回天,有向往宁静和平、要求回归自然的意境。明末大藏书家毛晋曾说"每读诗至金源氏,辄有河汾诸老往来胸中"。

麻革(约1184年之后—1261年之前),虞乡(今山西永济市)人。《河汾诸老诗集》录麻革诗35首,置于卷首,有《贻溪集》行世。陈赓(1190—1274)、陈庾(1194—1261)兄弟,临晋(今山西临猗县)人,《河汾诸老诗集》收录陈赓诗20首、陈庾诗19首。段克己(1196—1254)、段成己(1199—1279)兄弟,稷山(今山西稷山县)人,生于文学、官宦世家,俱有才名,时称"德门二段",有《二妙集》行世,收克己诗115首、词67首,收成己诗187首、词53首;《河汾诸老诗集》收录克己诗9首、成己诗20首。张宇,生平不详,平阳(今山西临汾)人,《河汾诸老诗集》收其诗21首。房皞(1199—1272年以后),平阳人,其诗今存34首,《河汾诸老诗集》收31首。曹之谦(1194以后—1265),应州(今山西应县)人,金亡后侨居平阳,《河汾诸老诗集》收其诗45首。

4.金末文坛双星——杨云翼和李俊民 杨云翼(1170—1228),字之美,祖籍赞皇檀山(今属河北),六世祖时客居平定之乐平,遂为金平定乐平(今山西昔阳县)人。天资颖悟,弱冠有文名,对医学、占卜、象数都有精深研究。章宗明昌五年(1194)经义进士第一,词赋亦中乙科,授应奉翰林,累官提点司天台兼翰林修撰、翰林学士、礼部尚书、吏部尚书。长于文辞,与赵秉文对掌文柄,时称"赵、杨"。众望其能入相,结果却因足疾未成。先后主持贡举30年,门生遍天下。与赵秉文辑《龟鉴万年录》和《君臣政要》进献金哀宗。正大五年卒,年59,谥"文献"。

---

① 《河汾诸老诗集》序。

　　杨云翼天性雅重,"于国家事,知无不言",比较务实,体恤民情,多次就朝政实情进谏皇帝,得到首肯。曾诏讲《尚书》义理,哀宗听时竟忘了疲倦。他的诗作往往不加藻饰而近于质直,有工炼平稳之风。其古文则长于论辩,说理明晰,有一气呵成之势。元好问曾盛称"惟其视千古而不愧,是以首一代而绝出"。他博学多才,自撰《圣学》《圣孝》等20篇进献皇帝;校《大金礼仪》若干卷,撰《续通鉴》若干卷、《周礼辨》《左氏》《庄》《列赋》各1篇;在自然科学方面,撰有《五星聚井辨》《县象赋》各1篇,《勾股机要》《象数杂说》等书,并参与修订完善《太乙新历》;有文集《沾山文集》若干卷行世,今佚;诗存22首,收入《中州集》21首,《全金诗》补遗1首;文收入《金文雅》。

　　李俊民(1176—1260),字用章,自号鹤鸣,金末元初泽州崔庄(今山西晋城市)人,唐高祖第11子李元嘉的后裔。年少精通二程之学,承安五年(1200)以经义举进士第一,应奉翰林文字。做过沁水县令兼长平金事、朝请大夫。不久,辞官回到家乡授徒讲学,登门问学者络绎不绝。金室南迁汴京(今河南开封市)后,他隐居于嵩山,曾经遇见隐士向他传授邵雍的皇极数之学。忽必烈为藩王时,刘秉忠向他大力称赞推荐李俊民,于是亲自召见,延请拜访不断。后来请求返回嵩山,得到批准。忽必烈曾经说"朕求贤三十年,惟得窦汉卿及李俊民二人"[1]。忽必烈欲授以高官,以年高固辞。忽必烈下令怀州、孟州、泽州三州长官悉心照料其生活,定期拜见求问,并要其推荐人才,优渥甚隆。郝经对其在泽州办学大加赞扬。景定元年卒于嵩山,年85,葬于晋城崔庄北,赐谥"庄靖先生"。

　　李俊民的主要成就在学术方面。一生著述丰富,但经历社会变动,几乎遗亡殆尽。在他死后,元代泽州郡守段直,购求李俊民散落的诗文,仅得晚年作品诗赋、古文千余篇,编为《庄靖集》10卷刊行,序曰"冥搜隐索,片言只字,亦必有据"。包括诗7卷,文3卷。此外,尚存《庄靖集补遗》1卷、《庄靖先生乐府》1卷,词68首。时人刘瀛评价说:"其诗清新奇杰,似东坡、山谷;雄篇巨章,奔腾放逸,昌黎公亚也。"从中可见当时人们对他的推重。在金末文坛上,声望稍次于元好问。《四库全书总目提要》

评价他"虽博大不及元好问,抑亦其亚矣"。

5.萨都剌与《雁门集》 萨都剌(约1300—?),字天锡,别号直斋,回族。祖父萨拉布哈、父亲傲拉齐以世勋在云、代镇守,居于雁门,于是称为雁门(今山西代县一带)人。萨都剌从小就与众不同,稍长愈发聪颖敏锐,遍结亲俊,为文词雄健倜傥。元泰定四年(1327),中进士。始任镇江司达鲁花赤,颇有治绩,后任翰林国史院应奉文字。至元三年(1337),迁河北廉访司经历,后任翰林应奉,至元六年进江南诸道行台侍御史,因弹劾权贵不法被贬淮西北边廉访司经历,不久致仕。后避乱结庐于司空山下。年八十余,卒。萨都剌为人刚正,有矫世变俗之志,有济世苏民之心,多善政,深受百姓爱戴。陶宗仪《书史会要》和邵远平《续宏简录》称其"有诗名,善楷书"。写诗最擅长融入感情,流丽清婉,为当时名诗人虞集、张耆所推服。其诗风一改元代诗歌暗淡之风,唱出高亢清新之歌,体现了对祖国壮丽山河的热爱之情。萨都剌喜欢游历,曾居于杭州,尽游幽胜之地,至得意处,必留题咏。至正年间他曾手定个人诗集,题名作《雁门集》传世,其诗留下来的有780多首,词14首。也精于书法和绘画,今存《严陵钓台图》《梅雀》。

三、绘画与书法

1.荆浩 荆浩,字浩然,沁水(今山西晋城沁水)人,五代后梁时的著名画家。曾隐居于太行山洪谷,所以自号洪谷子。他与后梁的关同和南唐的董源、巨然,被后人公认为五代时的"四大画家"。他主要画山水,多以黄河流域的自然景色为题材,《画鉴》称他的山水画为"唐末之冠",成为北方山水画的开创者。他还著有《山水诀》一书,探讨绘画理论和总结绘画技法。传世作品有《匡庐图》。

2.米芾 米芾(1051—1107),字元章,北宋著名的书画家、鉴赏家。世居太原,后迁襄阳、镇江。为人不拘礼法,举止狂放,人称"米颠"。长于行、草,与苏轼、黄庭坚、蔡襄(初为蔡京)并称书法"宋四家"。传世作品有《苕溪诗》《蜀素》《虹县诗》《向太后挽诗》等。著有《书史》,为论书法之名著。又长于山水人物画,开一代风气,著有《画史》传世。其长子米友仁也是书画名家,与其父合称"大小米"。

3.马远　马远,南宋著名画家。祖居河中(今山西永济市),时有"马河中"之称,后迁钱塘(今杭州)。与李唐、刘松年、夏珪并称为"南宋四大家"。他出生在一个绘画世家,一家祖孙五代七人为绘画名家,这在中国绘画史上独一无二。曾祖马贲,北宋画院待诏,驰名元祐、绍圣间,工花鸟、山水、人物、佛像。祖父马兴祖,南宋绍兴年间为画院待诏,工花鸟杂画,精于鉴别文物。伯父马公显、父马世宗,均任画院待诏,俱工禽鸟、人物、山水。兄马逵,画院待诏。马远是南宋光宗、宁宗两朝的画院待诏。子马麟,宁宗朝画院祗侯。马远是马氏家族中成就最高的一位,与夏珪被画史合称为"马夏"。他的构图和表现方法很独特,善于以部分表现整体,小中见大。如画山常画山之一角,画水常画水之一汶,画树常画树之一枝半叶,使画面有较多空白,显得辽阔渺远,这种"边角之景",也似乎成了马远山水画的代名词,明人曹昭给他起了一个绰号"马一角"。传世作品有《踏歌图》《雪图》《对月图》《寒江独钓》《探梅图》《松涧清香》《楼台夜月图》等。

此外,宋代山西籍的画家还有太原人王诜,善画山水,宋徽宗内库收藏其作达35件;绛州人高克明,也工山水;太原人王瓘、王端父子,俱以画名。郝章画的人马、路皋画的骆驼、马远画的山水被时人称为"河东三绝"。

4.郭若虚　郭若虚,太原人,喜爱绘画,并精通绘画理论和作品鉴赏。所著《图画见闻志》6卷,分叙论、纪艺、故事拾遗、近事4门,接续张彦远的《历代名画记》,记述唐末至熙宁七年(1074)150余年间艺林名士、流派本末,并为期间284位画家作了小传,记述画家故事轶闻59则。该书既是画史,也是画论,对研究这一时段的绘画理论、画家及其流派提供了弥足珍贵的史料。

金代的姚拟,善画山水;白朴之弟白贲,善于画马。

5.高克恭　高克恭(1248—1310),又名士安,字彦敬,号房山。其先祖为西域(今新疆)人,后居大同老房山,于是占籍大同(一说居燕京,占籍房山)。父高亨治经学,有名望。高克恭自幼承家学,悉心研究诗书经义。元至元十二年(1275),由京师贡补工部令史,历官监察御史、工部侍郎、翰林直学士、刑部尚书。至大三年卒,谥"文简"。高克恭博学,能诗文;善画山水、墨竹,时人罕及。自幼爱好绘画,山水初学米芾父子,后学董源、李成,所写林峦烟雨,造诣精绝,为一代奇作,甚得赵孟頫推重;墨竹学黄华,大有思致,与北宋文同齐名。高克恭与黄公望、王蒙、倪瓒、吴镇、赵孟頫并称绘画元六家。其作品传世者,均为绢本。其中,《雨山图》《林峦烟雨图》现藏于台北"故宫博物院",《墨竹坡石图》《云横秀岭图》现藏于北京故宫博物院,《春山欲雨图》现藏于上海博物馆。

6.溥光 溥光,生卒年不详,俗姓李,字玄晖,号雪庵,金、元之际大同人。年幼出家为僧,喜欢读书,经传子史无所不览,长于书画和诗歌。为诗冲澹粹美;擅长真、行、草书,尤其善于写楷书大字;所画山水、墨竹"俱成妙趣",深受当时大书法家赵孟頫的赏识,赵观其书,说"当世书法无逮我者,而此书乃过我"。至元年间,赵孟頫把他推荐给元朝廷,忽必烈下诏让他蓄发,特封昭文馆大学士、荣禄大夫,赐号玄悟大师。书法遒劲有致,一时间宫城殿宇匾额大都出于其手。有《雪庵集帖》传世。同时,溥光也是一位书法理论家,所著有《雪庵永字八法》和《雪庵字要》又称《雪庵大字法》,在书法界有较大影响。其中《雪庵字要》专论楷书大字艺术,涉及执笔、用笔、结构、形势、工具及审美诸方面,多发前人之未发。后世评其书"笔力破余地,腕有颜柳骨,实出松雪(赵孟頫)翁之上","追踪颜柳,无一笔涉元人蹊径"。其绘画名作《罗汉图册》,现藏于日本静嘉堂。

四、平水刻与印刷

雕版印刷术自唐代发明以后,多刻印佛经、历书、字书、医书、占卜类书籍。至宋代,雕版印刷才真正普及开来,支撑和推动了文化的发达。宋金时期,逐渐形成了四个雕版印书中心:南方的浙江杭州、福建建阳、四川眉山和北方的山西平阳。元代,北方的印刷中心有两个,大都和平阳。金元时期,平阳成为北方著名的雕版印刷中心,平水刻盛极一时。

五代北宋时,山西的刻书成就不太突出。金代时,雕版印刷在北方独放光彩,主要原因在于金军攻占开封,虏徽、钦二宗北上时,将开封的书籍及各种技艺工匠带走,一部分雕版及刻工留在平阳,特意在平阳设置了全国最大的主持雕版印刷书籍的机构——"书籍所"。当然与该地周围具备纸、墨、枣梨木等刻印材料,且质量属上乘(平阳白麻纸,历史悠久,名闻全国,其特点是不变色,虫不蛀;绛郡、稷山、安邑可以提供雕版所用的枣、梨木;太原、潞州、绛州所制的墨均为贡品)密切相关;至于人们所谓的山西是辽、金两朝首先占领的地方,因而能比较早地安定下来,从事各种事业,应该也有关系。平阳成为金朝最大最主要的雕版印刷中心,除了公家的"书籍所"官刻之外,还有家刻、坊刻。现存金平水本为数极少,总共只有十来种,如《南丰曾子固先生集》《刘知远诸宫调》《黄帝内经素问》等,基本上都是坊刻。金刻传世极少的原因大概在于平阳雕版印刷的总体发展水平相对不高,规模有限,所刻书少,与战争没有太大关系,这里的刻书业入元以后仍是北方的中心。此外,金代在解州(今山西运城市盐湖区)刻过一部《大藏经》,世称《金藏》。《金藏》约有7000多卷,现存4000多卷,是卷子本,字体风格和金平水本相近,应当是由平阳的工匠刊刻的。由于原藏在赵城县(今属山西洪洞县)广胜寺,因此又称《赵城金藏》。

蒙古太宗八年(1236),政府又在平阳府设置"经籍所"刻书,而当时的平阳书坊也继续经营刻书。这种蒙古平水本流传至今者有张存惠晦明轩刻《重修政和经史证类备用本草》《增节标目音注精义资治通鉴》(《重修政和经史证类备用本草》30卷,宋人唐慎微所撰的医书,1249年张存惠整理刊行,载药1740多种,后人评价其书"比之旧本益备而加察",以后多次翻刻、影印,收入《四库全书》。《增节标目音注精义资治通鉴》,宋人吕祖谦辑,1253—1255年张存惠晦明轩刊刻,"纸墨精莹,刀法遒劲"。两书均"可称平水本之上乘")。张氏晦明轩,是平阳的老字号书坊,金代已从事刻书业,在元建立后仍然继续刻书。晦明轩刻书多有各种精美的牌记,张存惠刻书的年代均署其生年泰和甲子(1204)以后的干支,不用蒙古年号。当时的平水本中还有几种经书注疏合刻本,传至今者有《尚书》《毛诗》。今可知者有平水曹氏进德斋、平阳府梁宅、平水许斋、平水高昂霄尊贤堂、平阳司家颐真堂等,都是书坊。其中曹氏进德斋刻《尔雅郭注》《中州集》,梁宅刻《论语注疏解经》,都有传本。另外,蒙古太宗九年(1237),在平阳府开刻道教经典《道藏》,乃马真后三年(1244)刻成,因刻于玄都观,因而名《玄都宝藏》。元初佛、道对立,斗争激烈,道教失势,元世祖下令禁止道教,至元十八年(1281)下令销毁所有道教经书和经版,《玄都宝藏》被毁,今仅存《云笈七签》残叶和《太清风露经》。

五、建筑与雕塑、壁画

我国现存的古建筑,以山西为最多。山西现存的宋金及其以前的木结构建筑数量占到同期全国木结构建筑数量的70%以上,远居全国之首,而且有一些古建筑的精美巧妙为世界所公认。因而山西被称为中国古代建筑艺术的博物馆。五代辽宋夏金元时期,山西的建筑艺术更是大放光彩,成就辉煌。光是1961年3月4日被国务院公布为第一批全国重点文物保护单位的就有应县木塔、太原晋祠、大同华严寺、善化寺、芮城永乐宫、繁峙岩山寺、洪洞广胜寺。这些建筑结构巧妙,气势超群,而且往往与精美的壁画、神态各异的彩塑共存,有的还与优美的山水浑然一体。建筑、彩塑、壁画交相辉映,具有极高的科学、艺术和游览价值。

1.晋祠　晋祠位于太原市西南25公里的悬瓮山麓、晋水源头,它的创建年代已不可稽考,据北魏郦道元《水经注》和《魏书·地形志》记载,北魏以前就有了。晋祠,因祀奉晋国始祖唐叔虞而得名。东魏、北齐间,高欢、高洋父子发迹晋阳,定晋阳为别都,并于天保年间(550—559)在晋祠"大起楼观,穿筑池塘",使晋祠更盛于北魏之前。北齐最后一位帝王高纬,崇信佛教,曾下令把晋祠改为大崇皇寺。李渊起兵于太原,李世民故地重游,亲笔写下了《晋祠之铭并序》。宋代以前,晋祠均以祭祀唐叔虞为主,建筑布局和祠名称谓,均以叔虞为主体。宋太宗灭掉北汉,一面水灌晋阳城,一面又在晋祠大兴土木,用了5年的时间扩建,并刻有碑记。宋仁宗天圣年间(1023—1032),追封唐叔虞为"汾东王",并在晋祠西隅为叔虞的母亲邑姜修建了规模宏伟的圣母殿,并敕封她为"显灵昭济圣母"。自从圣母殿建成以后,晋祠的布局较前大为改观。圣母殿成了祠内的主体,规模之大,冠于全祠。金元明清,相继以圣母殿为中轴线,由西向东先后建起献殿、"对越"牌坊、钟鼓二楼、金人台、水镜台等,形成了以圣母殿为主体的一组祠庙建筑群,而最早建造的唐叔虞祠,却处于祠的北侧、南向,规模也较小,显得较为冷落。圣母邑姜取叔虞之尊而代之,成了晋祠供奉的主神。

晋祠内最有名的是向来所称的"三绝"。一是圣母殿内的宋代彩塑,包括圣母共 43 尊,神态各异,是我国宋塑中的杰作,是晋祠诸多历史文物中最为珍贵的国宝。二是难老泉,它是晋水的主要源泉,泉水自悬瓮山底岩层涌出,清澈如玉,过去常年不息,水温通常恒定于 18 摄氏度左右。北齐时撷取《诗经·鲁颂》中"永赐难老"之句命名。现在水量渐趋减少,前几年曾发生过枯水的情况。三是周柏,是北周时代种植的柏树,至今还茂盛葱郁。

晋祠还有"三大国宝建筑"。鱼沼飞梁是圣母殿和献殿之间的池沼和桥梁。古人对水塘的命名,圆者为池,方者为沼,把跨水的桥梁称之为飞梁。飞梁始建当在北魏以前,现在的飞梁除耸立在鱼沼中的 34 根石柱和柱础尚遗存北朝的风格外,整个桥梁均为宋初遗物,与圣母殿同时创建。这种十字结构的板桥式桥梁结构以及形制,除偶见于古画之中,实物仅存此桥,是为举世罕见的孤例。鱼沼飞梁之东的献殿,结构也科学合理。圣母殿庄严古朴,气势宏伟。圣母殿、鱼沼飞梁、献殿并称为晋祠的"三宝"。

2.应县木塔　应县木塔亦称佛宫寺释迦塔,位于应县城内西北隅。建于辽清宁二年(1056),它是我国现存最早、最高、最大、最好的重楼(楼阁)式木结构塔,不仅在中国古代建筑中是唯一的,在世界建筑史上也是稀有的杰作。

释迦木塔建在两层石砌台基上,下层为方形,上层依塔身做成八角形。塔身从外看五层六檐(一层为重檐),各层间夹暗层,实为九层。塔高 67.31 米,底层直径为 30.27 米,总重量约 7430.377 吨。木塔整体结构全用木建,在构架上层层立柱,各层设内外两槽立柱,形成双层套筒式结构。柱子之间用梁、枋、斗拱连接,全塔共使用了 54 种不同形制的斗拱,真可谓集斗拱形制之大成,在我国建筑史上是罕见的。木塔非常坚固,建塔 900 余年,历经风雨、地震、战争的破坏,它屹然耸立。

塔内保存了具有辽代风格的塑像和壁画。1974 年整修塑像时发现了一批珍贵的辽代印刷品,其中刻经、写经和木刻板套色绢质佛画及神农采药图等文物,内容丰富,年代准确,印刷年代最早的是辽圣宗统和八年(990)燕京印造的《上生经疏科文》1 卷,是多年来辽代印刷品的一次空前发现。

3.华严寺　华严寺位于大同市,是依据佛教华严宗的经典《华严经》而修建的,故名华严寺。始建于辽。辽王朝为了加强统治,乞灵于佛教,降旨全国尊崇佛教,大力建造佛寺,抄刻经藏,佛教因此更为流行。辽道宗通梵文,对佛教《华严经》造诣较深,撰有《华严经随品赞》10 卷,使佛教华严宗大为盛行,华严寺就是在这种气氛中建造的。辽末毁于兵火,金代天眷三年(1140)在旧址重建。元、明之际,又遭战火毁坏,明代几经修复,到明万历时,已明确地分为两组建筑,各开山门,自成一体。以大雄宝殿为中心的一组称上华严寺,以薄伽教藏殿为中心的一组称为下华严寺。

上寺的大雄宝殿,面宽 9 间(53.75 米),进深 5 间(29 米),面积达 1559 平方米,是我国现存最大的两座佛殿之一(另一座为辽宁义县奉国寺大殿)。殿内四周墙上满绘 21 幅巨型壁画,保存完好。壁画高 6.4 米,总长 136.8 米,面积 875.2 平方米,画中共有人物 5000 多个,壁画面积在山西的寺院壁画中仅次于永乐宫。

下寺的主殿为薄伽教藏殿。原殿内所藏的辽代佛经虽已散佚,但藏经用的经厨(壁藏)和天宫楼阁依然存在,它和大殿以及大殿内的辽代彩塑,都是非常珍贵的历史文物。

4.永乐宫　永乐宫又名大纯阳万寿宫,位于芮城县城北的龙泉村东侧,原址在芮城永乐镇,是在原吕公祠的基础上扩建的。永乐宫的建设费时很长,从元朝初年 1247 年动工,到 1358 年竣工,历时长达 110 多年,差不多和元代相始终。明、清两代,曾进行过小规模维修和补绘。1958年兴建三门峡水库,因永乐宫处于水库淹没区内,为保护这一珍贵历史文物,从 1959 年到 1965 年,进行了长达 7 年的搬迁。

永乐宫坐北朝南,全部建筑按中轴线排列,自南至北 500 多米轴线上,先后有宫门、龙虎殿、三清殿、纯阳殿、重阳殿,后三殿建在台基上。其他附属建筑排在院落之外,另筑围墙,分区鲜明,主次有序,整个建筑占地 86880 平方米。永乐宫以丰富多彩的元代壁画著称于世,全部壁画总面积为 1005.68 平方米。龙虎殿的壁画为 80.12 平方米,内容为神荼、郁垒、城隍、社神等 26 尊守卫仙界的神像。三清殿,是永乐宫最大的一个殿宇,四壁无窗,殿内满布壁画,画面高 4.26 米,全长 94.68 米,共计 403.3 平方米。壁画的主题是《朝元图》,描绘道教众仙朝拜元始天尊的宏伟场面。纯阳殿,壁画面积 213 平方米,内容是“纯阳帝君仙游显化图”,用连环画形式描绘了吕洞宾从出生到成仙度人,共计 52 幅。重阳殿,壁画面积 161.78 平方米,内容是全真教派首领王重阳一生的神话传说故事。

永乐宫壁画以其宏大的规模,高超的笔法,精湛的技艺而成为我国绘画史上的杰作,它是壁画的艺术之宫,也为研究唐、宋、元时期的社会生活提供了宝贵的资料。

5.广胜寺　广胜寺位于洪洞县城东北 17 公里的霍山南麓,东汉建和元年(147)创建,初名俱卢舍寺。唐大历四年(769)重修,改名为广胜寺,是“广大于天,名胜于世”“地广景胜”的意思。元大德七年(1303)毁于地震,随后重建,明、清两代又予以补葺,始成现状。全寺由上寺、下寺、水神庙三部分组成,其中的飞虹塔、藏经柜、元代的戏剧壁画最为著名。

飞虹塔,始建于汉代。该塔古名阿育王塔,亦称俱卢舍利塔,屡经兴废重修,现存为明代建筑。塔平面八角形,13 级,高 47.31 米。塔身用青砖砌成,由黄、绿、蓝三彩琉璃装饰,为我国琉璃塔中的代表作。清康熙三十四年(1695),临汾盆地发生八级地震,此塔安然无恙。

在上寺值得特别注意的是弥陀殿内两侧的 12 个木经柜,这些柜子里,曾经存放过一部金代木刻藏经,称《赵城金藏》,系我国印刷史上著名的“平水版”。抗日战争期间,为防日军抢掠,八路军将其秘密转移,北平解放后,运交北平图书馆保存。新中国成立后经过 17 年的修复,成为中国国家图书馆的四大镇馆之宝(文津阁四库全书、永乐大典残卷、敦煌遗书、赵城金藏)之一。20 世纪末出版的《中华大藏经》就是以此为主要底本的。现在山西省博物院也收藏有该经残卷。

水神庙的明应王殿内四壁布满壁画,多为民俗内容,其中以南壁东侧的元代戏剧壁画最为著名。这幅画完成于元泰定元年(1324),画面高 4.11 米,宽 3.11 米,题作“尧都见爱大行散乐忠都秀在此作场”,描绘的是一个民间剧团在登台酬神演戏。角色的行当有生、旦、净、末，道具有刀、剑、牙笏、扇子等，伴奏乐器有笛、鼓、拍板，化妆上已开始勾脸谱、挂长须，服装有红莽、软靴，反映了元代杂剧的极盛。该戏剧壁画被编入中学《中国历史》教科书。这些壁画为研究元代道教活动、戏剧、文化、体育、建筑、民俗等方面提供了极可贵的历史资料。

第八章　明清时期的山西

中国封建社会经过两千余年的文明积累,到明清时期最终将我国古代历史的发展推向了顶峰。无论是表象的历史发展,还是深层的制度演进,乃至人们的思想意识形态,整体的文化气质,都有集古代之大成的气象。山西作为中央王朝的腹里地区,不仅在政治上占有重要地位,而且经济、文化的繁荣与发展也是举足轻重的。山西北部的汉蒙交往、明初的古槐移民、叱咤商界的晋商、名扬后世的文化学人、蜚声海外的古城与建筑,都对明清政权的稳定、经济的发展、文化的繁荣起了巨大的作用。

第一节　明时期

一、三司与卫所

山西在元朝属"腹里",由中书省直辖,不设行省。洪武二年(1369),明王朝始在山西置行中书省。洪武九年(1376),太祖朱元璋为加强中央集权,改行省为承宣布政使司(习惯上仍称行省或省),置布政使掌管民政和财政。同时另设提刑按察使司,置按察使掌管司法和监察;设都指挥使司(简称都司),置都指挥使掌管地方军政。三者合称"三司",互不统属,皆隶属中央相关部门。布政使司之下设府、州、县地方政权,基本模式是以府统县,州分为直隶州、属州,直隶州直属布政使司而统县,地位相当于府,属州隶属于府,地位相当于县,这样基层管理分为两级。山西之三司均驻太原。

山西布政司初领 4 府 4 州。万历二十三年(1595)改汾州为府,始领 5 府(太原、平阳、汾州、潞安、大同)、3 直隶州(泽州、沁州、辽州)、16 属州、78 县①。

布政司与按察司各有派出机构驻各地分区管理,称为分守道和分巡道。山西布政司之分守道有冀宁(驻省)、河东(驻蒲州)、冀北(驻大同)、冀南(驻汾州)四道,按察司有冀宁、冀北、河东三道。按察司又有分巡、兵备两个系统,分巡道有冀宁、冀南(驻潞安)、雁门三道;整饬兵备道设雁北(驻代州)、大同(二员分驻大同、朔州)、阳和、潞安、岢岚五道。

兵制方面,明朝实行卫所制,5600 人为一卫,长官为"卫指挥使";1120 人为千户所,长官为"千户",112 人为百户所,长官为"百户"。洪武八年(1375),太原都司改为山西都指挥使司,领 9 卫、9 个守御千户所。同年,大同都司改称山西行都指挥使司,领 17 卫、3 个守御千户所。明制,"总镇一方者为镇守,独镇一路者为分守,各守一城一堡者为守备,与主将同守一城者为协守"②。山西一般分为两大系统,大同方面,设"镇守大同总兵官" 1 人,太原方面,设"镇守山西总兵官" 1 人,下设协守副总兵、分守参将、游击将军、守备等职,共同负责军事要务。

二、三藩王封晋

朱元璋为了保持朱家王朝久盛不衰,一方面大力推行中央集权制,一方面却又实行与中央集权制相矛盾的封王建藩制,分封诸皇子为王,用他们"屏藩王室"。但这时的分封,与先秦、两汉有着本质的区别,"分封而不赐土,列爵而不临民,食禄而不治事"③,即在封地内不主政,只享受"岁禄万石"的特权。朱元璋共有 26 子,除了太子不分封和另一子出生不久即死外,其余 24 子都被封王,还分封了一个重孙,共有 25 王,使之出镇全国各地。其中封到山西的有晋王、代王和沈王。

---

① 《明史·地理志》。
② 《明史·职官志五》。
③ 《续文献通考·封建考·同姓封建》。

　　晋王朱棡,朱元璋第三子,洪武三年(1370)封王,十一年(1378)就藩太原。朱棡在晋王位20年,为人谦恭,精明能干,与燕王朱棣一同受到太祖的重视,寄予重任,屡次命其将兵出塞,筑城屯田,在山西、北平备边的大将冯胜、傅友德皆得听其节制,并且还诏二王"军务大者始以闻",一般军务可直接处理。晋王棡于洪武三十一年(1398)死后,其子济熺袭封,因被其弟济煌诬陷,明成祖于永乐十二年(1414)改封济煌为晋王。济煌横暴不法,为非作歹,宣德二年(1427)阴谋反叛,被幽禁于老家凤阳,晋王位空缺8年。宣德十年(1435)英宗即位,以济熺子嗣封,其后历6王,至李自成攻陷太原,俘晋王朱求桂,晋藩共历10王①。

　　代王朱桂,朱元璋第13子,先封为豫王,洪武二十五年(1392)改封代王,同年就藩大同。代王受晋王节制,防守北边,管理屯田,后因"纵戮取财,国人甚苦"被建文帝削爵,废为庶人,永乐元年(1403)复旧封,恶性依然不改,民怨极大。正统十一年(1446)代王桂去世。其后代王五传至朱充耀,奉国将军朱充灼与之有隙,欲借蒙古鞑靼部力量袭杀代王,取而代之,嘉靖二十四年(1545),阴谋败露,明世宗下令将朱充灼等逮至北京,赐死焚尸。充耀后又六传至朱传烯,崇祯十七年(1644)三月,李自成攻陷大同,传烯全家被杀②。

　　沈王朱模,朱元璋第21子,洪武二十四年(1391)封,永乐六年(1408)就藩潞州(今山西长治),宣德六年(1431)去世。沈王八传至效镛,明亡国除③。

　　明朝一代,晋藩所封郡王24人,代藩24人,沈藩25人。这些藩王为了巩固和发展自己的地盘,也曾采取一些积极的措施,促进了经济和文化的发展,其后人有的被誉为"贤孝",有的善诗赋文章,尤以沈王后人出名,"时称沈藩多才焉"④。

　　分封诸王,虽然太祖曾申谕,"惟列爵而不临民,分藩而不赐土"⑤,以

①　《明史·晋王棡传》。
②　《明史·代王桂传》。
③　《明史·沈王模传》。
④　《明史·沈王模传》。
⑤　《明史稿·诸王》。

避免诸王分裂割据,但这种变通并未达到目的,随着藩王势力的增长,尤其是北边握有兵权的藩王,必然构成对中央政权的威胁。

三、古槐移民

明王朝承元末丧乱之后,为了恢复生产,发展经济,实行移民垦荒的决策,"以狭乡之民产少业薄者被迁至所在,使得其安生理且厚"①。明初大规模的移民主要是在山西进行,由于洪洞大槐树下是移民的"点行处",因而人们称之为古槐移民。

1.移民的原因 元末明初,中原兼及河北、山东等地,由于元末农民大起义、靖难之役等战争及自然灾害的破坏,使得人烟稀少,土地荒芜。元末农民起义,从韩山童、刘福通到朱元璋称帝,前后用了17年时间,他们主要活动在安徽、山东、河南、河北一带。红巾军所到之地,广大农民纷纷起来响应,元军出其精兵锐将残酷镇压,多是"拔其地,屠其城",使河南、安徽、山东之民十亡七八,有些城中仅余十来家人,常年战争使人口大幅度减少。元朝末年除兵乱之外,水、旱、蝗、疫也时常发生。据《元史》载,仅元朝末年的水灾,山东就有19次,河南17次,河北15次。大蝗灾也频频而至,瘟疫多次流行。自然灾害的频繁,使中原百姓非亡即逃。明朝建立后,中原地区"积骸成丘,居民鲜少","多是无人之地",劳动力严重不足,土地大片荒芜,财政收入剧减,直接威胁明朝的统治,于是朱元璋接受户部侍郎刘九皋等人的奏议,开始大规模地移民。当农业生产刚有起色的时候,又发生了靖难之役,四年的战争又加剧了中原地区的荒凉局面。温县牛洼村《牛氏族谱》记载:"兵燹河南,赤地千里",已到了"春燕归来无栖处,赤地千里少人烟"的境地。

与此相反,山西却是另一番景象。把守山西的是元朝有名的战将察罕帖木儿、扩廓帖木儿父子,他们是元朝的亲王,因为是皇亲,很少出兵外省作战;又因为是父子政权,避免了元末很多省份因争权夺利而发生战争的混乱局面,政局比较稳定,因此元末战争对山西影响不大,靖难之役也是如此。同时各种灾疫也很少波及山西,山西风调雨顺,连年丰收,

---

① 《明太祖文集》卷6。

人口非常稳定,再加上邻省难民的流入,使山西尤其是南部人口非常稠密。据《明实录》记载,洪武十四年(1381),河南人口是189.1万人,河北人口是189.3万人,而山西人口却达403万之多,比河北、河南人口的总和还要多。再从人口的密度来看,山西平均每平方公里27.52人,而河南每平方公里只有12.85人,人口的密度不足山西的一半。山西经济繁荣,人口稠密,"民众而地狭"的矛盾非常突出,对生态环境造成严重的压力。

2.移民的规模　为了发展生产,恢复国力,改变各地人口分布不平衡状态,明政府开始大规模从山西移民。从洪武六年(1373)至永乐十五年(1417)的五十年间,山西太原、平阳2府和泽、汾、辽、沁、潞等州,尤其是平阳28县的民众,被疏散遣送至河北、河南、山东、安徽、江苏、湖北、陕甘等地,其辗转迁徙边远省份或而至海外者,不知其几。据统计,在明初的几十年里,有组织的移民活动就达17次之多,每次数百户,甚至上万户,前后人数达到百万以上。为了适应这种长时期、大规模、有计划移民的需要,明政府在洪洞大槐树处广济寺设局驻员,管理迁民事宜。其实移民的聚散地除洪洞外,可能还有他处。移民多集中于大槐树附近,由明廷官员办理迁出凭证,发给川资路费,然后编队外迁。因此,大槐树被移民后裔自然地认为是寻根追源之本。

3.移民的历史作用　古槐移民,其规模之大,范围之广,时间之久,在我国历史上可谓空前绝后,对明王朝恢复发展经济、巩固封建统治产生了巨大的作用和深远的影响。

移狭就广,缓和了人地矛盾。通过移民,原先人口稀少地区的人口大量增加,劳动力得到解决,农业生产发展迅速,人民生活安定。《明史·地理志》载,河南省洪武二十六年(1393)编户315617户,人口1912542人;到了弘治四年(1491)增长为575249户、4360476人,一百年的时间人口翻了一番。山西地区的人口压力也相应得到了缓和,使原先紧张的人地关系得到一定程度的调节。移民就宽乡,均衡劳动力的分布,使人口和土地之间的比例关系趋于合理。

农业发展,繁荣了社会经济。移民使中原大片荒芜的土地有了农民耕种,再加明朝政府实行了发给移民路费、耕牛、种子、农具,以及三至五年不征赋税、不服徭役的优惠政策,调动了农民生产的积极性,使垦荒面积迅速增加。《明太祖实录》卷一百四十记载,洪武十四年(1381),全国耕地面积为 366 万顷,《明史·食货志》记载,洪武二十六年(1393),全国土田总数增加为 850 万顷,垦田数目的剧增,使社会经济迅速繁荣起来。洪武十八年(1385),全国收税粮 2000 多万石,到洪武二十六年(1393)增加为 3000 多万石。《明史·食货志》记载当时生产发展后的情况说:"是时宇内富庶,赋入盈羡,米粟自输京师数百万石,外府县仓廪蓄积甚丰,至红腐不可食。"由于各地田赋随着经济的好转而逐年增加,因而有不少府县升格,例如:开封原为下府,因为税粮额超过 38 万石而升为上府;怀庆府也是因为税粮额的增加,由下府升为中府①。

屯田边疆,巩固了北部边防。屯田戍边,自汉代以来就是封建中央政权防守边疆的一项重要措施,而以汉武帝屯田戍边、防务匈奴最是典范。明初,虽然蒙古统治者北遁漠北,但经常派兵南下骚扰,以期卷土重来。为了抵御蒙古残余势力的侵扰,明政府付出了巨大的代价,许多有识之士提出"屯田戍边"的主张。朱元璋对此极为赞赏,决定"选民丁,立都所,置卫屯田"。他下令宋国公冯胜、颍国公傅友德,到山西宣传募民军屯的事情。洪武二十五年(1392),冯胜、傅友德等到山西募民从军,屯田于大同、东胜,建立了 16 卫。洪武二十八年(1395),又征调山西马步官军 2.66 万人到塞北筑城屯田②。通过这些措施,明朝北部边防得到了充实,阻止了蒙古贵族势力的侵袭,在一定程度上消除了边患。没有了战争的干扰,汉蒙之间和平相处,开通互市,使得两族人民的经济文化联系进一步加强。

4.移民的历史影响　明初移民改变了中华民族的族群结构。明初移民的流布脉络,经过梳理归纳,反复考证,已获得了初步的说明:除西藏之外,全国各省、自治区、直辖市,乃至海外,现都生活有当年移民的后裔,移民后裔遍四海。河南、山东是明初移民的重点省份,民国 20 年河南《修武县志·迁民表》中统计了 79 个家族的情况,绝大多数是迁自洪洞大槐树下,迄今已发展到两万多人;当时山东移民最多的是东昌、济

<hr>

① 　《明太祖实录》卷 96。
② 　《明太祖实录》卷 220。

南、兖州、莱州、青州等府,涉及现在滕县等 59 个县(市)。永乐皇帝为了防止蒙古人南下,充实京畿地区的实力,先后 8 次从山西向京、冀、津地区移民,分布达 70 多个县。据北京大兴县地名办公室调查,全县 526 个自然村,有 110 个自然村是因洪洞移民设置的,而以移民姓名作村名的就有 45 个。在北京市郊区,还有许多以移民原籍命名的村庄,如长子营、赵城营、红铜(洪洞)营、蒲州营等等,说明这些村的居民都是明初从山西的长子、赵城、洪洞和蒲州等州县迁去的①。通过移民,人口生存的空间得到了合理的分布,中华民族的族群结构也相应发生改变。

明初移民加深了中华民族的故国情思。"问我祖先来何处,山西洪洞大槐树。祖先故居叫什么,大槐树下老颧窝。"这首流行于大半个中国的歌谣,与传衍数百年的"小脚趾复形""解手"等传说一起,构成了浓浓的故土情思。故乡对于客子来说,虽然只是一种符号概念,但却也是一部用怀恋氛围酿造的常忆常新的朦胧诗卷。鸟恋旧林,鱼思故渊,马识归途,狐死首丘,中国古老文化以动物习性创造的这些依恋故园的词汇,实际上是安土重迁的中国农民心理的折光。乡土情结是一种连哲人也难剖析的复杂情感,在改革开放的新形势下,它又鼓舞着千百万移民的后裔,寻根祭祖、观光投资,成为增强中华民族凝聚力的纽带之一。

明初移民增强了中华民族的文化认同。明初大移民,使山西移民与当地土著在文化上、心理上、习俗上经过长期的交糅、融合、渗透,各个地域文化相互辉映,培育出新文明的种子。如山东地区寒食、清明的有关习俗,就是随着明代移民迁居此间而流布全境的;流传在山东聊城、菏泽、定陶一带的一种梆子戏,也叫"泽州调",从中可见文化的交流与影响。

岁月流逝,沧海变迁。明初大槐树的移民活动已过去 600 余年,但移民后裔依然情系故里,浓浓的思乡念祖之情,已经凝聚成一股巨大的动力,那就是为发展建设故乡贡献自己的力量。

---

① 高胜恩、楚刃:《洪洞大槐树寻根》,山西古籍出版社,1999 年。

四、大同的边患与隆庆合议

元朝灭亡后,居于漠北的蒙古族因地域的不同而分为三部:鞑靼部、瓦剌部、兀良哈部。明英宗正统初年,瓦剌部逐渐强盛起来,其首领脱欢统一瓦剌和鞑靼两大部,拥立原元朝皇室后裔脱脱不花为汗,自称丞相。正统四年(1439),脱欢死,其子也先继位,实际上掌握了瓦剌和鞑靼两部的统治权。也先不仅征服了北方蒙古诸部,又西攻哈密,控制西域要道,东破兀良哈三卫,席卷女真各部,进逼朝鲜,又数扰明朝大同、宣府、蓟州、辽东,力图向中原扩张,成为明朝北方严重的边患。

蒙古族和明政府的经济联系有"通贡"与"马市"两种形式。通贡即瓦剌部向明朝贡马,明朝给予赏赐,事实上是一种以政治形式装潢的经济交流。但瓦剌却把"通贡"作为攫取财富的手段,每假朝贡名义大肆讹诈明朝物品。按照定制,瓦剌每年的贡使不得超过 50 人,但后来贡使的人数越来越多,有时竟达两三千人,索取财物的数额也越来越大,因此,通贡成了明朝的沉重负担。如正统七年(1442),也先遣使 2200 余人赴北京朝贡,路经大同时由当地负责接待、供馈和派官兵护送,前后消耗了31 万石粮食①。同时瓦剌还有虚报来使名额冒领赏赐的行为,正统十四年(1449),瓦剌遣使 2500 人到北京贡马,却虚报作 3500 人。明廷怒其虚报,只按实际人数给赏,又将其索求之物减去大半。也先闻报大怒,遂于这年七月分兵四路,大举南下,也先亲自领兵进攻大同,导致"土木之变",明英宗被俘。

十月,也先挟英宗作为攻城略地的政治工具,诱袭大同未达目的,遂引兵东逼京师。在兵部尚书于谦的英勇反击下,保卫北京的战役取得了巨大的胜利。也先以英宗要挟明朝的目的不能得逞,只好于代宗景泰元年(1450)八月,把英宗放归。景泰五年(1454),瓦剌内讧,六年,也先被杀,蒙古各部重又陷入分裂状态。

在蒙古各部的争斗中,鞑靼部逐渐强大,英宗天顺年间(1457—1464),鞑靼部的一部分入居河套地区,对山西造成直接威胁。世宗嘉靖

---

① 《明英宗实录》卷 89,正统七年二月乙卯。

十年(1531)以后,几乎无岁不寇大同,大同的祸乱是朝廷的心腹之患。明廷在加强边防戍守力量的同时,也在积极寻求改善蒙汉关系,明廷多次许给鞑靼部首领俺答汗以高官厚爵,都不能制止他的侵扰。隆庆四年(1570),俺答汗之孙把汉那吉与俺答闹翻,归附明朝。大同巡抚方逢时和宣府、大同总督王崇古认为时机已到,力主采取安抚政策,优待把汉那吉,并以此为契机改善明朝与蒙古各部的关系,王崇古等人的建议得到内阁大学士张居正的支持。俺答也意识到无休止的战争不如有秩序的贸易往来对蒙古人更有利,他也想借此机会改善和明朝的关系,于是遣使向明朝请求互市,表示"愿世为外臣,贡方物"。

隆庆五年(1571)春天,明朝与俺答议和,封俺答为顺义王,使管统蒙古各部,封把汉那吉为昭勇将军,其他蒙古诸首领也被封为都督同知、指挥同知、千户、百户等职,俺答则遣使贡马。明朝采纳王崇古的贡马建议:每岁蒙古入贡一次,贡使不得过150人,许60人进京,其余待于边境。贡马不得过500匹,马分三等,上等30匹作为贡物进御,其余都按等级给价。使者返回时,听其以马价所得购买缯布等货物,贡道定于大同左卫检验进入①。隆庆和议后,明王朝与蒙古关系的改善,使得蒙古与内地的经济、政治交往得以正常进行,山西北部大同地区也成为蒙汉民族贸易往来的主要场所。万历九年(1581),俺答死,其子嗣位,统治权掌握在俺答的妻子三娘子的手中,三娘子继续执行与明廷友好的政策,被明廷敕封为忠顺夫人。从此,明朝"边境休息,东起延、永,西抵嘉峪七镇数千里,军民乐业,不用兵革,岁省费什七"②。

五、明中后期的社会动荡与农民起义在山西

明朝中后期各种社会矛盾激化,尤其是张居正改革失败后,政治愈趋败坏,朝廷内外,派系林立,纷争不已;土地兼并疯狂,农民无以为生,濒临绝境,只有奋起抗争,山西人民的反抗斗争随着全国农民起义的高涨也日趋激烈。

---

① 《明史》卷 327《外国传八·鞑靼》。
② 《明史》卷 222《王崇古传》。

1.刘六、刘七义军转战山西　　正德五年(1510),由刘六、刘七在河北霸州举行的起义是明中叶规模最大的一次农民起义,曾转战河北、河南、山东、山西、江苏、安徽、湖北、江西八省,时间长达三年之久。正德六年(1511)六月,由杨虎率领的西路军进入山西,得到山西人民的积极响应,先后攻占泽州、潞州、辽州、陵川、壶关、高平、沁水、阳城、翼城、曲沃、襄陵、洪洞、赵城、灵石、介休、平遥、祁县、太谷等州县。起义军势力的迅猛发展,使朝廷极为恐慌,山西各级官员也多因此而被革职问罪。刘六、刘七起义军转战山西,沉重地打击了山西的封建势力,也促进了山西农民起义的发展。

2.陈卿起义　　嘉靖三年(1524),潞城农民陈卿在潞城青羊里申河寨的白米山宣布起义,义军杀富济贫,作战英勇,势力发展迅速,曾攻占潞城、壶关、黎城和辽州、沁州。潞城县令不能制,山西巡抚率兵围剿,结果大败,义军把势力又扩展到河南怀庆一带。嘉靖七年(1528)闰十月,明政府调集山西、河南、山东三省15万大军合击青羊山,明朝兵科给事中夏言、山西巡抚常道和河南巡抚潘均亲临前线指挥,才把起义军打败,陈卿被捕解京处斩。

3.李福达案　　明世宗嘉靖初年,在山西发生了一起震动朝野的大案,即李福达案。武宗正德年间,崞县(今山西原平)人李福达和其叔父李越策动弥勒教众在陕西洛川密谋起义,事败之后,李越被斩首,李福达潜返山西老家,更名张寅,并买通县吏将其户口编入五台户籍黄册,又通过贿赂获得太原卫指挥使的权位,结交了京师权贵武定侯郭勋。由于仇人薛良的告发,李福达于嘉靖五年(1526)被巡按山西的御史马录审理逮捕。郭勋从中周旋,要求马录为李翻案,马录不但不从,反而以李福达谋反、郭勋包庇逆贼上奏。于是,此案移交到了京师,交由都察院审理,维持原判。因此案涉及郭勋,都察院不敢擅自做主,按明代定制,重大刑狱由刑部、大理寺和都察院三法司共同会审,建议此案交三司会审。嘉靖六年(1527)正月,经皇帝同意,三司会审,结果仍维持原判,李福达叛逆罪确凿无疑。嘉靖帝又令九卿大臣廷鞠,结果还和以前一样。嘉靖时君臣隔膜,彼此猜疑,相互倾轧,嘉靖帝怀疑众朝臣借李福达案打击自己的亲信,对审讯结果更加怀疑,于是下令改组三法司。命礼部侍郎桂萼代理刑部尚书、兵部左侍郎张璁摄都察院、少詹事方献夫代理大理寺,让这三名完全"靠得住"的权贵负责审理此案,结果将原来三位司法首脑及所有参与审理此案或心存异议的官员共 40 多人一律免职并获重罪,其中谪戍极边、遇赦不宥者 5 人,谪戍边卫者 7 人,为民者 11 人,革职闲住者 17 人,被牵连而逮问革职者 5 人。马录本要处死,但恐天下不服,让其永戍烟瘴地,后猝死戍所。薛良依诬告罪绞,张寅还职①。一件真相大白的案件却被张璁、桂萼诸人搞得黑白颠倒、面目全非,足见明廷政治之腐败黑暗。

4.大同兵变　嘉靖年间,社会动荡,政局不稳,自然灾害频繁,山西不仅爆发了 10 多次农民起义,还发生了 5 次兵变(平阳 2 次、太原 1 次、大同 2 次),其中规模最大的是大同兵变。

嘉靖三年(1524)八月,大同巡抚张文锦和其参将贾鉴在大同北百里处修建和卫戍五座兵营堡时措施残酷,引起了士兵的不满,最终激起了兵变,兵变的主要首领有郭鉴、柳忠、陈浩、胡雄、郭疤子等人。他们在夜间举火为号,杀贾鉴裂其尸,杀张文锦火烧总兵署,开仓济贫,释放囚犯,占领了大同城。九月,明政府以蔡天佑接任巡抚,户部侍郎胡瓒统京军3000 人镇压,以"谕抚"为名,设计宴请郭鉴等人,郭鉴等 30 多人受骗被捕,惨遭杀害②。嘉靖十二年(1533),大同总兵李瑾为堵截蒙古骑兵南下,在天城(今山西天镇)修壕堑,因督逼过急,激起大同第二次兵变。役卒王福胜、王保等杀死李瑾,火烧总兵署。明廷命宣大总督刘源清与宣府总兵郤永带兵前去镇压时,王保等 70 余人已被巡抚潘仿捕斩,事情本已平息,但刘源清要彻底铲除祸根,逼迫五堡遗卒尽反。刘源清攻城数月不下,士兵伤亡惨重,经户部郎中詹荣的欺骗分化才平息了这场兵变③。大同兵变是明朝中后期各地兵变、民变的组成部分,是社会矛盾激化的具体表现。

5.三十六营起义　明末农民起义在山西有过两次大的高潮,一次是

---

①　《明史》卷 206《马录传》。

②　《明史》卷 200《蔡天佑、张文锦传》。

③　《明史》卷 200《詹荣、刘源清传》。

崇祯三年到六年的三十六营,第二次是崇祯十七年李自成大顺军道由山西取北京。

崇祯三年(1630),为饥饿所迫的陕北农民起义军开始大规模地挺进山西,王嘉胤是起义军的最高首领,在攻占了晋南地区之后,又向晋西北挺进,他们以河曲为根据地,称王置官署,控制这里的黄河渡口,接引陕北农民军向山西转移,山西人民也纷纷参加到起义队伍中。崇祯四年(1631)四月,明将曹文诏击败王嘉胤于河曲,王嘉胤在逃跑中被叛徒王国忠杀害。起义军又推王自用为盟主,王自用号紫金梁,汇合老回回(马守应)、曹操(罗汝才)、八金刚、扫地王、射塌天、阎正虎、混世王以及高迎祥、张献忠等,共三十六营二十余万人。崇祯五年是三十六营在山西活动的高潮期,他们攻陷太原以南的大部地区,迫使明廷撤换山西巡抚,实行集团作战、分区防守的战略计划。崇祯六年(1633),由于西北军曹文诏入晋,山西战局大变,形势对起义军极为不利。后来,虽然三十六营数部被先后打败,损失惨重,但李自成、张献忠、邢红狼等61位起义领袖机智勇敢,利用黄河冰冻,于十一月二十四日从山西垣曲踏冰过河到河南的济源,农民军进入中原地带,在更广阔的地区展开斗争。

6.李自成转战山西　崇祯十七年(1644)正月,李自成在西安称王,建国号大顺。初八,李自成统兵从西安出发,东渡黄河入山西,对明王朝进行最后的冲击。大顺军自风陵渡过河后,一路势如破竹,二月五日就顺利抵达太原城下。经过3天的激战,于八日凌晨攻克太原,在太原发布檄文,揭露明朝"征敛重重,民有偕亡之恨"。接着率军进占忻州,兵临宁武关,明总兵周遇吉凭宁武关死战,农民军伤亡7万余众才攻克,这是李自成进军北京途中所遇到的最大抵抗[①]。当起义军进至大同时,大同总兵姜瓖弃城投降,李自成在大同屯兵6天,尽杀代王宗室。在姜瓖的影响下,阳和(今山西阳高)、宣府、居庸关守军纷纷投降。李自成长驱直入北京,三月十八日,攻占外城,十九日,攻进内城,崇祯帝在景山(煤山)自缢,统治276年的明王朝宣告覆灭。李自成入晋得到了山西农民起义军的支持,显示了山西农民反明的迫切愿望和斗争精神。

---

① 《明史》卷268《周遇吉传》。

第二节　清时期

一、清初抚慰山西

　　清顺治元年(1644),清兵入关建立了中国历史上的最后一个封建王朝,秋季,清军攻占山西,开始建立清在山西的地方政权。清的政权机构基本沿袭明朝,在某些方面和职能上也做了相应的调整。山西省为清初所设18省之一,最高长官是巡抚,下设冀宁(驻省)、河东(驻运城)、冀北(驻大同)、冀南(驻汾州)四道,由分守道员掌管。冀宁道辖太原府(5州20县),河东道辖平阳府(6州27县),冀北道辖大同府(4州7县),冀南道辖汾州府(1州7县)、潞安府(8县)及沁州(2县)、泽州(4县)、辽州(2县)3个直隶州,全省为4道5府3直隶州16属州77县①。

　　清王朝建立后,面对尖锐的阶级矛盾和民族矛盾,为了赢得最后的胜利,清王朝统治者制定和实施了一系列政策与措施,以缓和矛盾,安抚民心,恢复生产。顺治二年(1645),山西巡抚等地方官积极招回流亡的百姓,开垦荒地,大同总兵姜瓖奏请废除明末的辽饷、练饷、剿饷与一切赋税加派,得到摄政王多尔衮的准允。康熙八年(1669),清廷下令禁止圈地,"自后圈占民间房地,永行停止,其今年所已圈者,悉令给还"②,康熙二十四年(1685)再次下诏,从而大大缓和了满汉民族矛盾,使农民的土地有了一定的保障。同时实行"更名田",康熙八年(1669),清政府把一部分明末藩王所占田地给予"原种之人,令其耕种",永为世业。在山西把明藩王代王、晋王及其亲属之田分给农民耕种,改佃户为农户。还鼓励垦荒,顺治帝曾下令新垦之田可免税6年,还以授予官职的方式奖励垦荒,垦地至3000亩以上的"酌量授官"。从顺治十年(1653)至十一年,仅宣大地区就开荒38万余亩,到十三年(1656)山西全省累计开荒

---

① 山西省史志研究院:《山西通史·明清卷》第191页,山西人民出版社,2001年。

② 蒋良骐:《东华录》卷9,康熙八年六月。

3000多万亩①。垦荒调动了农民生产积极性,扩大了农业生产规模,也增加了国家的财政收入。

为了安定社会,清廷还注重实行廉政措施。顺治二年开始,山西巡抚申朝纪及其他官吏厉行肃贪,先后惩处了一批政界和军界的不法官吏,使山西民众仇满的心理有所缓和,甚至出现了"满洲皇帝也不错"的议论。康熙帝倡言"以实心行实政",从康熙二十二年至四十九年(1683—1710),先后8次巡视山西,体恤民情,减免租税,惩办贪官,开仓赈济。在康熙的躬身实践影响下,在山西出现了一批勤政爱民的贤良官宦,如沁州知州刘民瞻、泽州府知府佟国珑、平遥知县张恪、汾阳知县徐珏等,皆有惠政,为民所爱戴。

清廷还在各地建立养济院,以收养孤寡残幼。康熙二年(1663),山西巡抚杨熙奏准户部,因山西赋税有限,允许以国库常平仓支给孤贫口粮,由山西承办孤贫赡养事务。康熙间,蒲州、大同、潞安、霍州等地慈善事业成效显著,为民称道,野无饿殍,对安定社会起到积极作用。山西官员还注重救济赈灾,如顺治四年(1647)因蝗灾免去五台额赋,顺治六年(1649)因水灾免去太原、平阳等地田税等。灾荒之年,政府还举行赈灾活动,或用长平仓之粮来救荒,或发放库银令民买食,以解决百姓的吃饭问题。这都是利民之举,从而保障了社会的稳定与发展。

在廉政方面,山西首创了"火耗归公"和养廉银制度,在全国产生广泛影响。"火耗"是官府借口要把税户交纳的碎银熔铸成大块银锭所需的损耗,"粮耗"或称"折耗",是借口粮食存放仓库时有鼠雀等耗损,粮耗与火耗合称为耗羡,这都是额外加收作为补偿,不入国家财政,由地方官吏自由管理和使用。火耗本是实情,但耗损很小,仅占赋银的1%~2%,但地方官员征收时比例往往加大,有时高达20%~30%,这些火耗银大部分中饱私囊。雍正元年(1723),新任山西巡抚诺岷,针对境内各州县滥征火耗银,亏空钱粮之弊,决定清理积弊。在得到雍正帝的同意之后,于雍正二年(1724)开始实行"火耗归公",并将火耗银的一部分以养廉的形式发给官吏,作为生活补贴。火耗归公不是取消火耗,而是对火耗征榷

---

① 《清世祖实录》卷84。

进行整顿,这实质上是将地方私征火耗的行为由隐讳变成公开,既承认了征收火耗的合法性,又使原来无度滥征变为定量的比较规范的征收。粮耗与火耗同年实行归公,统称为"耗羡归公"。耗羡归公和养廉银制度,整饬了财税秩序,对社会的发展还是起了一定的积极作用。后来,由于政治的腐败,官吏的贪鄙,到乾隆中后期,官员私自增收火耗的现象又屡见不鲜。

　　清初这些措施的实施,在一定程度上减轻了人民的负担,改善了人民的生活,缓和了民族矛盾,有利于社会的稳定与发展。

二、姜瓖叛乱

　　清王朝建立后,为了笼络汉族官绅,扩大政治基础,开始任用归顺的汉族官员。晚明的大同总兵姜瓖,曾投降李自成的大顺军,接着又投降清朝,反复无常,生性奸诈。顺治元年(1644),姜瓖降清后仍为大同总兵,为清王朝镇守大同,并曾随清军赴陕西征剿大顺农民军,颇有功绩。但是,清廷在任用汉族官绅的同时,对其也是严加防范,甚至猜忌和歧视。降清之后的姜瓖,不但得不到重赏,连军饷的供应也成问题,而且还受到清廷的猜疑和训斥,甚至为了打消清廷的疑虑,还把长子姜之升送往北京作为人质。因此,姜瓖对朝廷是心存怨恨,当南方反清的战火燃烧之后,姜瓖也愤然起兵反清。

　　顺治五年(1648)九月,清廷为防蒙古南下侵犯,派英亲王阿济格等率军戍守大同,加强这一地区的防务,姜瓖对清廷猜忌、歧视汉族官员的政策早有戒备,以为这是要捕捉自己。于是,姜瓖自称大将军,于顺治五年(1648)十二月初三据大同反叛,公开举起了反清的义旗。一时间,大同左卫(今山西左云)、浑源、太原、汾州(今山西汾阳)、泽州等地的汉族官绅和农民竞起响应,发展势头迅猛,反清的烽火遍及山西各地,甚至波及陕西等地。姜瓖握有兵权,大同又紧靠畿辅,一旦失陷,必然引起连锁反应,形势的突变对清廷极为不利。多尔衮一面增派精兵强将支援山西,一面对姜瓖进行劝降,同时对姜瓖部下进行分化瓦解。为了尽快平叛,多尔衮于顺治六年(1649)两次率师亲征大同。大同在清军长期围困和进攻之下终于招架不住,城内弹尽粮绝,又无外援,姜瓖部下发生了骚乱。部将杨振威变节,密通多尔衮,斩姜瓖及其兄弟首级,献城投降。之后,已有一年之久的姜瓖叛乱很快就基本平定。

姜瓖叛乱,虽说是统治阶级内部矛盾发展演变而然的武装冲突,但也反映了地方与中央、汉族与满族、被统治者与统治者之间的矛盾斗争。平叛的胜利,维护和保障了清王朝国家的统一与稳定,有力地制止了一系列地方叛乱的扩展和延续。

三、山西人民的抗清斗争

清王朝建立后虽然采取了一系列争取人心、抚慰百姓的措施,对社会的稳定与发展起了一定的积极作用,但同时也执行了一些错误的政策,如强行"剃发""圈地"、掠人为奴等,遭到百姓的反抗。康熙中期之后,政治黑暗,吏治腐败,土地兼并日趋严重,随着清政府政策的调整,社会矛盾时而激化时而缓和,山西人民的反抗斗争也是有起有落。

1.交山军起义　顺治元年清军进入山西后,遭到大顺军的猛烈抵抗,各地农民也纷纷占山结寨,抗击清军。顺治五年(1648),清政府为防民变,下令禁止民间养马,破坏了以养马为生的交山人的生计,又加上当地官吏借此向山民勒索钱财,交山民众在交城长板塔村人王显明、梁四、张继成等人领导下起义反清,傅山先生的好友薛宗周、王如金也参加了战斗。他们与吕梁山的农民军会合,攻克太谷、文水、徐沟、汾州,截断南北通道。山西抗清斗争的强大声势,使清政府极为震骇。摄政王多尔衮亲自率兵讨伐,以端重亲王博洛为定西大将军进入山西,与农民军激战于晋祠,义军伤亡惨重,首领王显明、薛宗周、王如金等壮烈牺牲,起义军的斗争转入低潮。起义军又推山西石楼县人傅青山为领袖继续斗争,康熙十年(1671),傅青山在战斗中被俘牺牲。次年,交城知县赵吉士亲自率兵进山偷袭义军,义军一时措手不及,失败惨重。吕梁山前后持续近30年的起义是清初山西农民抗清斗争的组成部分,也是全国抗清斗争中坚持时间最长的一部分。

2.摊丁风波　康熙中后期开始,社会矛盾又逐渐尖锐,百姓抗拒官府、反对滥征、焚烧公堂的现象时有发生。乾隆四年(1739),山西开始推行"摊丁入亩"的赋役制度,地、丁合一,结束了中国历史上人丁、地亩双重征税,简化了税收的原则、标准和手续,在一定程度上改变了赋役不均的状况。但晋南地区人多地少,所以当地官吏并不积极去推行。乾隆十一年(1746),山西巡抚阿里衮强令晋南实施"摊丁入亩",但在具体的执行过程中,官吏将丁银无理地均摊入民户田赋项征收,使民众无地者亦被均摊丁银,受害者强烈不满,蒲州、万泉、解州、安邑等地同时发生较大规模的民变风潮。民众群起攻入县城,烧毁城门,拆毁县衙,城市乡村,一时混乱。在太原镇总兵罗浚的血腥镇压下这场动乱才平息。河东由推行摊丁入亩而引起的民变,促使清中央和地方政府更加注意各地实际情形,审慎地、稳妥地推行这一政策。

3.曹顺起义　道光十五年(1835),山西赵城爆发了一场由曹顺领导的农民起义。鸦片战争前夕,山西的土地及财富高度集中,官府的赋税征收和徭役摊派也越来越重,社会矛盾也由此而越来越尖锐,曹顺利用当时平阳一带流行的先天教组织农民起义。先天教是白莲教的一支,曹顺入教后,于道光十四年(1834)任当地先天教的教主,他以宗教为外衣积极组织农民打造兵器,准备起义。道光十五年(1835)三月初四夜晚,由于机密泄露,不得不于当日起义。曹顺领导起义军攻进赵城县城,杀死县令,打开监牢,火烧县衙,起义军首战告捷。次日,起义军又分兵攻打洪洞、霍州、平阳府,得到了广大农民的支持,起义队伍迅速发展壮大。山西巡抚鄂顺安闻讯急忙调集大同、太原等地清军,围攻赵城,城里的豪绅也纠集地主武装内应。由于清兵数倍于起义军,且起义军既缺乏斗争经验,又无外援的支持,起义军最终被打败,曹顺等25人被凌迟处死,被杀将士138人,其余受刑被流放或罚为奴婢者242人,被逼自杀者也有多人①。

虽然历次农民起义都失败了,但起义军的英雄们不畏强暴、顽强战斗、宁死不屈的英雄气概,给后世留下了宝贵的精神财富,在我国历史上写下了一曲农民革命的正气歌。

---

① 山西省史志研究院:《山西通史·明清卷》第272页,山西人民出版社,2001年。

第三节　明清时期山西的经济发展

一、大兴水利的农业

明清时期,山西农业生产发展的显著成就,突出地表现在农田水利工程的修建,尤其是明中期正统年以后,晋中、晋南地区的农田水利成就极大,利用河流湖泊大兴水利,灌溉农田,促使农业生产的发展进入一个非常兴盛的时期。

太原地区的太原县利用晋水、汾水之利,大力整修水渠,在明初就开小店渠、辛村渠等19道新渠,整修南关都渠等11道旧渠,形成纵横交织的灌溉系统。著名的晋祠北有善利泉,南有难老泉,都有灌溉之利。榆次县有洞涡水(今名潇河)、涧河、涂河、牛坑水(今牛耕河)、金水河(今津水河)五条河水,利用这五条河水开凿渠道数十条,使榆次县成为膏腴之壤。清源、阳曲、祁县、太谷四县,也就各处水道和汾河开渠引流,有效地促进了农业生产的发展,清代继续修整渠道,利用涧河开晋源渠12道,榆次引涂水,修渠23道,灌溉农田数十万亩。

晋中的水利资源也很丰富,汾阳县的跑马泉、潴城泊、向阳河,临县的湫河,孝义县的胜水,宁乡县的清水河(今南川河),平遥县的中都河(今惠济河),介休县的绵水(今龙凤河),这些资源在明代都被充分利用兴建水利,灌溉农田。清康熙初年,又建广惠渠(堰),继而建广济、广义、利义、天顺等大堤坝,号称"汾河十大堰",这是当时开发汾河的最为典型的灌溉工程。堰渠一体,配套使用,惠及晋中近200村、40余万亩土地。

晋南的临汾,除了汾河水利,汾西有平水,汾东有涝水、滴水(今泜河);洪洞县前洞后霍,左汾右箕。平阳南部有涑水。利用这些水利资源,修建了许多重要的工程,例如弘治十六年(1503),御史曾大有在安邑疏浚涑水80里;正德年间,闻喜知县王琳在洮水河(涑水源头之一)挑渠引水,人称王公渠,嘉靖三十九年(1560),知县罗田又重浚,改名罗公渠;清代洪洞县和赵城县合力开发霍泉水,灌溉农田达7.5万亩,创霍泉溉田的历史之最。

晋中、晋南水利条件好,大兴水利有力地促进了农业生产的发展,加之土地肥沃,适宜农作物的生长,因此,这一带老百姓的生活也比较宽裕。

晋北、大同一带地属高寒,土地贫瘠,无霜期短,田禾一年仅有一熟,不宜种稻和栽桑养蚕,但五谷杂粮种植较多。由于地广人稀,水利也不发达,往往是广种薄收,产量低,百姓生计较为艰难。

二、全面发展的手工业

手工业有了较大的发展,除了盐、铁两项传统的类型以外,煤矿的开采、丝织业、酿酒业也都发展了起来。

洪武六年(1373),明廷在全国设置13个官营铁冶所,山西就有5所:吉州2所,太原、泽州、潞州各1所。洪武十八年(1385),撤销各布政司铁冶,不久,工部以"山西交城产云子铁,旧贡十万斤,缮治兵器,他处无有"为由①,又恢复吉州等冶炼所。洪武末年,再次罢撤各地铁冶,从此官冶渐少,民营铁冶发展起来。据成化《山西通志》载,晋中、临汾、晋东南各县俱有治坑,而阳城尤广。宋应星《天工开物》卷下"五金"称,山西平阳与燕京、遵化"皆砂铁之薮也"。清代山西冶铁锻造分布全省各地,尤以上党地区最发达,产品种类多,质量高,远销印度、阿富汗、伊朗、尼泊尔等国。山西的冶铁技术和成效在清代都是一流的,甚至有外省聘请山西专家去传授技术的,如康熙二年(1663),山东省博山县邀请山西的一些职业冶铁者去传授焦炭冶铁法②,可见影响之大。

山西煤矿,明代见诸记载的至少已有平定、玄冈(今山西原平市西北轩岗镇)、阳曲、大同四处,"平定所产尤胜,坚黑而光,极有火力"③。当时忻州地区,"石炭南资阳曲,北资玄冈"④,这两地都有专业窑户,开凿鬻售。清代煤矿几乎遍及全省,孝义、潞城、浮山、阳高、平定、太原、大同都有规模较大的煤矿。采煤技术明显提高,矿工已掌握矿苗勘察、矿井挖

① 《明史》卷81《食货志五》。
② 乾隆《博山县志》卷4。
③ 顾炎武:《天下郡国利病书·山西》。
④ 康基田:《晋乘蒐略》卷28。

掘的实用方法,巷道采用木柱支护顶板。晋煤销售范围很广,包括直隶省、蒙古、陕西、河南等地。

制盐业,主要是河东盐。唐朝前多用捞采自然盐,唐人发明了人工晒盐法,明清改进为治畦浇晒法,乾隆年间东场(今山西运城盐化五厂一带)商人刘阜创行打井浇晒法,嘉庆十九年(1814),改进为深井(名曰潭沱),盐品质量尤佳。清代盐场坐商有占有权、使用权,售盐价随行就市。

明代全国的盐务由户部掌管,在户部之下,于各产盐地设都转盐运使司(简称转运司、盐运司或盐司)。洪武时全国设有六个转运司,其中之一的河东转运司设于路村(今山西运城市),主管河东盐政。下辖 3 个分司,其东场分司在安邑,西场分司于永乐中设于解州,中场分司于弘治二年(1489)增置于路村。洪武时额办盐 30.4 万引(1 引 200 斤),弘治时增 8 万引,万历中又增 20 万引①。明代中后期盐池的生产不断发展,到万历三十二年(1604)创历史最高水平,岁办引额数高达 144.7 万引。清代由于制盐技术的改进,每年平均生产盐 5000 名,每名 120 引,大约折合 1.2 亿斤。据清廷档案《军机处录副》记载,乾隆十八年(1753)时解盐年产量竟达到 2.1 亿斤。解盐不仅产量高,而且质量好,受到省内外市场(主要是晋、豫、陕三省)的普遍欢迎。河东盐的大量生产和运销,为国计民生做出了较大贡献。康熙时,每年向国家交纳盐税银约 24 万两,到乾隆五十年(1785)增到 52 万两,嘉庆时又加大到 72 万两②,成为清廷的一项重要财源。康熙曾于四十二年(1703)十一月初驾临河东,在视察了盐池之后,赞叹盐池为"佐军国之需,赡万民之食"的宝湖,这说明河东盐业在清代国民经济中的重要地位。

明代丝织业,在南方以杭州、闽、广为中心,北方则以潞州为中心。潞州,嘉靖年间升为潞安府,治所在今长治市。潞安"明为丝织业的中心,有机户千家,织机九千余张,以产潞绸著名"③。所产"潞绸",织工精细,色泽艳丽,有"潞城机杼斗巧,织作纯丽"之誉,不仅列为贡品,而且远

---

① 《明史》卷 80《食货志四》。

② 山西省史志研究院:《山西通史·明清卷》第 348 页,山西人民出版社,2001 年。

③ 《辞海》缩印本第 993 页,上海辞书出版社,1979 年。

销海外,"贡篚互市外,舟车辐辏者,转输于省、直,流衍于外夷,号利薮"①。由于潞绸的精美,明洪武年间在山西设立织染局,主管皇绸派造事宜。皇家的派造,又促进了潞绸的蓬勃发展,"登机鸣杼者,奚啻数千家"②,织绸规模之巨,可以想见。但自明嘉靖至清康熙年间,因朝廷的派造勒索严重,江南丝织业的巨大冲击,潞安交通的不便,天旱桑树的渐少,成本的猛增等原因,致使潞绸的萎缩速度十分惊人,顺治十七年(1660),仅余绸机二三百张,机户不得不"焚机罢市"。虽然康熙之后,潞绸有所振作,但颓废之势已不可避免。光绪八年(1882),经中丞张之洞专折奏请,潞州停止潞绸额供之例。从此,曾蜚声海内外的潞绸便彻底地衰败了。

明代山西的名酒,有襄陵烧酒、潞州烧酒、河津酒、太原葡萄酒、汾州羊羔酒。明朝大臣顾清评天下名酒,认为"山西之襄陵为最","襄陵十年前始入京,据所见当为第一"③。清代运城永济的桑落酒、汾阳的汾酒、长治的鲜红酒等,都是闻名遐迩的名酒。

三、称雄商界五百年的晋商

自古晋人善商。山西人经商历史久远,早在夏商周三代河东解州池盐的商贾活动就已开展,因而有学者认为,中国商业的起源,同盐有着密切的关系,最早的重要商品就是盐,"盐"即指河东解州池盐。春秋时期,晋国采取"轻关易道,通商宽农"的政策,以致形成"其财足以金玉其车,文错其服","能行诸侯之贿"的绛邑富商④。之后有被司马迁誉为"长袖善舞,多财善贾"的魏国人猗顿、白圭,西汉时的聂壹等。虽然山西商人一直比较活跃,但在明清之前还未形成商人集团。

明清时期,山西商人依靠他们的聪明才智和吃苦耐劳精神,生财有道,聚财有方,将其贸易活动扩展到全国各地,成为当时国内势力最大的

---

① 乾隆《潞安府志》卷8。
② 顺治《潞安府志》卷1。
③ 顾清:《傍秋亭杂记》卷下。
④ 《国语·晋语八》。

商帮,也是当时国际贸易中的一大商人集团。晋商从明初到清末,在商界活跃了5个多世纪,其活动区域遍及全国各地,甚至发展到欧洲、日本、东南亚和阿拉伯国家。尤其是清代创立票号之后,商业资本和金融资本相结合,一度执全国金融界之牛耳。明清晋商资本之雄厚、经营项目之丰富、活动区域之广泛、称雄时间之长久,在世界商业史上都是罕见的。晋商的成功在于他们的审时度势、抓紧机遇、进取敬业、诚信自律、团结协作精神,在中国贸易史上谱写了最壮丽的篇章。

1.晋商的兴起　　晋商兴起于明初,是晋人在一定的历史条件下,利用开中制的机遇,适应经济交流的需要、靠自身的敬业奋斗而促成的。

首先,开中制为晋商的兴起提供了契机。山西商人的兴起,与明政府为北方各边镇筹集军粮而推行开中法有直接的关系。明初为了防御蒙古族的南下,在中国北部沿长城设立军镇,从辽东至甘肃,设九边,9个边镇由东到西,沿长城一字排开,形成一条横贯东西的防御屏障。"兵马未动,粮草先行",这必然也是一个消费巨大的军事地带。明王朝为了解决边地军粮问题,利用食盐国家专卖制度,规定商人可以运粮到边地以充军粮,用粮食换取盐引(领取和贩卖盐的凭证),然后持盐引到两淮都转运盐使司所属盐场领盐,再到指定的地区贩卖,这种制度叫"开中"。每引的开中米数不一,低者一石,高者五石,依粮仓道里远近而定。永乐时,在山西、陕西开中的盐米比例降为每引米二斗五升,使开中法盛行。洪武三年(1370),首先在大同、太原两镇实行开中,山西人利用地理位置近便的有利条件捷足先登,兼粮商、盐商于一身而兴起于商界,成为中国第一批中盐商人。后来商人为免去运粮的麻烦及费用,便在边地屯田,就地缴粮,换取盐引,此即商屯。商屯在明初对于供应军粮及开垦边地,都起了一定的积极作用,山西商人也在这个过程中获得了起家的巨大资本。

山西商人的兴起既以开中法为杠杆,那么他的发展自然与开中法的变化相关联。宣德后,政府不断提高开中米数,勋戚参与其间垄断盐引,而私盐贩卖又与日俱增,致官引盐无利可图,官盐日滞,开中制度日趋衰落。弘治五年(1492),户部尚书叶淇改以粮换引为以银换引,山西商人又将目光南移,由边商转向内商,有些人举家南迁盐业最兴盛的淮扬一带,以便就近纳银。因此,山西商人又活跃于扬州、福建、四川等地。

其次,设立于大同的马市也促进了晋商的发展。山西处在蒙古游牧区和中原农业区两大经济区域的中间地带,地理位置的优势和本省丰富的物产资源,使山西自然而然就充当了农牧交换的主要角色。

蒙古族退出长城后,在生活上对中原地区的依赖性依然很强,他们迫切需要与明王朝进行贸易,以获得粮食、绸缎、布匹、釜锅等生活资料。明政府为了安抚蒙古,同时也为了获得马匹、牛羊、骆驼及皮货、药材等,特在辽宁的开原、广宁(北镇市)、山西的大同三地开设马市,与蒙古各部进行贸易。正统三年(1438),大同马市开设,后虽几经挫折,也曾燃起战火,给山西人民和蒙古人民带来极大的痛苦和损失,但由于马市本身反映了蒙、汉两族人民发展商贸关系和友谊的共同愿望,所以为促进彼此间的友好往来和联系还是起了积极的作用。大同作为蒙、汉民族贸易往来的主要场所,为晋商的发展又提供了地利之便,山西商人几乎垄断了明朝一代北方的马市。如果说淮商中盐或可与晋商相匹敌,那么马市淮商却望尘莫及,由马市致富,晋商远比淮商有利。

第三,明代山西中南部地狭人稠,也是促使晋人经商的一个重要原因。明代山西中南部因战争、自然灾害的侵扰较少,加之邻省人口的流入,使得人口非常稠密,单纯以地养人,难负重荷,大槐树移民也说明了这个问题。山西北部土瘠民贫,却"拙于营运",外出经商的人相对要少。清人康基田对此有过精辟的分析,他说:"太原迤南,多服贾远方,或数年不归,非自有余,逐什一也。盖其土之所有,不能给半岁之食,不得不贸迁有无,取给他乡。"太原迤北,"无平田沃土之饶,无水泉灌溉之益,无舟车玉米之利,兼拙于营运,终岁不出里门"[1]。迫于生计,晋人远出经商,经商所带来的利润又吸引着乡邻,以致亲朋攀引,相携出奔,使山西商帮逐步发展壮大。

第四,山西盐、铁、煤等手工业商品生产的发展为晋商的兴起提供了物质基础。

第五,晋人勤俭、诚信、开放、进取的精神是晋商兴起的人文因素。

---

[1]　康基田:《晋乘蒐略》卷28。

山西悠久的历史文化积淀和黄土高原的自然环境,造就了山西人的勤劳、信用和进取。山西人勤俭的品格是很有名的,有所谓的"新安奢而山右俭""淳而好义,俭而用礼"的好名声。同时也很讲信用、商德,主张"以义制利,利从义生",提倡"仁中取利真君子,义中求财大丈夫",善于将本求利,但不以利害义,亏损人格。山西人特别具有开放意识和开拓进取精神,在封建社会中,商为士、农、工、商"四民"中之末等,但是,明清晋商不这样看,他们认为,商和士、农、工同样是本业,都要敬业。山西人勤劳敬业,柳林县《杨氏家谱》称:"天地生人,有一人莫不有一人之业;人生在世,生一日当尽一日之勤。业不可废,道唯一勤。"他们不畏艰险,敢于闯荡,走西口,穿草原,涉流沙,去开拓西北、蒙古、俄罗斯市场,甚至不远万里,远渡重洋,到日本、阿拉伯、欧洲去开发更广大的市场。

2.晋商的特点　晋商的经营项目,经历了由开中法而开始的经营盐、粮到多业经营的历史发展过程。晋商的经营项目十分广泛,"上自绸缎,下至葱蒜",从粮食、布匹、绸缎、烟酒、皮毛、蔬菜、洗染等,凡社会生活必需品,只要有利可图,几乎无不囊括。到清代,晋商已经积累了雄厚的商业资本,还在全国各地有着蜘蛛网似的商业分支机构,为了扩大贸易,调集资金,山西票号也应运而生。

票号,亦称"汇兑庄"或"票庄",是专门经营银钱汇兑、存款放款业务的信用机构,它是中国历史上土生土长的具有近代银行性质的金融组织,因为经营此项业务的多系山西人,其总号又分设在山西的平遥、祁县、太谷,故又被称为"山西票号"。票号的分支机构遍及全国各大城市及主要商埠码头,并远及朝鲜、日本、俄国、印度等国,甚至欧洲的巴黎、伦敦也有代理处,故有"山西票号汇通天下"之称。在中国通商银行成立之前,公私汇兑,悉以票号为中心。票号执全国金融界之牛耳,盈利之巨,累上百万。票号自19世纪20年代产生后,实际操纵全国金融流通大权长达一个世纪之久。

晋商的组织与管理十分严密,特别是它的"劳资合营"制度很独特。东家出资本,所出之银称银股,商号内经理和主要职员没有资本顶银股,可以用自己的劳动力顶股,这叫作身股。人身顶股制是晋商在人事劳资上首创的,是一项协调劳资关系、调动工作积极性的有效办法,具有集中资金和智慧的优点。人身顶股是根据其能力与贡献的大小酌定其身股，高低不等。这种身股也不是职员人人都能顶的，一般来说，没有 10 年以上资历与辛劳是不可能顶股的①。这种劳资合营，资本家出钱，劳动者出力，均有股份，一经获利，银股身股平等分红，把职员个人利益与商号利益、财东利益紧密地联系在一起，下层伙计和学徒为了登高位，多顶股份，努力为商号工作，充分调动了商号员工的积极性，因此，"经理伙友，无不殚心竭力，视营业之兴衰，为切己之利害"，"不责而勤，不检制而俭"，对商号的发展起了积极的作用。

商号的发展除了这种制度本身的因素外，还有严格的纪律，如不得轻易告假、私寄银钱及物品、接眷外出、纳妾、宿娼赌博、捐纳实职官衔等。

另外，山西商人在异乡为了相互照应和扶携，在各地还创办了许多以同乡人发起而结成的会馆。明代北京的山西会馆已有 5 家，即颜料行的平遥会馆，油盐粮行的临襄会馆，纸张、烟叶等杂货的临汾东馆、临汾西馆，五金行为主的潞安会馆。会馆不只具有直接的经济意义，而且联络和寄托着商人的感情②。

晋商也是一个构成复杂的群体，其类型可以按不同的标准加以分类。如按商人经营的规模划分，可分为大、中、小商人；按商人经营商品的范围和性质划分，可分为盐铁商、煤炭商、绸缎商、票商等；按经商者的身份划分，可分为官商和私商。后一类别的划分可能是最为重要的，而这里的官商是指"官吏经商"，非指"官府经商"。蒲州自嘉靖年间杨博任兵部尚书以后，出了一大批位居显职的大官，如王崇古、张四维都是嘉靖进士，隆庆年间，王崇古已任宣府、大同、山西三边总督，张四维任吏部右侍郎，王崇古又是张四维的舅父，同时，蒲州又是商人辈出的地方，所以这里的官商最多、势力最大。王崇古的弟弟、张四维的父亲和弟弟都是大盐商，他们在商业经营活动中是有着许多非经济的"权力"因素在起着重要的作用，是靠官经商的，这样的条件是寻常盐商所不能比肩的。

---

① 史若民：《票商兴衰史》第 92 页，中国经济出版社，1992 年。
② 乔志强：《山西通史》第 449 页，中华书局，1997 年。

3.晋商的衰落　晋商雄踞商界达5个多世纪,于清末民初衰败,被迫退出历史舞台,其原因可从外在与内在两方面来分析:

外在原因,首先,国外列强的入侵和政局的变动。鸦片战争后,西方列强打开了中国的大门,并利用在中国攫取的经济特权,挤压中国工商业者。仅以晋商垄断长达200年之久的中俄恰克图贸易为例,第二次鸦片战争后,沙俄先后胁迫清政府与之签订《中俄天津条约》《中俄北京条约》及《中俄陆路通商章程》,这些不平等条约,使沙俄获得了自由贸易特权和免税特权,他们的势力开始深入到我国各地,直接攫取土产品并推销它的工业品,无须再与山西出口商帮易货了,而山西商人等华商,却要逢关纳税,遇卡抽厘,发展异常艰难。因此,恰克图贸易一落千丈,失却昔日的辉煌,使山西对俄贸易商帮受到了沉重的打击。

世界政局的动荡也给晋商以致命的打击。1914年第一次世界大战爆发,俄国内战顿起,在俄的山西商人浩劫难免,总其损失银两达数百万。1917年俄国十月社会主义革命胜利后,在俄的山西商人资本被没收,加之旧俄钞的贬值和废弃,又遭损失。1911年外蒙古宣布独立,蒙俄签订库伦通商协定,俄商取得无税自由贸易特权,山西商人在蒙经商遭到严重打击。1924年蒙古成立共和国,实行公有制,山西商人在蒙古的资产全部丧失。

其次,清政府的腐败与社会的动荡。由于清政府的腐败和帝国主义的入侵,阶级矛盾和民族矛盾日趋尖锐,从咸丰开始,太平天国、小刀会等起义以及反抗帝国主义侵华的战争接踵爆发。战事的频繁、社会的动荡,严重地影响了商品的生产和流通,有些被迫歇业,使商人蒙受了巨大的损失。清人徐继畬在《松龛全集》奏疏卷下说道:山西人"买卖在三江两湖者十居八九,自粤匪窜扰以来,南省半为贼扰,山西买卖十无一存,祁太汾平各县向称为富有者,一旦化为乌有,住宅衣物之外,别无长物"。同时,由于清政府财政拮据和筹措军费,晋商又成了清政府勒派、劝捐、要求助饷的主要对象。辛亥革命后,清政府垮台,晋商借给清政府及地方官吏的巨资也无法收回,这就从根本上动摇了晋商的经济基础。

第三,近代交通发展后贸易路线的改变。近代海上运输、铁路运输等交通业的发展,尤其是中东铁路、京绥铁路等线路的开通,改变了原有的货物运输路线,使山西商人利用驼、马、车走蒙古大漠的商路以及其他河运、陆运商道大受影响,失去了旧有商路上的营业市场。如山西临县的碛口,由于河面宽,水流缓,便于停船,从乾隆时开始,就是山陕两地客商聚集的地方,贸易十分繁盛,有"拉不完的碛口"之说,后来由于近代公路交通的发展,这里的水路作用渐趋衰落。由于货物运输路线的改变,致使山西商人活动的舞台逐渐缩小以至消失,晋商不得不一方面将外人所需之原料由内地运至海口,一方面又将外货接运回内地,在肥人瘦己之间以剥蝇头微利。

内在原因,首先,明清晋商是封建统治阶级的附庸。明清晋商在其崛起与发展的过程中与封建政府建立了千丝万缕的联系,与封建政府结托是晋商的最大特点,尤其是票号以为清政府代垫代办和汇兑军协饷、筹借汇兑款抵还外债、代理部分省关的财政等而执金融界牛耳。明清晋商始终靠结托封建政府,为封建政府服务而发展,当封建政府走向衰亡时,晋商也必然祸及自身。如晋商票号,向有"北存南放"政策,在京师吸收资金,在南方贷出流动。但辛亥革命中运往南省资金大多散失,票号已无法周转,被迫倒闭。对政府的过分依赖,以致晋商最后随着清王朝的灭亡而衰败。

其次,经营理念的滞后,束缚了晋商的发展。19世纪60年代兴起的洋务运动,拉开了中国近代工业发展的序幕,一部分民族资本家开始尝试投资近代工业,晋商中一些有识之士也已开始投资近代工业,如光绪二十九年(1903)祁县富商渠本翘创办的双福火柴公司,光绪三十一年(1905)渠本翘任总经理成立的保晋矿务有限公司,这一公司可以说是中国最早的近代民族资本煤矿企业。但大多数晋商却崇信"以末致富,以本守之"的传统观念,使大量资本流向土地,蓄意储银养亲,衣锦耀祖于乡里,有民谣称:"山西人大褥套,发财还家盖房置地养老少"。这一观念不利于商业资本向产业资本的转化,致使晋商没有抓住发展的机遇。如今,晋中还存留有诸如乔家大院、曹家大院、王家大院、常家大院等规模宏大、建筑坚固、工艺精湛、文化内涵丰富的深宅大院,这也可以说是晋商经营理念的历史见证。

再次,贪图享受,不思进取是晋商最大的精神危机。晋商的兴盛与发展是与晋商艰苦奋斗、勤劳敬业的进取精神分不开,而当晋商致富后,尤其是他们的后人,享受着荣华富贵,过着安逸悠闲的生活,渐渐地失去了父辈们艰苦创业的斗志和锐意开拓的进取精神,生活奢靡,享乐成风,这是晋商后期最大的精神危机,而晋商对自身的病兆并无深刻的认识,也无能力扭转这一局面。这种精神面貌,严重地影响和制约着晋商的发展与生存。

晋商的辉煌已经成为过去,但它对中国社会经济发展所起的积极作用功不可没。它不仅促进了山西商业和手工业的发展,也促进了全国商业和手工业的发展,加速了中国自给自足小农经济的解体和商品经济的发展进程,加强了各地区之间的经济联系,扩大了国内外贸易市场,对城市的兴起和繁荣、人口的迁徙和流动,文化的交流和影响都起了重大的作用。晋商作为一个地域性的商帮,又具有浓厚的封建性和保守性,很难超越社会历史条件的制约和自身的局限性,在加强经济建设的今天,只有顺应历史发展,与时俱进,勇于创新,才能不断前进,这是晋商对我们的现实启迪。

第四节　明清时期山西的文化成就

一、薛瑄与理学

明代政治文化的一个重要特征是思想控制的进一步加强,在进行创制立法的同时,尤其重视以程朱理学强化思想统治。理学自北宋周敦颐创始之后,因其提倡用伦理纲常来为统治者服务,尤其是朱熹的"去人欲,存天理"等理论,备受统治者的推崇,因此,程朱理学在宋以后就成了官方哲学,一直支配着中国的哲学界。明成祖朱棣更加尊崇程朱理学,特命翰林学士胡广等人编纂《四书大全》《五经大全》《性理大全》等书,官方的提倡,使明代理学又发展到一个新的阶段,其学术要旨被以薛瑄为首的龙门学派发扬光大。

薛瑄(1389—1464),字德温,号敬轩,谥文清,今山西河津市人。他自幼随父在河南生活,32 岁时举河南乡试第一,翌年登进士。曾任广东、云南监察御史,大理寺少卿,礼部右、左侍郎等职。薛瑄为官清廉、刚正不阿。他任大理寺少卿,虽是当权的三杨(杨士奇、杨荣、杨溥)的推荐,也是大宦官王振的意思。王振是大同人,以同乡之好,欲邀薛瑄一见,三杨也劝薛瑄去拜谢王振,薛瑄坚决不去,并说道:"拜爵公朝,谢恩私室,吾不为也。"①当时王振权倾内外,对薛瑄的不敬大为恼火,便以莫须有的罪名诬陷薛瑄,昏庸的明英宗下诏处薛瑄死罪。王振的阴谋陷害,引起朝野上下的愤慨,慑于公论民心,才不得不免除薛瑄死罪,削籍放归故里。土木之变后,王振败亡,薛瑄被重新启用。代宗景泰二年(1451)升南京大理寺卿,四年(1453)调任北京大理寺卿。英宗天顺元年(1457),升礼部右侍郎兼翰林院学士,不久升礼部左侍郎。同年告老还乡后,在河津老家讲授程朱理学,开创了"河东之学"。

薛瑄的主要著作有《文集》《读书录》《读书续录》,另有《理学粹言》《从政名言》以及《策问》等。《读书二录》是集薛瑄理学思想之大成的代表作,也是他平生所作读书笔录和心得的集中总汇。

薛瑄是程朱学派在明代的主要代表,与程朱理学相比,他既有继承又有修正,是明代理学思潮演化的重要环节。在理、气关系上,薛瑄断然否定朱熹的"理在气先""有理而后有气"的思想,提出了"气本论"。他的基本观点是"理在气中""理不离气""理气无缝隙",理、气不分先后,理不能离开气而独立存在。但他又接受了朱熹的"气有聚散,理无聚散"的说法,最终还是回到理以为之主的观点,同自己"气本论"的思想截然相悖。在认识论上,程颐明确提出"知先行后""识为本,行次之"的"知重行轻"的理论,薛瑄摒弃了这种学说,提出了"知行兼尽","以行为本"的"重行"说。在此认识论的基础上,他积极倡导和确立了求实理、务实用的"实学"思想和学风,是明代"务实"之风的理论先驱,他的理学也被誉为"笃实践履"之学。薛瑄还是一位卓越的教育家,门徒遍及晋、豫、关陇等地。

明代社会的变迁,理学思潮的演变,造成薛瑄思想深刻的矛盾。一方面,对程朱理学进行了卓有成效的批判改造,对明代实学思潮的兴起

---

① 《明史纪事本末》卷29。

起了先导作用,另一方面,封建士大夫的身份使他始终不可能摆脱儒家
"卫道士"的立场,因此,他基本上没有跳出程朱理学的窠臼。

明清时代,理学除薛瑄成一代师表外,山西还有杨一奇、申尚德、吕
乾、卫天鹏、范彪西等诸多理学名家,大多都有著作传世。

二、阎若璩与考据学

考据学即清代所谓的汉学,又称朴学,是继宋明理学之后产生的一
个学术流派。之所以称之为汉学,是指其经学研究与宋学相对而言,主
张回溯和尊崇汉代的经说。又因其以朴实的经史考证为研究方法和学
术风格,对文字音韵、名物训诂、校勘辑佚等进行研究,又称之为朴学或
考据学。明末清初的学者反对宋明理学的空疏,提倡经世致用,从而形
成具有求实精神的新思潮。康熙中叶以后,随着清政权的巩固,新一代
的知识分子,一方面受清初求实思想的影响,反对空谈,另一方面又迫于
清王朝的文化高压政策,逐渐放弃经世致用的宗旨,致力于古籍的考订
和辨证,使学术与现实政治的距离越来越远。但他们重视读书,在学术
上做出了较大的贡献,阎若璩就是这种学术转向过程中最具代表性的学
者之一。

阎若璩(1636—1704),字百诗,号潜丘,原籍山西太原,至七世祖移
居江苏淮安山阳县。阎若璩出身于书香世家,家学渊源深厚,自幼有一
个良好的读书环境。但他秉性迟钝,说话口吃,"读书至千百遍,字字著
意犹未熟"。他不灰心丧气,发愤读书,终于在他 15 岁的一个夜晚,"心
忽开朗,如门牖顿辟,屏障壁落"[①],从此颖悟过人。康熙元年(1662),他
改归太原故籍,四次返籍乡试不第。康熙十八年(1679),又应博学鸿词
试落选。他返籍乡试,虽名落孙山,但他返乡时,却结识了傅山、顾炎武
等名家,互相切磋,相得益彰,尝改定顾炎武《日知录》数条,顾炎武为之
折服。

阎若璩虽然反应慢,但却肯下苦功,他把皇甫谧的名言"一物不知,
以为深耻"和"遭人而问,少有暇日"二句刻于柱上,作为座右铭,以此鞭

---

① 张穆:《阎若璩年谱》(本名《阎潜丘先生年谱》)第 15 页、17 页,中华书局,1994 年。

策自己发奋学习。多年孜孜不倦地潜心研读,使之终成名家。

阎若璩一生多有著述,计有:《古文尚书疏证》《四书释地》《潜邱札记》《孟子生卒年月考》《困学纪闻注》等数种,还参与修订《大清一统志》,最重要的成就是《古文尚书疏证》8 卷。《古文尚书》系用古文字书写,西汉时在孔子旧宅壁中发现,今传《古文尚书》是东晋元帝时豫章内史梅赜所献,比当时流传的今文《尚书》多 25 篇。南宋吴棫、朱熹开始怀疑此书是伪书,元吴澄著《书纂言》、明梅鷟著《尚书考异》考辨其伪,尚无定论。阎若璩 20 岁读《尚书》时,即疑其伪,因此花费了 30 多年的时间进行考证,"尽得其症结所在",作《古文尚书疏证》8 卷,引经据古,一一指出其矛盾所在,得出《古文尚书》25 篇全系魏晋间人伪作的结论。他所列的作伪 128 条,证据确凿。从此,《古文尚书》的作伪大白于天下,解决了千百年来学术史上的一大疑案,受到学术界的肯定和重视。

由于阎若璩治学严谨,"事必求其根柢,言必求其依据",所以才使他的见解可靠。纪昀对阎若璩评价极高,"百年以来,自顾炎武以外,罕能与之抗衡者"[1]。黄宗羲亦为之而惊叹:"吾一生疑团,见此尽破矣",并亲自为之作序。梁启超评论说:"百诗的《古文尚书疏证》,不能不认为近三百年学术解放之第一功臣。"[2]阎若璩被清代的经学家推崇为清代汉学家第一,清代汉学的开山祖,考据学的祖师爷。这种考据的学风,到乾隆、嘉庆时期更加盛行起来,形成了所谓的"乾嘉学派"。阎若璩上承顾炎武、黄宗羲,下启惠栋、戴震,对清代学术史的发展做出了不可磨灭的贡献。

阎若璩之外,山西朴学名家还有王楷苏、窦长泰、董文明、魏伦等,均有见解独到的学术著作。

三、史学与地方志

1.史学 清代史学发展引人注目的两大趋向,是边疆史地与世界史地的研究。边疆史地的研究将实事求是精神与经世致用精神相统一,为

---

① 《四库全书总目》卷 36。

② 梁启超:《中国近三百年学术史》第 80 页,东方出版社,2004 年。

中国史学的振兴别开一新的途径;世界史地的研究则开辟了新的领域,表述了学习西方的思想,适应了放眼看世界的时代潮流,其影响超出了史学界。开导边疆史地研究先路者是山西的祁韵士、张穆,而山西的徐继畬则是掀起世界史地研究热浪的先驱之一。

祁韵士(1751—1815),字鹤皋,又字谐庭,号筠渌,晚年又号访山,山西寿阳平舒人,是清代研究西北边疆史、民族史的专家。

祁韵士自幼聪慧好学,乾隆四十三年(1778)中进士,授翰林院编修,累官至户部郎中。他热衷于西北山川疆域和各部族历史的研究,又熟悉满文,在翰林院,费8年之功,查阅满汉文档案,编成《蒙古四部王公表传》112卷,又别撰《藩部要略》18卷,成书后著录于《四库全书》。由于在国史馆任职日久,凡清初掌故及满洲、蒙古王公世家爵里世系和西北边疆地理形势,熟悉贯通,了如指掌。后来远赴新疆,得以实际考察,两相结合,遂有大量的西北历史地理著作问世。

嘉庆十年(1805),因其主持的宝泉局亏铜案受到牵连,被无辜发戍伊犁,历时170余天,行程10700余里。他将沿途所见写成《万里行程记》,详细地记载了道里、山川、城邑、名胜、古迹、人物、风俗等情况,不异于一部19世纪初我国西北地理和民情风俗的考察记,是研究清代西北交通和社会风貌的珍贵资料,尤其是有关国计民生的记述更是弥足珍贵。在3年的戍守期间,奉伊犁将军松筠之命,撰《伊犁总统事略》12卷,在此书的基础上,精选其要,又撰成《西陲要略》4卷,系统论述西北之疆域山川和民情风貌,简明扼要,一扫过去记录新疆情况的"附会失实,好奇志怪之癖"。这部著作刊行后,在国内外引起的反响巨大,沙俄汉学的奠基人比楚林,在19世纪初已把《西陲要略》译为俄文。

祁韵士还写有《西域释地》《己庚编》《西陲竹枝词》《濛池行稿》《袖爽轩文集》等。

在清代学术史的研究中,祁韵士历来被视为清代西北边疆史地学的开创者。祁韵士的活动不仅对新疆文化事业的发展做出了巨大贡献,而且也为推动内地人了解新疆、开发新疆起了重要的作用。尤其是他治学注重实地考察和文献考证相结合的研究方法,开启了一代学术研究新风,深刻影响了其后的西北边疆史地研究,从而促成了嘉道咸年间西北边疆史地学繁荣局面的形成。

张穆(1805—1849),谱名瀛暹,字蓬仙,后名穆,字诵风,又字石州、石艾,清山西平定大阳泉人。其祖张佩芳乾隆进士,历任知县、知州等官,父张敦颐嘉庆进士,曾任翰林院编修。父母早亡,因乡试与监试官发生口角,遂绝意仕进,闭户读书,专心治学。张穆学识渊博,祁寯藻曾赞誉他"其学不专主一家,而皆能得其精诣"。他通经学,精训诂,酷爱天文、算学,尤其擅长史地,在短暂的44岁人生中,撰写了多部学术著作。其中已付刻的有《顾亭林年谱》《阎潜邱年谱》《课士语录》《魏延昌地形志》等,他的主要著作是《蒙古游牧记》16卷。

《蒙古游牧记》依地志体例,以清代蒙古各部、盟旗为单位,叙述其地理形势,道里四至和历史沿革、建置区划、行政演变等情况,尤其重视元亡以来各部之变迁,以及与历代北方各民族间的交往,同时,他大力赞扬祖国的辽阔与统一,强调中央与地方的统属关系。在叙述上,各部类均有总序,又自为注,是研究蒙古历史地理的重要参考书。其精详的考证,足补辽、金、元三史之阙遗。《蒙古游牧记》张穆生前仅完成12卷,后4卷由其友何秋涛整理校订,并加以补辑,于张穆去世后10年,即咸丰九年(1859)始付刊印。刊行不久,就引起国内外学者的广泛关注,沙俄驻北京的官吏卡法罗夫把此书译成俄文,英国蒙古史学者巴德利和法国汉学家伯希和都对此书做出了高度的评价。时至今日,这部书仍是国际史学界瞩目的研究蒙古历史地理的权威著作。

徐继畬(1795—1873),字健男,号松龛,山西五台东冶镇人。他是中国近代放眼看世界的伟大先驱之一,又是近代著名的地理学家,在文学、历史学、书法等方面也有一定的成就。

徐继畬出生于官宦世家,自幼受到良好的家庭教育,道光六年(1826)中进士第一,十年授翰林院编修,历任监察御史、知府、按察使、布政使、巡抚、总督等职,他为官清廉,关心民众,政绩显著。咸丰六年(1856),受聘于平遥超山书院,任教近10年。徐继畬知识渊博,精通外文,一生著述颇丰,有《尧都辨》《晋国初封考》《两汉幽并凉三州今地考略》《五台新志》《退密斋文集》《古诗源评》《两汉沿边十郡略》等,他的大部分著述都收入《松龛先生全集》中,《瀛寰志略》10卷是他的代表作。

　　徐继畲在福建任布政使、巡抚期间,利用兼理通商事务之便,向他接触到的外国官员、知识分子、商人、水手等各阶层人士调查了解国外情况,并广泛查阅收集中外文献资料,花费 5 年的时间,撰写了《瀛寰志略》,道光二十八年(1848)始在福建初次雕版印刷。

　　《瀛寰志略》开中国研究世界史地之先河,对世界各国的地理位置、疆域、政区、地理景观、气候物产、山脉河流、交通、著名城市,以及各国的风俗民情、宗教信仰、历史文化、政治制度等都做了详细的介绍和深入的研究,这对于中国人了解西方,认识世界产生了巨大的影响。《瀛寰志略》不仅反映出徐继畲渊博的世界史地知识,更反映出他对民主政治制度的向往和追求。他极力赞赏美国的联邦制度和总统选举制度,也更为钦佩美国独立战争的领袖和第一任总统华盛顿,他赞扬道:"华盛顿,异人也。起事勇于胜广,割据雄于曹刘。既已提三尺剑,开疆万里,乃不僭位号,不传子孙,而创为推举之法,几于天下为公,骎骎乎三代之遗意。其治国崇让善俗,不尚武功,迥迥与诸国异。余尝见其画像,气貌雄毅绝伦,呜呼! 可不谓人杰矣哉。"又说:"米利坚合众国以为国,幅员万里,不设王侯之号,不循世及之规,公器付之公论,创古今未有之局,一何奇也。泰西古今人物能不以华盛顿称首哉!"[1]上述两段言论,在咸丰三年(1853),被在浙江宁波府的耶稣会信徒镌碑赠送美国首府华盛顿纪念碑,至今仍砌于第十级内壁。

　　徐继畲对美国制度和华盛顿的赞扬,在当时清王朝君主专制至强之时,是独具远见卓识的,对于那些向西方寻求救国真理的仁人志士,启迪智慧,开阔视野,产生了巨大的作用,对中国当时的思想界以及后来的资产阶级维新派有重大的影响。这些维新思想家都从《瀛寰志略》中汲取了营养,促进了他们进行维新变法的实践,故有评论者认为,徐继畲为中国维新之先觉者。梁启超说:"此两书(另一书为魏源的《海国图志》)在今日诚为刍狗,然中国士大夫之稍有世界地理知识,实自此始。"[2]

　　徐继畲亦深谙书法,今所存忻州韩岩村元好问"野史亭"匾额即其

----

① 《瀛寰志略》卷9。
② 梁启超:《中国近三百年学术史》第 349 页,东方出版社,2004 年。

所书。

2.地方志　中国方志历史悠久,源远流长,明代以后,风气更盛,"郡邑莫不有志",清代达到极盛,这一时期的志书,其数量之多,质量之高,为其他各个朝代不能望其项背。山西历来重视修志,魏晋年间,佚名所著的《上党记》是山西最早的方志,经历代发展,到明清时期山西方志纂修进入兴盛期。

永乐十六年(1418),明成祖诏天下郡、县、卫、所皆修志书,并颁布《修纂志书凡例》,统一体例、内容。景泰五年(1454),代宗下令"敕天下郡县纂辑志书"。之后,山西各府州郡县纂志成风,先后纂省、府、州、县以及山、关之志300余种。清顺治十八年(1661),清政府诏令河南巡抚贾汉复督修方志。康熙十一年(1672)和二十九年(1690)两次颁布贾汉复主修的《河南通志》的体例、目录,要求各地以此为式,普修志书,并要求各地设局纂志。雍正七年(1729)诏令各州、县,每六十年重修志书。此间,山西各府、州、郡、县普遍设局,纂修志书,先后撰成430余部,其中省志5部,府志13部,州郡志59部,县志355部,以及山、水、关、寺等志。

这一时期所纂方志显著的特点有三,其一是广泛普及,除方山县外,省、府、州、县都纂有志书,其数量为前朝各代所纂志书的两倍。其二是名流学者参与修志,如明洪武年间张昌纂《平阳志》,成化年间胡谧纂《山西通志》,嘉靖年间高汝行纂《太原县志》,清康熙年间申伯纂《潞城县志》、孔尚任纂《平阳府志》、王士仪纂《永和县志》,雍正年间储大文纂《山西通志》,乾隆年间胡元琢、徐储纂《曲沃县志》、戴震参订《汾州府志》,光绪年间王轩、杨笃等纂《山西通志》,等。其三是方志理论深化,体例完善,内容拓宽。光绪《山西通志》是这一时期的代表作,王云五主编的《续修四库全书提要》中写道:"它盖不独为《山西通志》之模范,且可为他省志书之准绳。"梁启超将其列为清光绪朝优秀省通志之一,称其"出自学者之手,斐然可列著作之林者"①。

――――――――――――

① 　参见祁明:《山西地方志综录》1985 年、《山西方志要览》1997 年,山西省地方志编纂委员会。

四、一代贤哲傅山

明清时代,山西以诗文或小说出名的学者,据光绪《山西通志·文学录》的记载就不下 400 人,其中最著名的代表,就是堪称与孙奇逢、黄宗羲、顾炎武、王夫之并列的学界泰斗傅山。

傅山(1607—1684),初名鼎臣,字青主,别号颇多,诸如公它、石道人、丹崖子、侨黄老人、酒道人、朱衣道人等。他是明末清初著名的思想家、文学家、医学家和书法绘画艺术家。

傅山原籍大同,后迁至太原阳曲西村(今太原市尖草坪区)。其家庭累世仕宦,家学渊源深厚。祖父、叔祖父皆饱学之士,均为高官,清廉耿直。父亲因科举不第未能入仕,以授徒为业。独特的人文地理环境、深厚的家学渊源和严格的家庭教育对其磨砺品质、夯实学术根基和形成独特的治学方法产生了重要影响。傅山自幼聪慧好学,《十三经》、诸子、文选、诸史无不涉猎,但他学史至宋而止,辽、金、元史不读,这与他的民族思想有关。傅山一生仕途不达,崇祯十五年(1642),36 岁的他应试不中,至清朝他拒绝应试,自然功名无望,但他的道德、学问、才能为世人所敬仰。

傅山青年时代就学于三立书院,由于其学术人品,为讲求文章气节的山西提学佥事袁继咸所器重。崇祯九年(1636),袁继咸受阉党余孽张孙振诬陷,被解京受审,傅山联络百余人进京请愿为之申冤。经过半年多的艰苦斗争,袁继咸得以平反,傅山也因此而名闻天下。崇祯十七年(1644),李自成攻入山西,内阁大学士李建泰奉命出师清剿,李建泰聘傅山为军师,傅山欣然应聘。由于义军进军神速,很快攻占晋南。李建泰听说后,便无意进晋,退居保定观望,傅山很感失望。这说明他忠于明王朝,敌视反明的农民起义军。

明亡后,傅山的思想受到巨大打击,他出家为道,从师于寿阳五峰山道士郭静中。他蓄长发,着红袍,自号"朱衣道人",这是表示对朱明王朝的忠贞之情和对清朝剃发梳辫的无言反抗。是时,南明政权派宋谦入晋从事反清活动,傅山与之秘密联系,然事机泄露,宋被捕变节,牵连傅山入狱,这便是著名的"朱衣道人案"。受审期间,傅山坚强不屈,拒不招供,后经汉族官员及友人多方营救方得获释。其后,他于清顺治十四年至十六年(1657—1659)赴江南,探访抗清形势,知其不可为,遂返太原,隐居于松庄,自号松侨,意为虽处故国,却似侨居异域,有亡国之痛。同时,与顾炎武、阎尔梅、屈大钧等一批志趣相投的杰出学者密切联系,交流学术,成为中国思想文化史上的一段佳话。

康熙十七年(1678),清廷为广揽汉族人才开博学鸿词科,傅山亦在推荐之列,而他却以病推辞。次年,阳曲知县戴梦熊奉命以篮舆强行将其送入京师。在离京30里处,傅山拒不进京,官役将他强抬进京,他又以病情加重而拒绝应试。大学士冯溥及一些王公大臣多来劝说,傅山仍不予理睬,最后得以老且病诏免试。但因其名望被授予"中书舍人"职位,谢恩时,他佯仆地不起,拒绝谢恩,被掖之扶出。傅山忠于明朝的义烈言行,震动了明末清初的整个士林,甚至有人说:"明代养士三百余载,独先生为中流砥柱。"

傅山学术造诣精深,涉猎广泛,于思想、诗文、戏剧、书画、医药等领域皆有杰出成就,堪与顾、黄、王并驾齐驱,且有超越三人之处。在明末清初众多反理学思想家中,他突破以儒家为正统之束缚,提倡经世致用,救世安民;强调实学,反对空谈。以治诸子之学为切入点,痛斥理学之空疏误国,因循守旧,造就奴性,追求个性解放,见解独到而深刻,具有浓厚的思想启蒙色彩。在史学方面,傅山之史论主张古为今用,借古喻今,强调民族气节,支持反清复明,具有社会进化论的积极因素。其史观虽不免有阶级和民族的局限,但仍然闪耀着启蒙思想的光辉。关于文学,傅山反对一味"袭古""雕琢"、粉饰太平之风气,主张文学作品应倡导个性解放,关注社会现实,反映人民疾苦和抨击社会丑恶现象,在文学创作和文艺理论方面做出了突出贡献。此外,傅山还精于书画,他的书法,被清初著名学者赵执信推之为"当代第一",《太原段帖》是他的得意之笔。他的山水墨竹画也颇具艺术造诣。医学上,傅山精妙的医术和高尚的医德更是为广大人民群众所称道,故而有傅山先生"字不如诗,诗不如画,画不如医,医不如学,学不如人"之说。他在临床和理论方面的诸多杰出贡献丰富了中医学宝库,为后世医家所重视。由其创制的药膳"八珍汤"(俗名"头脑")流传至今,成为备受太原人民所青睐的冬季滋补佳品。直至今日,太原地区仍流传着许多傅山先生扶危济困,治病救人的故事,其中不免夸大之词,但从一个侧面反映出广大民众对他的爱戴之情。

傅山一生著述甚多,可惜多有散佚,今有《霜红龛集》《评注金刚经》《两汉书姓名韵》《太原段帖》《红罗镜》《傅氏女科》传世。今人刘贯文等编《傅山全书》,多有补遗。

傅山作为一名知识分子,表现了他坚强的民族气节和顽强的战斗精神,其高尚的品格为后人所推崇。他所取得的巨大文化成就,在清初诸儒中也是屈指可数的,因此史家称,傅山"其学大河以北莫能及者"①。

五、地方官学与书院

1.府、州、县学 明清的教育制度,仍分为中央官学和地方官学两级,地方官学主要有府、州、县学。清代地方官学趋向单一化,仅设传授儒学经典和宋明理学的学校,统称为儒学。府学设教授、州学设学正、县学设教谕各1人,负责教导生徒,"课艺业勤惰,评品行优劣",又设训导协助他们工作。清初承明制,在各省设提学道,雍正后改称为提督学政,俗称"学台",统理地方教务。明清时代,山西的府、州、县几乎无不有学,反映了山西教育的兴盛与发展。

除了府、州、县学以外,还有对8至15岁的少年儿童实施小学教育的蒙学,其称谓众多,有书馆、乡学、村学、家塾、冬学、义学、社学等,但其性质相似。山西的社学,从光绪《山西通志》卷76《学制略下》的记载可以看出,在清代的设立已是很普遍了。

2.书院教育 书院是唐宋以来的重要教育机构,是古代私学在新的文化和社会条件下的产物,最基本的教学特点是自由讲学。由于和历代封建统治者大一统学术的主旨不甚协调,故封建统治者对待书院的方针是,或使其官学化,或限制禁止,或改造利用。明代的书院在经历了沉寂、鼎盛和禁毁几个发展阶段之后,到清代逐步地走向官方化。清政府明令所设书院,要由封疆大臣控制,并由政府拨给经费,同时,书院已重视"读书应举"。这就把从元、明民办书院逐渐为官办书院所代替的趋

---

① 梁启超:《清代学术概论》第25页,东方出版社,1996年。

势,在清代更加强化。随着官方的提倡和支持,清代创建了不少有特色的书院,对学术的发展和人才的培养都起了巨大的作用。

明清山西的书院兴建比较广泛,几乎遍及全省各府、州、县,甚至还有一地同时设几个书院,据光绪《山西通志》卷76《学制略下》记载,山西仅有清一代所设书院就达100余所,其中最著名的是设在太原的晋阳书院。

晋阳书院,原在今山西太原阳曲县,始创年代不详。明嘉靖九年(1530),山西按察副使陈讲改名为河汾书院。次年,又在书院建立三贤堂,祀奉先贤王通、司马光、薛瑄,以激励生员勤奋治学。万历七年(1579),明廷诏毁天下书院,被迫停顿。万历二十一年(1593),巡抚魏允贞拓址增建,祀晋古圣哲,名三立祠,取"立德""立言""立功"之意,增祀山西历代名贤55位于祠内。明末因战火倾废。

清顺治十七年(1660),巡抚白如梅感于原三立祠已颓废不可收拾,遂移三立祠于太原府治东南侯家巷。雍正十一年(1733),诏令各省省会设立书院,并拨银千两作创办经费,此时,"晋阳书院"之名正式恢复,书院也由地方官办,一跃而为国家创办的晋省最高学府。乾隆年间,经历任巡抚的扩充修建,晋阳书院发展到鼎盛。光绪二十八年(1902),与令德堂合并,改建为山西大学堂,书院生徒亦转为大学堂学生。

晋阳书院在其存在的三百余年时间里,集学术研究与教育为一体,为山西学术的发展和人才的培养做出了极大的贡献。明万历二十七年(1599)庚子乡试中,书院应试生员中举者达50余名。崇祯十六年(1643),时任巡抚蔡懋德对三立书院进行整顿,其中两大措施最为著名:一为聘请知州魏权中,举人韩霖、桑拱阳及傅山来院讲学;二为每月三集,集中讲学。初集讲圣谕,再集讲经济,三集讲制举。名家入院讲学,促进了学术研究的深入,加速了人才的培养。嘉庆年间,著名学者彭作邦归乡后主讲晋阳书院,以实学相勉。咸丰年间曾任翰林院编修的田雨公担任讲习20余年,一时名士多出其门。朴学家王轩于同治、光绪时主讲晋阳书院,三晋学子,多受其教。历任山长如雍正时的王瑅、道光时的李熔经、光绪时的李用清,都是著名的理学家。尤其是崇祯年间,任山西提学金事的袁继咸,在应试生员中择优等者入院肄业,以气节文章教导诸生,并亲临督导,列会讨论,傅山、戴廷栻等人都是其得意门生。崇祯十六年,傅山等人应邀到书院讲学,凡国家大政杂务切时利害者,莫不咨辩之,这种讲求实学的风气一反"清谈危坐"的颓废学风。

从晋阳书院的发展,可窥山西书院发展之一斑。

六、建筑与雕塑

1.九龙壁　位于山西大同市东大街(和阳街)路南的九龙壁,建于明洪武年间,是朱元璋第13子代王朱桂王府的照壁,府邸已毁于明末兵火,九龙壁免于劫难,有幸被完整地保留下来,成为我国现存三座九龙壁(一座在故宫、一座在北海公园)中建筑年代最早、最高、最大、最壮观、最富于艺术魅力的一座。壁长45.5米,高8米,厚2.02米,壁上均匀协调地分布着9条飞龙,正中的一条是中心龙(主龙),为正黄色,正对着王府的中轴线。九条龙气势磅礴壮观,龙的间隙由山石、水草图案填充,互相映照、烘托。壁面由426块特制五彩琉璃构件拼砌而成,壁顶覆盖琉璃瓦,顶下由琉璃斗拱支撑。壁底为须弥座,高2.09米,敦实富丽,上雕41组二龙戏珠图案。腰部由75块琉璃砖组成浮雕,有牛、马、羊、狗、鹿、兔等多种动物形象,生动活泼,多彩多姿。这是我国保存最完美、最古老、最大的琉璃照壁,为省重点文物保护单位。

2.平遥古城　位于山西的平遥古城,是一座具有2700年历史的文化名城。明朝初年,为了提高防御功能始建城墙,平遥城墙总周长6163米,墙高约12米。迄今为止,古城的城墙、街道、民居、铺面、庙宇等建筑基本保留明清形制,对研究中国古代城市变迁、城市建筑、人类居住形式和传统文化的发展具有极为重要的历史、艺术、科学价值。平遥古城,1986年12月8日被国务院公布为国家历史文化名城,1997年12月3日,因它是"中国汉民族城市在明清时期的杰出范例",被联合国教科文组织世界遗产委员会列入《世界遗产名录》。

3.苏三监狱　位于山西洪洞县城内的苏三监狱,始建于明代洪武元年(1368),"文革"期间被毁,1984年按原状修复,是国内唯一一处保存完整的明代县衙监狱。相传,戏剧名作《玉堂春》中的主角原型苏三就曾因禁于此,因此称苏三监狱。苏三监狱占地600多平方米,分普通牢房和死囚牢房,死囚牢处于后院,双门双墙,门头额有虎头牌。死囚院的中央还有当年苏三坐监时洗衣的水井和石槽。院内围墙高厚坚实,门窗狭小网铁丝,阴森可怖,其布局和形制是研究封建社会官衙监狱的重要实物资料。

4.解州关帝庙　位于山西运城解州镇的关帝庙,始建于隋开皇九年(589),重建于宋真宗大中祥符七年(1014)。明嘉靖年间毁于地震,重建后又于清康熙四十一年(1702)毁于大火,经十余年始修复。解州东南10公里常平村是三国蜀汉名将关羽的原籍,故解州关帝庙为武庙之祖。关帝庙总面积1.8万多平方米,坐北向南,南部为结义园,北部是正庙,共有殿宇百余间,主次分明,布局严谨,气势宏大壮观,富丽堂皇,清幽秀美,是国内最大的纪念关羽的建筑群。

除此之外,这一时期山西的宅院文化特色最为显著,著名的有晋中的乔家大院、王家大院、常家大院,晋南的丁村民居,阳城的皇城相府等。

参考文献

司马迁.史记.北京:中华书局,1959.

国语.上海:上海古籍出版社,1978.

战国策.上海:上海古籍出版社,1978

陈奇猷.韩非子集释.上海:上海人民出版社,1974.

杨伯峻.孟子译注.北京:中华书局,1960.

陈奇猷.吕氏春秋校释.上海:学林出版社,1984.

诸子集成.北京:中华书局,1954.

阮元校刻.北京:中华书局,1980.

司马光.资治通鉴.北京:中华书局,1956.

朱熹.四书集注.长沙:岳麓书社,1985.

顾栋高.春秋大事表.北京:中华书局,1993.

顾炎武.日知录.上海:上海古籍出版社,1985.

高士奇.左传纪事本末.北京:中华书局,1979.

康基田.晋乘蒐略.太原:山西古籍出版社,2006.

赵善诒.说苑疏证.上海:华东师范大学出版社,1985.

杨伯峻.春秋左传注.北京:中华书局,1981.

童书业.春秋史.济南:山东大学出版社,1987.

童书业.春秋左传研究.上海:上海人民出版社,1980.

顾德融,朱顺龙.春秋史.上海:上海人民出版社,2003.

杨宽.战国史.上海:上海人民出版社,1980.

黄中业.战国盛世.郑州:河南人民出版社,1998.

李瑞兰.春秋战国时代的历史变迁.天津:天津古籍出版社,1994.

吕思勉.先秦史.上海:上海古籍出版社,1982.

王仲荦.魏晋南北朝史.上海:上海人民出版社,1979.

侯外庐.中国思想史纲.北京:中国青年出版社,1980.

梁启超.中国近三百年学术史.北京:东方出版社,2004.

梁启超.清代学术概论.北京:东方出版社,1996.

朱绍侯等主编.中国古代史.福州:福建人民出版社,2004.

(光绪).山西通志.北京:中华书局,1990.

山西省史志研究院.山西通史.太原:山西人民出版社,2001.

乔志强主编.山西通史.北京:中华书局,1997.

降大任.山西史纲.太原:山西人民出版社,2004.

张玉勤主编.山西史.北京:中国广播电视出版社,1992.

山西省地图集编纂委员会.山西省历史地图集.北京:中国地图出版社,2000.

谭其骧主编.中国历史地图集.北京:中国地图出版社,1982.

山西省地图集.太原:山西省测绘局,1995.

山西省考古研究所.山西旧石器时代考古文集.太原:山西经济出版社,1993.

山西省考古研究所.山西考古四十年.太原:山西人民出版社,1994.

山西省考古研究所侯马工作站.晋都新田.太原:山西人民出版社,1996.

山西省文物事业管理局.山西文物选粹.太原:山西人民出版社,1989.

中国考古学会.汾河湾——丁村文化与晋文化考古学术研讨会文集.太原:山西高校联合出版社,1996.

山西省文物工作委员会.侯马盟书.北京:文物出版社,1976.

降大任.侯马盟书研究.太原:山西春秋电子音像出版社,2005.

田昌五.华夏文明.北京:北京大学出版社,1987.

苏秉琦.华人·龙的传人·中国人.沈阳:辽宁大学出版社,1994.

徐旭生.中国古史的传说时代.北京:文物出版社,1985.

邹衡.夏商周考古学论文集.北京:文物出版社,1980.

朱华.三晋货币.太原:山西人民出版社,1994.

李元庆主编.三晋文化学术研讨会论文专集.太原:山西古籍出版社,1999.

李元庆.三晋古文化源流.太原:山西古籍出版社,1997.

李元庆.晋学初集.太原:山西人民出版社,2003.

冯宝志.三晋文化.沈阳:辽宁教育出版社,1991.

张纪仲.山西历史政区地理.太原:山西人民出版社,1992.

安介生.山西移民史.太原:山西人民出版社,1999.

徐月文主编.山西经济开发史.太原:山西经济出版社,1992.

黎风.山西古代经济史.太原:山西经济出版社,1997.

柴继光等.晋盐文化述要.太原:山西人民出版社,1993.

杨国勇主编.华夏文明研究:山西上古史新探.北京:中国社会科学出版社,2002.

马保春.晋国历史地理研究.北京:文物出版社,2007.

李孟存,李尚师.晋国史.太原:山西古籍出版社,1999.

贺伟主编.乐圣师旷.北京:中国戏剧出版社,2001.

张景贤.三家分晋.北京:中华书局,1981.

高专诚.三晋烽烟:韩赵魏兴衰史话.太原:山西人民出版社,2005.

沈长云等.赵国史稿.北京:中华书局,2000.

靳生禾.长平之战.太原:山西人民出版社,1998.

靳生禾.赵武灵王评传.太原:山西人民出版社,1990.

张有智.先秦三晋地区的社会与法家文化研究.北京:人民出版社,2002.

杜士铎主编.北魏史.太原:山西高校联合出版社,1992.

李凭.北魏平城时代.北京:社会科学文献出版社,2002.

肖黎.北魏改革家—孝文帝评传.太原:山西人民出版社,1987.

侯文正.傅山传.太原:山西古籍出版社,2002.

黄有泉等主编.洪洞大槐树移民.太原:山西古籍出版社,1993.

高胜恩 楚刃.洪洞大槐树寻根.太原:山西古籍出版社,1999.

张青主编.洪洞大槐树移民志.太原:山西古籍出版社,2000.

史若民.票商兴衰史.北京:中国经济出版社,1992.

张正明.晋商兴衰史.太原:山西古籍出版社,1996.

黄鉴晖.晋商经营之道.太原:山西经济出版社,2001.

张穆.阎若璩年谱.北京:中华书局,1994.

祁明.山西地方志综录.太原:山西省地方志编纂委员会,1985.

祁明.山西方志要览.太原:山西省地方志编纂委员会,1997.

李元庆,孙安邦主编.三晋一百名人评传.太原:山西人民出版社,1992.

刘贯文主编.三晋历史人物传.北京:书目文献出版社,1993.

王恒.雕凿永恒:山西石窟与石雕像.太原:山西人民出版社,2005.
周征松.魏晋隋唐间的河东裴氏.太原:山西教育出版社,2000.
柴建国.山西书法通鉴.太原:山西人民出版社,1998.
刘纬毅.山西历史地名通检.太原:山西教育出版社,1990.